한국 시민사회를 새롭게하라

진인진

한국 시민사회를 새롭게하라

초판 1쇄 발행 | 2018년 5월 31일

저　　자 | 공석기, 임현진, 김영춘, 김태균, 박명준, 정영신
편　　집 | 배원일
발행인 | 김태진
발행처 | 진인진
등　　록 | 제25100-2005-000003호
주　　소 | 경기도 과천시 별양상가 1로 18, 614호(별양동 과천오피스텔)
전　　화 | 02-507-3077~8
팩　　스 | 02-507-3079
홈페이지 | http://www.zininzin.co.kr
이메일 | pub@zininzin.co.kr

ⓒ 진인진 2018
ISBN 978-89-6347-378-9 93300

* 책값은 표지 뒷면에 있습니다.
* 본 연구는 2017년도 서울대학교 아시아연구소의 아시아연구기반구축 사업의 지원을 받아 수행되었습니다(#SNUAC-2017-007).
* 일부 사진은 저작권자를 찾지 못해 게재 허가를 받지 못했습니다. 저작권자가 확인되는 대로 허가를 받고 사용료를 지불하겠습니다.

목차__

여는 글 시민사회가 새로워지기 위한 질적 전환 과제 공석기 __5

제1장 변화하는 한국의 시민사회:
 과제와 전망 임현진 __19

제2장 체인지메이커로서의 기업가:
 사회혁신 소셜벤처 운동 김영춘 __55

제3장 평화적 시민혁명의 길을 걷다:
 한국 시민사회운동의 새로운 전략 공석기 __101

제4장 국제개발 주창자로서 시민사회의 새탄생: 한국 국제개발협력
 시민사회단체의 새로운 역할을 중심으로 김태균 __127

제5장 노동을 품는 시민사회,
 시민사회로 나아가는 노동 박명준 __177

제6장 주민과 시민 사이:

　　　　한국 사회적경제 활동의 약한 고리　　　공석기　　__217

제7장 성주 사례로 본 한국 반기지운동의 현실과 쟁점:

　　　　현장성과 투쟁공동체의 진화　　　　　정영신　　__249

제8장 인권운동은 수렴되고 있는가?:

　　　　운동 프레임과 실제 사이　　　　　　　공석기　　__291

저자소개　　　　　　　　　　　　　　　　　　　　　　__321

색인　　　　　　　　　　　　　　　　　　　　　　　　__325

/ 여는 글 /

시민사회가 새로워지기 위한 질적 전환 과제

공석기(서울대학교 아시아연구소)

'한국 시민사회를 새롭게 하라'는 표제의 연구는 매우 야심찬 기획이지만 결코 단기간 내에 끝낼 수 있는 연구가 아니라는 사실을, 전문가라면 모두가 인정할 것이다. 본 연구는 한국 시민사회가 민주화 이후 지난 30년 동안 어떤 모양으로 변화하고 있는가에 대한 '시민사회 지형도 분석'이라는 양적 관심에서 시작되었다. 양적 조사를 통해 민주화 초기 단계에서는 환경, 인권, 정치개혁 등의 주창적 시민사회운동(advocacy social movements) 단체가 주를 이루고 있음을 확인했다. 그러나 1990년대 말부터 신자유주의 세계화로 대표되는 국내외의 급격한 변동 속에서 시민사회는 사회적 약자 및 소수자에 대한 사회서비스 제공, 경제적 양극화에 대응하기 위한 사회적경제 활동, 국제개발협력을 통한 지구시민사회 활동, 그리고 지역 주민조직들의 생활밀착형 운동 등의 지형 변화가 나타났다. 이러한 양적 변화에 대한 연구는 자연스럽게 각 시민사회의 질적 변화가 어떻게 일어나고 있는가에 대한 관심으로 이어졌다. 2016년 초 서울대학교 아시아연구소 시민사회연구 프로그램은 6명의 연구자로 구성된 연구팀을 구성하여 1년 6개월 동안 기획워크숍과 전문가 집담회를 연속적으로 진행하였다. 각 연구자들은 한국 시민사회의 새로운 영역의 부상을 주목하고 질적 전환을 위한 과제를 보다 성찰적 관점에서 제시하고자 노력하였다.

물론 한국 시민사회가 새로운 지형으로 변화하고 있는 현상은 결코 과거의 민주화 과제, 인권개선, 그리고 환경이슈를 극복했다는 것을 의미하지 않는다. 오히려 한국사회는 압축적 성장 및 발전과정에서 산업화, 민주화 그리고 전지구화의 긍정적 혹은 부정적 결과들을 동시적으로 마주하고 있다. 선진국의 경우 100여 년에 걸쳐 진행된 이슈들이 한국 사회에서는 한 세대 안에서 복합적이고도 압축적으로 나타나고 있다. 초고령화, 지역공동체 붕괴와 재생, 은퇴절벽으로 인한 노후 불안, 청년 빈곤, 세대갈등과 세대게임, 4차 산업혁명과 일자리 감소, 기후변화와 에너지 전환 과제 등 많은 문제들이 동시에 부상하고 있지만, 충분한 준비 없이 현실을 직면하고 있는 형국이다. 이러한 문제들에 대해 시민사회가 기민하고도 적절하게 대응하고 있는가? 과거 비판기능에 충실했던 시민사회에게 이제는 대안을 요구하는 시대가 왔다. 시민사회는 대안을 준비해야 하는 새로운 도전을 마주하고 있다. 시민사회는 재원, 인력 그리고 자원 모든 면에서 국가나 기업에 비해 부족하기에 이러한 요구가 지나치다고 항변할 수 있다. 만약 시민사회가 스스로 대안을 준비하기 어렵다면, 대안을 만드는 과정에 적극적으로 참여하여 시민사회의 주도성, 도덕성, 투명성, 책무성을 견인하는 것이 소위 '와일드카드(wild card)'로서의 시민사회의 책임을 다하는 것이다.

질적 전환기를 겪고 있는 한국 시민사회가 그 변화의 규모, 범위, 그리고 속도를 제대로 읽어내지 못한다면, 소위 '시민없는 시민운동'에서 '회원없는 시민운동' 더 나아가 '대안없는 시민운동'으로 그 신뢰도는 더욱 추락할 것이다.

2016년 10월 말부터 2017년 3월 초까지 183일 동안 1,700만 명이 참여한 촛불광장에서 승리한 명예혁명은 다시금 한국 시민사회의 힘을 전 세계에 과시하는 놀라운 공동의 경험이 아닐 수 없다. 그러나 촛불혁명의 성과가 현재 한국 사회가 마주하고 있는 현재의 질적 전환과제를 모두 뛰어넘을 수 있는 역량을 이미 갖추고 있다는 환상을 강화하고 있다면 이를 우선적으로 경계해야 한다.

　　이런 견지에서 한국 시민사회 스스로 양적 지형변화와 동시에 질적으로도 어떤 영역이 부상했고 현장에서는 어떤 일들이 벌어지고 있는지에 대한 성찰적 검토가 필요하다. 무엇보다 중요한 것은 시민사회가 새롭게 관심을 갖기 시작한 영역에 참여하고 있는 '사람들의 변화'이다. 과거 중앙 중심적 접근 전략에서 벗어나 지역 시민사회가 새로운 주체로 부상하고 있는가? 지역과 풀뿌리 활동의 중요성이 높아지고 있는 변화에 대해 주민들은 어떻게 대응하고 있는가? 풀뿌리 운동의 회복과정은 한국 시민사회의 질적 전환 과제 중의 하나이다. 한국 시민사회가 아래로부터 형성되고 있는 역동적 변화를 어떻게 운동 역량으로 전환하고 있는가? 안타깝게도 그 동안 시민사회는 이러한 역동성을 주목하기보다는 과거의 운동방식을 고집하는 '관성적 운동전략'을 보이고 있다. 관성적 운동 전략이 시민사회가 마주한 또 하나의 질적 전환 과제이다. 시민사회 내부에서부터 소통과 민주주의, 책무성, 투명성 그리고 노년성 위기가 급증하고 있음을 주목해야 한다.

　　본 연구는 새로운 시민사회 영역의 부상과 질적 변화과제에 대한 올바른 진단을 위해 몇 가지 측면을 주목하고자 한다. 우선 미시적 차원에서 사람들의 변화이다. 국가정책과 제도개혁을 요구하는 시민사회의 목소리가 1990년대 초 민주화 이후 제도적 영역에 반영되기 시작하면서 소위 이슈의 빈곤현상이 발생하게 되었다. 국민의 정부와 참여정부 시기를 거치면서 정부의 이슈 선점현상이 더욱 두드러졌고,

2000년대 들어서면서 시민사회 운동의 사회적 영향력은 급격히 약화되었다. 반면에 미시적 차원, 즉 풀뿌리 운동에 대한 관심이 증가하였다. 시민들이 개혁에 대한 피로감을 느끼면서 구체적인 대안 없는 비판 중심의 운동에 대해 점차 무감각해졌기 때문이다. 시민들이 일상에서 공감할 수 있는 생활실천적인 이슈를 적극적으로 발굴하여 시민들의 적극적 참여를 유도하는 미시적 차원의 운동을 꾸준히 전개하지 못한 것이 주요 원인이다. 또한 시민들은 점차 미디어 동원전략에 의존했던 중앙 중심의 주창운동에 대해서도 무관심해지기 시작했고, 언론도 진부한 운동방식과 이슈에 대해 자연스럽게 눈을 돌리기 시작했다.

반면에 시민들은 디지털 혁명을 불러온 인터넷과 SNS에 기반을 둔 개인 차원의 운동 참여를 선호하기 시작했다. 이런 환경변화에도 불구하고 기존 시민사회 운동은 회비 내는 회원들의 양적 규모를 유지하는 것에만 초점을 둔 채, 운동방식과 조직운영에서 과감한 혁신을 꾀하지 못하였다. 시민들의 변화된 욕구에 민감하게 대응하고 소통하지 못한 것이 사실이다. 운동에 참여하는 사람들은 분명 민주화 운동 이후의 새로운 세대이다. 신자유주의 세계화와 디지털 혁명의 세대들의 요구와 참여 방식은 이전 방식으로는 이해할 수 없는 새로운 차원일 수 있음에도 불구하고 기존 운동조직들은 이를 제대로 읽어내지 못하고 있다.

뿐만 아니라, 풀뿌리 지역 주민들은 자신들의 삶 속에서 마주하는 이슈에 대해 더욱 관심을 가지고 있음에도 불구하고 이 변화에 대해 시민사회는 기민하게 대응하지 못하고 과거와 같이 위로부터의 개입방식을 고수하고 있는 형국이다. 비록 규모, 범위 그리고 속도 면에서 차이가 있을지 몰라도 주민들은 마을이라는 미시적 공간에서 사회적경제, 스타트 업, 지역갈등, 개발협력, 인권개선, 그리고 일자리의 문제 등을 충분히 공감하고 함께 대안을 모색할 수 있는 것이다. 그러나 문제는 누가 그 중심에 서 있는가이다. 주민들이 주체적으로 중심이 되어 지역 차원에서 대안을 함께 궁리하고 대안을 실천하는 과정이 반복될 필요가 있다. 그러나 시민사회는 아직까지 중앙중심적이며 제도개혁 변화에 초점을 맞추고 있다. 사람의 변화를 통해서 그들의 힘이 모아져 제도변화를 꾀하는 장기적인 접근보다 법제도부터 바꾸어 사람들의 변화를 꾀하겠다는 단기적인 전략에 초점이 맞추어져 있다. 이처럼 시민사회도 다른 영역과 마찬가지로 시간에 관대하지 못한 모습을 보이고 있는데 이는 우리 사회의 '과잉 사회운동화'(over-socialization of social movements)의 부산물로 해석된다. 한국 사회 모두가 단기적 성과에만 초점을 맞추고 있는 안타까운 상황이다.

둘째, 시민사회를 견인하고 있는 시민사회단체의 조직적 위기에 대한 성찰이 필요하다. 시민사회단체 스스로의 정체성을 새롭게 정립하는데서 출발해야 한다. 현재 대부분의 시민사회 단체는 회원이 급격히 줄고 있고, 중간 단위의 활동가의 이탈이 급증하고 있다. 시민사회운동이 주창운동에서 서비스 제공 활동으로 그 중심축이 전환되면서 정부의 정책결정과정에 형식적인 파트너로 전락하게 되고 정부정책에 대한 쓴소리보다는 사업수행의 불편함을 하소연하는 정책 대행 기구(agent)로 전락하는 한계를 보이고 있다. 정부주도의 다양한 프로젝트 사업에 참여하면서 시민사회 단체의 업무도 더욱 관료화와 획일화의 모습을 띠게 되었다. 그 결과 과거 헌신에 기초한 활동가들이 시민사회단체를 지켜왔다면 이제는 저임금, 과도한 업무에 버틸 수 있는 젊은 세대들이 단체를 유지하고 있는 모습이다. 과도한 업무를 견디지 못하여 시민사회단체는 항상 인력난으로 어려움을 겪고 있으며 이것은 지역으로 갈수록 더욱 심각한 상황이다.

또한 민주주의를 가장 앞서 외치던 시민사회 단체 내부에서 관료화가 고착화되어 있어 수평적, 수직적 소통이 막히고 있다는 비판의 목소리가 커지고 있다. 과거 열정과 헌신으로 시민사회단체를 이끌어 온 선배를 몰라주는 젊은 세대에 대한 불만이 있는 동시에 신선하고 혁신적인 아이디어를 가진 후배들의 도전정신에 박수를 보내기보다는 뭔가를 항상 가르치려는 꼰대의 모습에 대해 젊은 활동가들은 좌절하고 있다. 선배들의 경륜과 헌신을 인정하지 않는 젊은 활동가도 문제이지만, 그들의 눈높이에 맞추어 과감하게 그들에게 권한과 책임을 부여하기를 주저하는 관료적 리더의 태도도 심각한 문제이다. 이러한 간극이 시민사회 단체가 새로운 영역의 부상과 운동방식 및 조직운영의 혁신으로 나가는 것을 가로막고 있다. 그러나 권한과 책임을 나누기보다는 아직도 대부분의 결정이 대표로 집중되며 상명하달식 조직 운영이 유지되고 있다. 이처럼 의사결정 구조가 민주주의가 작동할 수 있는 수평적 소통이 활성화되지 못하고 있는 상황이다. 10년 이상의 경력을 가진 중간층 전문 스탭이 사라지고 20대 초반의 여성 활동가의 헌신으로 조직이 운영되고 있다. 모든 결정은 경험 많은 대표에게로 몰리는 형국이기에 조직이 민주적으로 발전하기 어려운 구조인 것이다. 사실 기업의 경우 조직이 스스로 변화 및 혁신을 이끌어내지 못하면 살아남기 힘들다. 반면에 시민사회단체는 변하는 것을 불편해 하고 경쟁과 원칙보다 수의적 계약을 선호한다. 이러한 구조 속에서 시민사회단체 스스로 새로운 변화를 추동해 낼 수 있을까? 새로운 영역의 부상과 도전이 증가하고 있는 상황 속에서 시민사회는 분명 과거와 다른 모습을 보여야 한다. 이런 변화를 주저할 때 시민사회 단체에 대한 신뢰는 더욱 추락할 것이다.

마지막으로 한국 시민사회가 건강성을 유지하기 위해서는 국가, 정당 그리고 시민사회 간의 선순환 관계를 이루어야 한다. 국가, 정당 그리고 시민사회의 관계에서 중요한 것은 사람의 흐름이다. 서구의 경험에 따르면 시민사회 출신의 전문가가 국가 정책결정 과정에 참여하다가 그 전문성을 인정받아 정부기관의 관료로 영입된다. 그는 정책결정 과정에서 공공선을 제고하면서 시민사회단체 활동 경험을 적극 응용하여 사회적 약자들의 목소리를 대변하고자 노력한다. 관료 임기 후에는 그의 정책전문성을 인정받아 정당의 추천을 받아 국회에 입문하여 관련 정책을 입법화하는데 기여한다. 그러나 그는 정부와 정당에서 활동을 마친 후에 그 경험을 시민사회에 환원하고자 시민사회 영역으로 돌아온다. 이러한 선순환적 관계 속에서 상호 소통이 활성화되며 정책에 대한 상호 이해와 신뢰가 높아지게 된다. 한국 시민사회에는 이러한 순환관계가 제대로 자리를 잡지 못하고 있다. 시민사회를 잠시 떠나 있지만 머지않아 돌아와 정부, 정당과의 소통을 활성화하는데 기여하는 중개자로 그 역할을 담당해야 한다. 시민사회 영역이 더욱 다양해지고 있어 이러한 매개적 전문가(mediating professionals)의 참여가 이루어지지 않는다면 시민사회단체는 정부나 정당의 하위 파트너로 전락하게 될 것이다.

본 연구는 이러한 문제의식을 가지고 시민사회의 질적 전환 과제를 새롭게 부상한 영역을 중심으로 살펴보고자 한다. 연구자들이 주목한 영역으로는 촛불혁명, 사회적경제 활동, 소셜벤처, 개발협력, 노동, 지역갈등 그리고 인권 분야이다. 물론 이슈의 중요성에도 불구하고 연구팀의 인적 구성의 한계로 인해 주목할 만한 영역이 빠져 있는 것이 사실이다. 환경, 이주민, 여성, 농민 등의 영역에서 새로운 이슈가 부상하고 있다. 또한 보수성향의 시민사회단체에서 나타나는 새로운 변화의 흐름도 주목할 필요가 있는데 대표적인 경우가 봉사활동 영역이다. 후속연구를 통해 새롭게 부상한 영역과 이슈에 대해 보다 면밀한 분석을 진행하고자 한다. 한 예로 환경 영역의 경우 '후쿠시마가 한국 시민사회에 왜 위대한 스승이 되었는가?'에 대한 분석이 필요할 것이다. 2011년 3월 11일 후쿠시마 핵발전소 사고는 안전국가로 인정받던 이웃 일본에서도 대재앙의 원인이 바로 인간의 탐욕에서 비롯되었다는 인재임을 깨닫게 했다. 그 결과 한국 시민사회도 핵발전에 대한 막연한 태도에 대해 대각성을 통해 새로운 길을 걷기 시작하였다. 이제는 반핵이 아니라 탈핵을 통해 에너지 전환을 함께 고민하게 되었다. 이 운동은 과거 환경단체 중심의 운동에서 벗어나 시민사회 모두가 함께 궁리하고 대안을 고민하는 시민사회 전체의 연대 활동으로 확장하게 되었다. 어떤 사람들이 참여하고 있으며, 세대, 여성, 계급 그리고 지역을 넘어서는 다양한 연대활동에 대한 보다 자세한 설명과 분석이 필요하다. 특히 현장에서 오랫동안 활동해 온 전문가의 날카로운 진단과 성찰의 목소리가 결합되는 것이 중요하다.

비록 제한된 영역에 대한 연구와 충분한 현장 전문가의 목소리를 반영하지 못한 한계에도 불구하고 본 연구는 해당 분야에서 오랫동안 이론 및 실천적 대안을 고민해 온 연구자들이 참여하고 있음을 강조하고 싶다. 각각의 연구자들은 시민사회 내에서 새롭게 부상하고 있는 창발적 요소들을 주목하고 이것이 어떻게 기존의 시민사회 활동의 경계를 넘나들고 있는지를 주목하였다. 예를 들어 노동 대 시민의 구도를 넘어서는 '준노조'에 대한 관심, 단순한 조력자의 역할을 넘어 사회발전의 길라잡이로 나선 개발 NGO, 지역의 사회적경제 생태계를 바꾸는데 기여하고 있는 '체인지 메이커'로서의 소셜 벤쳐 그리고 주민과 시민 사이를 긴밀하게 연결하는 채널로서 마을기업, 협동조합 그리고 사회적기업 등을 주목하고 있다. 각 장에서 다루고 있는 주요 내용을 간략히 소개하면 아래와 같다.

1장은 한국 시민사회 전반에 대한 새로운 변화를 시계열적으로 고찰하며, 서구의 이론적 틀을 활용하여 한국 시민사회가 마주한 새로운 도전과제를 제시하고 있다. 임현진 교수는 "변화하는 한국의 시민사회: 과제와 전망" 표제 하에 한국의 시민사회가 동원적 시민사회(mobilizing civil society)로부터 제도적 시민사회(institutional civil society)로 전환됨에 따라, 시민의식은 커지는데 운동단체에 가담하는 회원들이 줄어드는 시민사회가 되고 있음을 지적한다. 그의 이론적 분석틀은 민주주의의 공고화를 국가-시민사회-정치사회-경제사회라는 네 영역들의 관점에서 접근하는 린츠와 스테판의 논의를 차용한다. 그는 국가와 시민사회의 관계를 국가권위형 모델(statist-authoritarian model)이나 이익협상형 모델(interest-bargaining model)의 한계에서 벗어나, 국가와 시민사회를 상호 배타적인 제로섬 관계로 보는 것을 지양한다. 국가와 시민사회는 서로 중첩되고 상호 연동되어 있으므로, 시민사회의 강화는 국가권능의 약화가 아닌 강화로 보아야한다는 것이다. 현재 한국의 시민사회운동 단체는 사회의식이 높은 시민 개개인과 경쟁하는 처지에 놓여 있다. 저자는 한국의 사회운동이 데이터 중심의 심층 탐사형 운동으로 나아가기 위해서는 현재의 오프라인 운동방식에서 온라인 운동으로 나아가야 하며, 두 가지를 결합 병행할 것을 강조한다. 이로써 '회원 없는 시민운동'을 '시민 있는 시민운동'으로 되돌릴 수 있을 것이라 전망한다.

2장은 시민사회가 공공선을 제고할 수 있는 사회혁신 모델로 소셜 벤처를 주목하고 있다. 김영춘 교수는 "체인지 메이커로서의 기업가: 사회혁신 소셜벤처 운동" 표제 하에 사회혁신을 추동하는 기업가 및 소셜벤처를 주목하면서 이들이 커뮤니티의 사회적경제 생태계를 활성화하는데 기여할 수 있음을 전망한다. 더 이상 기업은 사회와 분리된 영역이 아니라, 사회적 구조와 문화 속에서 생성되고 활동하는 사회조직으로 이해해야 한다. 4차 산업혁명으로 인한 기술적 변화와 경제사회 시스템의 변동은 거시적 집합적 수준의 비즈니스-사회 관계장(關契場)의 형성과 함께 일어난다. 사회 깊숙이 자리한 조직들이 사회적 가치를 실현하는 창업가를 양성함으로써 기업가정신(entrepreneurship)을 재정의할 필요가 있는 것이다. 이러한 조직화는 기업과 시민사회를 분리시키는 시각에서 벗어나, 이해당사자의 민주적 거버넌스를 구축하는데 기여할 것으로 기대한다. 저자는 시민사회가 이러한 새로운 생태계의 출현을 주목하고 보다 적극적인 관계 맺기가 필요하다고 제언한다.

3장은 한국 시민사회의 역동성을 극명하게 보여주는 촛불혁명을 평화적으로 전개된 운동방식을 주목하고 그 특징과 도전과제를 제시하고 있다. 공석기 박사는 "평화적 시민혁명의 길을 걷다: 한국 시민사회운동의 새로운 전략" 표제 하에 한국 촛불혁명과 홍콩 우산혁명의 유사성을 밝히면서 비폭력 운동방식의 유의미성을 강조하고 있다. 촛불혁명은 시민적 지지를 위해 폭력적인 방식을 동원하지 않은 전략적 선택의 결과였다. 그러나, 태극기집회(맞불집회)와의 건전한 프레임 경쟁이나 열린 토론이 이루어지기보다는 이념과 가짜 뉴스에 기초한 상호 비방으로 두 진영이 철저히 단절된 것은 한계로 남는다. 특별히 한국 시민사회 운동은 온라인과 오프라인의 시너지적 결합의 과제를 마주하고 있다. 공감하는 이슈에 대해서 함께 말하고, 궁리하고, 그리고 다양한 의견을 존중하는 공론장을 생활공간 속에서 지속적으로 만들어내야 한다. 또한, 시민들이 사회적 가치 및 공공성을 제고하기 위해서라면, 아래로부터의 목소리가 정책적으로 반영되도록 하여 시민들이 정치 효능감을 가지도록 해야 한다. 그러나 아직도 상반되는 주장을 하는 두 진영을 연결시키는 시민사회 내부적 노력이 부족한 현실이다. 저자는 이처럼 공론장을 지속적으로 만들어 상호 소통하는 과정 속에서 상반되는 진영 간의 소통을 활성화하는 것이 시민사회를 새롭게 하는 시대적 과제임을 강조한다.

4장은 시민사회에 새롭게 부상하고 있는 개발협력 시민단체들의 역할에 대한 성찰적 진단과 도전과제를 제시하고 있다. 김태균 교수는 "국제개발 주창자로서 시민사회의 재탄생: 한국 국제개발협력 시민사회단체의 새로운 역할을 중심으로" 표제 하에 과거 개발협력 시민단체가 개발협력 정책과 사업을 주도하지 못한 원인을 정부의 재정지원에 의존한 서비스 전달활동에 초점을 맞추었기 때문으로 진단한다. 저자는 개발협력 시민사회단체의 역사성, 총체성, 책무성이 새롭게 변화할 때 이들의 주창적 역할이 활성화되고 주류로 참여하게 될 것으로 기대한다. 시민사회는 개발협력 정책과 사업의 정상화를 위해서는 국가 중심의 개발지상주의를 지양하고 발전국가프레임을 넘어서는 대안을 모색해야 한다. 저자는 이를 위해 개발협력 시민단체는 다양한 영역의 시민사회운동단체와의 협력과 연대활동을 강화할 것을 강조한다.

5장은 노동조합이 작업장의 경계를 놓고 시민사회 영역과의 협력을 모색하는 다양한 노력을 주목하고 있다. 박명준 박사는 "노동을 품는 시민사회, 시민사회로 나아가는 노동" 표제 하에 준노조(準勞組)의 활동을 구체적 사례로 삼아 분석한다. 한국은 20년 이상 10% 수준의 노조 조직율을 보이며, 노동자들의 이해대변이 원활히 이루어지지 못하고 있다. 노동영역에서 제3의 대안으로 등장한 것이 시민사회적 조직이다. 1970년대 도시산업선교회와 같은 지원적 역할, 1990년대 말 노동법 개정을 둘러싼 제도적 공간에서 활동을 시작한 민주노총, 한국노총 등을 들 수 있다. 저자는 준노조적 시민사회 조직에 대해 크게 두 가지로 구분하는데 하나는 노동조합이 스스로 시민사회 혹은 지역

사회 내로 들어가 노동이해대변을 실천하는 준노조이며, 다른 하나는 노동조합과 무관하게 자발적으로 조직체, 기구를 구축하는 준노조이다. 또한 저자는 정치적 캠페인과 정치개입 활동을 중시하는 주창형 준노조와 노동조합원에게 서비스 제공을 중시하는 서비스형 준노조로 구분하기도 한다. 저자는 각각에 해당하는 준노조 사례 분석을 통해서 시민사회와 노동운동의 협력하여 민주주의의 발전과 노동이해대변을 확장하는데 기여하고 있음을 강조한다.

6장은 시민사회가 사회적경제 활동에 적극적으로 개입하는 과정에서 마주하는 주민과 시민 사이의 간극을 집중 조명하고 있다. 공석기 박사는 "주민과 시민 사이: 한국 사회적경제 활동의 약한 고리" 표제 하에 사회적경제 활동의 특징과 한계를 구체적인 사례를 통해 제시하고 있다. 사회적경제 활동이 양적 성장에도 불구하고 정부 주도의 추격모델(catch-up model)이라는 태생적 한계로 인해 그 생존율이 낮은 취약성을 보인다. 저자는 대표적 성공사례를 제시하면서 사회적경제 활동이 자생적으로 유지, 발전하기 위해서는 먼저 지역주민 차원에서 시민으로의 더 넓은 활동 범위를 넓힐 것을 강조한다. 또한, 마을단위 사회적경제 활동의 활성화를 위한 순환적 연결고리로서 비전/리더십, 신뢰, 혁신, 학습/민주주의, 그리고 거버넌스/지원제도의 다섯 가지 요인을 강조한다. 그 중에서도 신뢰와 혁신이 중심축임을 강조한다. 또한 사회적경제 활동에 참여하고 있는 시민사회의 과제로 참여자의 민주주의 체득, 지역주의 텃새의 타파, 청년-장년층의 세대게임 극복, 농촌인구의 초고령화와 도시공동체의 과잉정치화 문제의 해결 등을 제시한다. 궁극적으로 저자는 지역을 넘어선 시민사회 차원의 사회적경제 생태계를 구축하기 위해서는 포괄적 접근전략을 선택할 것을 제안한다.

7장은 최근 국책사업으로 야기된 지역 갈등정치 현장을 구체적으로 다루고 있다. 정영신 박사는 "성주 사례로 본 한국 반기지운동의 현실과 쟁점: 현장성과 투쟁공동체의 진화" 표제 하에 지역 주민의 아래로부터의 조직화 그리고 새로운 참여 주체의 등장을 주목하면서 향후 국책사업으로 인한 지역갈등을 극복하기 위한 시민사회 과제를 제언하고 있다. 저자는 2016년 7월 성주가 사드 배치 후보지로 거론되면서 시작된 반기지 운동의 참여 주체들의 특징을 주목한다. 성주 참외로 대표되는 농민운동, 귀농한 문화운동 종사자, 예술인, 작가들의 참여 그리고 아이들의 건강을 걱정하는 여성들의 참여과정을 주목한다. 한편, 저자는 성주 투쟁에서 중요한 역할을 한 '지킴이'와 '종교인'을 주목할 것을 강조한다. 지킴이는 운동의 현장성에 의해 구성·재구성되는 가변적인 존재들이지만 종교인의 경우 성주가 원불교의 성지이기에 그들의 존재가 매우 중요했다. 저자는 성주에 사드기지가 결정되었지만 '운동 이후의 운동' 과제로서 국가 폭력을 지속적으로 알리는 과제, 국책사업으로 파괴되는 것들에 대한 학술적·사회 운동적 언어화, 연대망의 차별적 구성에 대한 관심과 이해, 그리고 후속세대 참여를 위한 평화문화의 확산과 교육활동을 강조한다.

8상은 다양한 운동영역이 '정의'(justice)라는 마스터프레임으로 수렴되고 있는 현상을 주목하며 기존의 인권운동이 이러한 수렴현상에 제대로 대응하고 있는 지를 비판적으로 접근한다. 공석기 박사는 "인권운동은 수렴되고 있는가? 운동 프레임과 실제 사이" 표제 하에 인권운동이 단순한 연대활동을 넘어 다양한 영역과 빈번히 만나고 있음을 주목하면서, 이러한 이론적 수렴이 현실에서도 이어지고 있는지를 도전한다. 우선 이론적으로 인권운동이 국제정치론과 사회운동론의 유사한 설명기제를 동시에 동원하고 있음을 강조한다. 이러한 이론적 수렴을 토대로 저자는 한국의 인권운동 발전과정을 시계열적으로 설명하고 있다. 군부독재에 저항하는 민주화 운동에서 출발하여 차츰 초국적 네트워크를 활용한 인권정의, 지구정의 운동으로 확장해 가고 있다. 구체적인 사례로 인권운동과 농민운동의 만남, 환경운동과 농민운동의 만남을 제시하고 있다. 저자는 과거 전통적인 영역으로 구분되는 인권운동이 좀 더 다양한 영역 및 주체들과 빈번하게 만나 상호협력하는 것이 시민사회의 새로운 도전과제임을 강조한다.

앞서 언급한 것처럼 이 연구는 서울대학교 아시아연구소 시민사회프로그램이 한국 시민사회에 대한 질적 전환을 모색하는 첫 번째 결과물이다. 한국 시민사회 및 시민사회론에 적용될 수 있는 이론적 함의를 도출하기에는 아직도 여러가지로 부족하고 아쉬운 점이 많이 있다. 이번에 포함하지 못한 영역과 사례를 다루는 후속연구를 준비 중에 있다. 오랫동안 현장을 지켜온 활동가와 전문가의 목소리를 반영할 계획이다.

마지막으로 이 연구결과물이 나오기까지 지난 1년 6개월 동안 많은 도움과 지원을 받았기에 이 자리를 통해 감사의 말씀을 전하고자 한다. 우선 서울대학교 아시아연구소 시민사회프로그램은 1년 동안의 기획워크숍 시리즈를 진행하는데 모든 비용을 지원하였다. 특히 시민사회프로그램의 김태연 박사과정, 유지연 석사 그리고 심국보, 길한아 석사 과정 학생들이 편집과정에서 많은 땀과 노력을 더해 주었다. 또한 각 연구자들이 사례연구를 수행하는데 물심양면으로 지원을 아끼지 않으신 KB금융(윤종규 회장)께 특별히 감사를 드린다. 마지막으로 이 단행본을 출판하는데 아낌없는 지원을 해 준 서울대학교 아시아연구소 박수진 소장께도 감사를 드린다.

/ 1장 /

변화하는 한국의 시민사회:
과제와 전망*

임현진 (서울대학교 아시아연구소, 대한민국 학술원)

I. 촛불: 시민의 재발견

한국사회에서 촛불은 힘 있는 민주주의(empowered democracy)를 향한 시민혁명이라 할 수 있다. 돌이켜 보면, 1960년 4·19 학생혁명이 자유와 평등에 대한 열망을 담았고, 1987년 6월 시민항쟁은 민주주의를 향한 권위주의의 청산을 의미했고, 그리고 촛불은 민주주의로부터 공화주의의 완성이라는 시민혁명으로 이어졌다고 볼 수 있다. 오랜 민주화 과정에서 선거에 의해 지도자를 선출하는 절차적 민주주의를 넘

---

* 이 글을 작성하는데 여러 가지 직간접 도움을 주신 고려대학교 임혁백 명예교수, 경실련 고계현전사무총장, 한겨레경제연구소 홍일표전수석연구원께 감사의 말씀을 드린다.

어, 촛불은 시민이 권리를 가지고 책임을 지는 공화주의라는 내용을 채우라는 의미를 지닌다.

2016년 10월 이후 다섯 달 동안 전국 각지에서 무려 1,700만 명 시민이 참가한 자발적 투쟁의 현장에서 시민들의 힘이 커지고 있음을 보여주었다. 얼마 전 대만의 '해바라기 학생운동'이나 홍콩의 '레인보우 혁명'에 비교가 안 될 정도의 큰 규모에 한 사람의 사상자도 내지 않은 비폭력의 평화적 시위가 이루어졌다는 사실 자체가 놀랍다. 일종의 명예혁명이다. 광장에서 짱돌과 화염병 대신 '종이돌'(paper stones)을 통해 거리의 의회(street parliament)를 엶으로써 대통령의 헌법유린과 국정농단을 규탄하면서 한국사회의 오래된 기득권아래 쌓인 폐단의 청산을 외친 것이다.

이러한 시민사회의 폭발에서 시민들은 광장에서 발표와 토론을 통해 공유, 공감, 공존이라는 가치아래 대의민주주의에 직접민주주의, 참여민주주의, 토론민주주의를 결합한 일종의 혼합민주주의(het-

사진 1 촛불든 시민들 "박근혜 퇴진"
※ 출처: 연합뉴스, 2016/11/19.

eroarchy)의 가능성을 보여주었다. 시민주권의 시각에서 '국가란 무엇인가'라는 문제제기를 통해 민주공화국의 의미를 음미하는 기회를 가졌다. 우리 헌법 1조 2항 "대한민국의 주권은 국민에게 있고, 모든 권력은 국민으로부터 나온다."를 되새긴 것이다. 우리가 직면한 여러 가지 정치적 과제를 '사회적 이슈화'하는 역할을 한 것이다. 시민들은 모래알처럼 흩어진 대중을 넘어 SNS를 통해 호모 모빌리쿠스(Homo mobilicus)로서 의견을 교환하고 여론을 모으는 공중에 머무르지 않고 다양한 정체성을 가진 이질적 집단들로 이루어진 다중(multitude)[1]의 모습을 보였다. 세대, 계층, 성별, 지역을 불문하고 촛불시위라는 시민들의 결집에서 바깥으로는 세계화 안으로는 양극화에 대한 잠재된 저항이 표출된 것이다.

그러나 촛불이 SNS를 통해 시민의 능동적 참여로 이루어지면서 사회운동단체들은 바깥에서 보는 것과 달리 초라하고 왜소해졌다. '박근혜정권퇴진비상국민행동'으로 대표되는 사회운동단체들은 광장은 제공하였으나 점차 시민들의 도도한 흐름에 떠밀려 사실상 뒤로 숨을 수밖에 없었다. 촛불의 광장에서 시민들이 자발성과 순수성을 훼손하지 말라는 취지에서 현장에서 단체들의 깃발을 내리라는 지적과 질책을 받기도 했다. 예전 광우병파동 시기와 달리 사회운동의 전개과정에서 시민들의 자발성과 순수성에 밀려 사회운동단체들은 주눅이 들었다고 해도 지나치지 않다. 시민사회는 생동감 나게 되살아 움직이는데 시민들과 운동단체들 사이에 괴리가 나타난 것이다. 1987년 시

---

1 마키아벨리에 의해 처음으로 사용된 다중은 정치공동체로부터 사회계약을 인정받지 못한 다양한 범주의 사람들을 가리킨다(마키아벨리, 2011: 245-254). 최근에는 'Occupy Wall Street'에서 보듯 자본주의세계체제에 대한 저항의 주체로서 사용되고 있다(Hardt et al., 2004).

민항쟁이후 있었던 수많은 저항의 현장과는 전혀 다른 모습이었다. 이는 현재 시민운동에 대한 국민일반의 신뢰와 위임의 정도가 예전과 달리 크지 않다는 사실을 극명하게 보여주고 있다는 의미를 지닌다.

한국의 경우에도 미국이나 유럽처럼 '회원 없는 대변인 권리주창 집단'(advocates without members) 현상이 나타나면서 사회운동단체들이 시민사회의 중심에서 서서히 밀려나고 있다는 추론이 가능하다(Skocpol, 1999). 과거 권리주창과 대안제시에서 사회운동단체들이 중심을 잡았다면 이제는 아니다. 시민은 살아나는데 시민단체는 약해지고 있다. 이는 '시민 없는 시민사회'인가 '시민 있는 시민사회'인가의 문제가 아니라 시민들이 다양한 방식으로 참여하면서 온라인에서 만나는 제3의 시민사회(tertiary civil society)를 형성하고 있는 것과 맥락을 같이 한다. 시민들은 시간이나 다른 이유로 직접 참여하지 못할 때 자발적 후원을 통해 자신의 권리를 대신 주창하고 대변하게 하는 외주방식의 전문가 중심의 사회집단의 태동을 가져올 수 있다.

해방이후 한국이라는 시민도 없고 사회도 약한 곳에서 사회운동은 '시민권'을 찾아내고 '시민사회'를 만들어 내는데 주도적 역할을 수행해 왔다. 한국의 경우 노동자, 농민, 도시빈민 등에 기반을 둔 계급지향의 구(舊)사회운동의 전개와 환경, 여성, 인권 등 탈계급적 신(新)사회운동의 출현이 맞물리면서, 민중이나 시민 진영의 사회운동단체들이 민주주의를 향하여 변화와 개혁이라는 기치아래 때로는 같이 때로는 따로 움직여 왔다. 보다 아름답고 건강한 사회를 위해 국민주권, 경제정의, 시민참여, 환경보전, 부패추방, 주민복지 등을 바로잡는데 우리의 사회운동단체들이 일정한 역할을 했다. 이러한 한국 사회운동의 비약적 발전을 놓고 세계와 아시아 시민사회는 감탄과 찬사를 아끼지 않은 바 있다.

그러나 한국의 시민사회는 바뀌고 있다. 1980년대 말기 이래 사회운동단체들이 양이나 질에서 괄목할만한 성장을 거듭하여 오면서 시민사회는 폭발력을 지닐 정도로 자라났다. 동원적 시민사회(mobilizational civil society)로부터 제도적 시민사회(institutional civil society)로 전환이 이루어졌다.[2] 이 전환의 과정에서 시민들로부터 신뢰도와 사회에 대한 영향력도 커졌다. 그러나 2000년대 중반 이래 신뢰도와 영향력이 낮아져 왔다. 일인당 국민소득 2만 불을 넘은 다음부터 사회관계에서 개인화가 이루어져 왔고, 신자유주의 세계화의 와중에서 경제적 불평등과 사회적 양극화의 심화에 따라 각자도생하기 바쁘다 보니 '시민의식은 커지는데 운동단체에 가담하는 회원이 줄어드는 시민사회'가 되고 있는 것이다. 사회운동단체는 쇠퇴하고 다중이 제기하는 다양한 이슈를 처리할 전문가 사회집단이 부상한다. 이제는 전문가 사회집단을 중심으로 이들이 회원조직 없이 민간부문으로부터 지원을 받거나 시민들로부터 자발적으로 후원을 받는 새로운 형태의 시민사회가 나타나고 있는 것이다.

　이 글은 '한국 시민사회를 새롭게 하라'라는 연구주제아래 여러 차례에 걸친 기획워크숍을 통해 오늘의 한국 시민사회가 마주한 최근의 이슈들 중 첫 번째 것을 다루고 있다. 시민사회가 작금 근본적 변화의 와중에 놓여 있다는 전제아래 사회운동단체가 부닥치는 문제해결을 위한 진단과 저망을 이 글은 제시하고자 한다.

2　이에 관해서는 Im, 2000: 37을 참고하라. 동원적 시민사회가 민주주의로의 이행기에 권위주의 정권을 끌어내기 위해 시민들을 거리로 동원하는 성격을 가진다면, 제도적 시민사회는 민주주의의 공고화 과정에서 법과 제도를 통해 시민들의 요구를 대변하고 정권을 감시하는 특징을 지닌다.

II. 시민사회의 분석틀: 국가, 정치사회, 경제사회, 시민사회

근대의 출현을 알린 시민혁명은 다양한 변화를 가져왔지만, 그 가운데 가장 핵심적인 것은 전통적인 의미의 '국가'에 완전히 포섭되지 않는 것으로 보이는 영역들을 개방시켰다는 데 있다. 이후의 학자들은 바로 이러한 별개의 영역을 '시민사회'(civil society)라 규정하고, 이에 관한 많은 논의를 전개해왔다. 시민사회에는 다양한 영역들이 포함될 수 있는데, 가족과 같은 친밀성의 영역, 이익집단과 같은 자원결사체의 영역, 그리고 공론장으로 이루어진 사회운동의 영역 등이 그것으로서, 매우 광범위하고 복합적인 공간이라 할 수 있다.

따라서 시민사회에 주목했던 많은 논자들은 이와 같은 다양한 요소들 가운데 특정 요소를 강조하면서 나름의 '시민사회론'을 구성해왔다. 고전적인 예로, 마르크스(K. Marx)는 시민사회를 자본주의 내부의 경제적 이해를 둘러싼 계급적대가 발생하는 장소로서 이해했으며, 이와 달리 토크빌(A. Tocqueville)은 민주주의의 토대로서 자발적 결사체와 시민적 습속이 형성되는 장소로 파악했다. 이 두 입장은 각각 마르크스주의 전통과 자유주의 전통의 시민사회론으로 전개되는데, 시민사회 개념에서 전자는 복수적인 적대와 대립 및 체계적인 불평등을 강조하는 반면 후자는 시민들의 자율성과 다원성을 강조한다는 차이점을 보인다(Keane, 1988).

그런데 시민사회에 관한 이와 같은 두 가지 고전적인 접근에서 나타나는 강조점의 차이는 국가-시민사회라는 2분 모델 자체의 단순성에서 기인하는 것이었다. 즉 시민사회 내부에 '시장'이라는 경제적 관계를 포함하기 때문에, 한편으로는 경제적 잉여와 이해를 둘러싼 적대와 그로부터 상대적으로 독자적인 시민들의 자유로운 연합이라는 두 가지 상이한 의미가 동시에 존재할 수밖에 없었던 것이다. 이러한 이유로 코헨(J. Cohen)과 아라토(A. Arato)는 국가-경제-시민사회라는 3분 모델을 제시한다. 그들에 따르면 정치권력이 재생산되는 국가와 상품의 생산 및 소비가 이루어지는 경제, 그리고 친밀성의 관계(가족)와 다양한 결사체 및 사회운동과 의사소통행위로 이루어진 시민사회는 서로 영향을 주고받는 독립적인 영역으로서 각각 지배, 교환, 연대라는 독자적인 원리에 의해 작동한다(Cohen et al., 1994). 이와 같은 3분 모델에서 중요한 것은 시민사회의 연대의 원리이다. 연대의 원리란 시민사회 내 상호관계를 맺는 행위자들이 자신들의 이익만을 특권화하지 않고 조직 전체의 공동체적 이익을 고려하는 상호 협력과 부조를 모색하는 것을 말한다. 이러한 연대의 원리가 미성숙하거나 또는 시장의 교환·경쟁의 논리에 의해 압도당할 때 시민사회는 '만인에 대한 만인의 투쟁'으로 전화될 가능성이 높으며, 시민사회의 사회통합적 자원은 고갈되기 쉽다.

따라서 국가-시민사회의 2분 모델에서 국가-경제-시민사회의 3분 모델로의 이론적 발전은 '민주주의론'과 관련하여 시민사회에 보다 적극적인 역할을 부여한다는 의미를 함축한다. 현대 민주주의는 대의민주주의로서 선거의 공식화와 대의과정의 공정성을 민주주의를 구성하는 형식적 기준으로 간주해왔다. 하지만 대의민주주의에서는 국가적 결정에 대한 사실상의 통제를 다른 사람에게 양도하는 것이 불가피하며, 또 모든 통제가 간접적으로만 행사되기 때문에 시민들의 자율성을 침해할 가능성이 상존한다. 또한 대의민주주의에 내재하는 권력의 집중화와 관료제의 심화 경향은 상향적 의사결정과정을 약화시켜왔다. 이 때문에 선거라는 형식적 민주주의(대의민주주의)에 실질적인 민주적 내용을 부여함으로써, 민주주의를 심화시키기 위해서는 시민사회의 발전과 역량강화가 중대한 과제가 된다(김호기, 2000).

즉 시민사회는 형식적 민주주의의 제도적 구축을 넘어서 민주주의의 실질적 심화가 이루어지는 핵심 영역이 되는 셈이다.

시민사회론의 발전과 함께, 국가권력에 대한 저항적-비판적 세력으로서의 기능을 시민사회가 수행하는 동시에 다른 한편으로는 국가와의 타협을 전제로 하는 시민참여를 모색할 필요가 있다는 인식이 확대되었다. 요컨대 시민사회는 저항과 타협의 이중전선을 펼쳐야 한다는 것이다. 초기 민주주의 성장과정에서는 시민사회의 급진적 저항성이 더욱 필요했다면, 민주주의의 심화 혹은 성숙과정에서는 타협적 저항성이 요청된다. 시민사회는 국가권력의 공유를 위한 시민참여를 추구하면서 국가와의 타협적 관계를 확장할 수 있다. 타협 없는 저항이나 투쟁은 실익 없는 결과를 초래하는 경우가 많기 때문이다(김성국 외, 2006: 141, 155).

이처럼 국가권력의 개혁을 위한 시민사회의 적극적 역할이 강조됨에 따라, 국가와 시민사회를 매개하는 영역으로서 정당, 정치조직, 정치영역(특히 의회), 선거 등이 포함되는 '정치사회'에 관한 논의가 촉발되었다. 특히 정치사회론은 민주화이행과정에 관한 연구에서 크게 주목받았다.[3] 왜냐하면 민주화 이행이 정치사회의 복

---

3 다른 한편, 국가와 시민사회 사이에 정치사회를 독립적으로 규정하는 '정치사회론'에 대한 비판 또한 제기되었다. 예컨대, 손호철은 정치사회라는 개념이 민주화 이후 중요성이 커진 제도정치권을 파악하는 데 유용한 도구가 되고 있다는 점에 대해서는 인정하면서도, 그것이 기존의 정당론, 선거론과 별 차이가 없을 뿐만 아니라 정치사회가 제외된 국가의 영역을 지나치게 축소시킨다고 비판한다. 정치사회론은 국가를 단순히 정부의 문제로 후퇴시킨다는 것이다(손호철, 2001: 40-47). 이러한 비판은 일면 타당한 것으로 보이지만, 정치사회의 주요 영역인 정당을 일면적으로 국가와 등치시키는 것은 현실적으로 문제가 있다.

원 및 강화를 통한 민주주의적 제도화로 완성된다고 할 때, 정치사회는 민주화 이행을 판단할 수 있는 준거가 되기 때문이다. 또한 정치사회에 기반한 세력들을 시민사회에 기반한 세력들과 독립적으로 고려함으로써, 두 세력들 사이의 연대 및 갈등이라는 분석틀을 통해 민주화이행과정을 보다 입체적으로 파악할 수 있다는 이점을 지닌다(윤상철, 1997: 28). 예를 들어 서구와 한국의 정치사회를 비교해보면, 서구의 경우 정치사회는 시민사회로부터 파생된 공간인 반면, 한국의 정치사회는 국가로부터 자율화된 공간이라는 점에서 차이를 보인다. 의회라는 공간 자체가 시민사회의 저항과 요구에 의해 형성된 서구와는 달리, 한국에서는 대부분의 민주주의 제도적 장치들이 해방과 더불어 '위로부터' 부과되었고 그 결과 본래의 역할을 수행하지 못하고 국가에 복속되어 있었던 것이다. 이러한 의미에서 한국의 민주화는 시민사회로부터 정치사회가 '출현'하게 되는 것이라기보다는 국가에 종속되어 있었던 정치사회를 자율화시킴으로써 '복원'시키는 과정이었다고 할 수 있다(임현진, 2009: 51). 그런데 최장집에 따르면, 이와 같은 정치사회의 중요성은 단지 민주화 이행기에만 한정되는 것은 결코 아니다. 시민사회가 아무리 역동적이고 강력하다고 하더라도, 시민사회의 다양한 요구를 국가에 매개해줄 수 있는 정치사회가 제대로 작동하지 않는다면, 민주주의는 공고화될 수 없기 때문이나. 국가를 개혁하기 위한 정치사회의 중요성은 민주화 이후의 시대에도 여전히 중요하다는 것이다(최장집, 2005: 267).

린즈(J. Linz)와 스테판(A. Stepan)의 논의는 이상에서 살펴본 국가-정치사회-경제사회-시민사회의 네 가지 영역 사이의 관계를 종합적으로 조망하는 데 유용한 틀을 제공해준다.[4] 이들에 따르면, 민주

---

4   린츠와 스테판 자신은 시민사회, 정치사회, 법의 지배, 국가기제, 경제사

주의는 국가의 특정한 제도형태를 지칭하는 것이기 때문에, 당연하게도 현대의 어떤 정체도 국가가 아닐 경우에는 민주주의 자체가 존재할 수 없다. 즉 국가는 민주주의의 필수조건이며, 다만 민주주의의 공고화를 위해서는 다른 영역들의 존재와 그들과의 특정한 관계를 필요로 하는 것이다. 이를 위한 첫 번째 영역으로서 '정치사회'는 조직들이나 연합들이 국가장치에 대한 합법적인 통제권을 확보하기 위해 경쟁하는 공식적인 영역을 의미한다. 이 영역에서 대표적인 조직은 정당이라고 할 수 있다. 그리고 '경제사회'는 시장과 국가를 연결하는 영역을 의미한다. 현실에서 순수한 시장경제는 존재하지 않으며, 어느 정도의 국가개입이나 규제 없이는 유지될 수 없다. 시장은 국가에 의한 재산권의 보호 및 다양한 법률을 필요로 한다. 즉 경제사회란 시장을 대상으로 작용하는 일련의 규범, 규율, 정책 및 제도의 영역이며, 순수한 시장이 아니라 제도화된 시장이라고 말할 수 있다. 마지막으로 '시민사회'는 자발적인 연합이 조직되고 운동이 이루어지며, 국가로부터 비교적 자율적인 각 개인들이 자신의 가치와 이해를 표출하는 영역을 의미한다. 시민사회는 다양하게 조직된 사회운동세력과 조직을 포함할 뿐만 아니라, 공식적인 조직으로 나타나지는 않지만 잠재적으로 조직될 수 있는 다양한 이해관계들 및 신뢰관계까지도 포함한다(Linz et al., 1995: 9-14).

다음의 〈표 1〉은 린츠와 스테판의 논의를 요약적으로 보여준다. 국가, 정치사회, 경제사회, 시민사회의 4가지 영역은 각각 스스로의 원활을 작동을 위해서는 반드시 필요한 자원을 다른 영역으로부터 공급받으며, 동시에 서로를 견제할 수 있는 매개(mediation) 수단을 갖추

회라는 5가지 영역으로 구분하지만, 법의 기제와 국가기제는 모두 국가의 영역으로 포괄될 수 있으므로, 본 논문에서는 4가지 영역으로 재정리하였다.

표 1 현대 민주주의의 영역들: 상호 관련된 원칙과 매개 영역

영역	주요 조직원리	다른 영역으로부터 필요한 지원	다른 영역에 대한 주요 매개수단
국가	헌법주의, 합리적이고 합법적인 관료규범	·시민사회에서 강한 근거를 갖고 정치사회와 국가장치에 의해 존중받는 법적 문화 ·합리적이고 합리적인 권위를 위한 시민사회로부터의 규범적 지지 및 그에 따른 정당한 강제력의 독점	·행동의 지침이 되고, 다른 영역들을 합법적이고 예측가능하게 만드는 규범의 위계를 설정 ·민주적으로 확립된 법률과 정치사회에 의해 구축된 절차를, 시민사회·정치사회·경제사회에 엄격하게 시행
정치사회	자유롭고 포괄적인 선거	·시민사회 관점에서의 정당성 ·법의 지배와 정당한 국가장치에 의한 합법적 보장	·헌법과 주요 법률의 제정 ·국가장치의 관리 ·경제사회에 대한 전반적인 규제틀의 구축
경제사회	제도화된 시장	·정치사회에 의해 확립되고 시민사회에 의해 존중되며 국가기제에 의해 시행되는 합법적이고 규제적인 틀	·국가가 공공재 기능을 수행하고, 시민사회·정치사회의 다원주의와 자율성을 위한 물질적 토대를 제공하는 데 필수적인 잉여의 생산
시민사회	의사표현과 결사의 자유	·합법성을 확립하는 법의 지배 ·시민사회의 권리가 침해받지 않도록 보장하는 국가장치 ·시민사회의 자율성과 활력을 유지하는 데 필요한 충분한 다원주의를 가진 경제사회	·정치사회의 주요한 산출자로서 시민사회의 이해들과 가치들 ·국가장치와 경제사회를 감시하는 데 도움을 주는 시민사회의 관념들

※ 출처: Linz et al., 1995: 14에서 재구성.

고 있다. 그러한 자원공급과 매개를 통해 영역들 사이의 균형이 이루어짐으로써 민주주의 공공화가 진행된다. 우선, 시민사회는 다른 영역과 비교할 때 가장 강력한(심지어 파괴적일 수도 있는) 잠재력으로 가진 영역으로서, 국가와 경제사회가 제공하는 법적·행정적 틀을 통해 보호받거나 활동에 필요한 물질적 자원을 얻지만 동시에 이들을 감시하는 역할을 담당한다. 둘째, 정치사회는 국가와 시민사회 사이에서 중재와 타협의 구조뿐만 아니라, 시민사회 내부에 벌어질 수 있는 갈

등과 과도한 경쟁을 조절하는 규범과 과정을 만들어내기도 한다. 하지만 이 영역은 오직 시민사회로부터 그 정당성을 부여받을 수 있다. 셋째, 경제사회는 곧 제도화되고 규범화된 시장으로서, 다른 영역으로부터의 승인과 정당화를 필요로 하지만, 동시에 다른 영역들의 작동에 필요한 물질적 자원을 꾸준하게 공급함으로써 그것들의 존재를 가능하게 한다. 마지막으로, 국가는 시민사회와 정치사회로부터 인정받는 헌법과 가치가 절대적으로 필요하다. 국가의 정당성은 곧 시민사회와 정치사회에 의존하기 때문이다. 그리고 이러한 지지를 바탕으로 국가는 다른 영역들의 작동을 예측가능하게 해주는 규칙과 절차를 제공할 뿐만 아니라, 그것들 사이의 위계를 설정함으로써 갈등의 소지를 최소화해준다. 민주주의의 공고화를 국가-시민사회-정치사회-경제사회라는 네 영역들의 관점에서 접근하는 린츠와 스테판의 논의는, 민주주의란 단순히 국가 자체의 성격에서 비롯되는 것이 아니라 상호 관련된 영역들 사이의 관계로 구성되는 하나의 체계라는 사실을 함축한다.

그런데 이 네 영역들 사이의 관계에서 가장 핵심적인 것은 국가와 시민사회의 관계라 할 수 있다. 정치사회와 경제사회는 국가와 시민사회로부터 파생되었거나 근대의 발전에 따라 분석적인 목적으로 추가된 것으로 볼 수 있으며, 국가와 시민사회의 관계로부터 정치사회와 경제사회의 내용 또한 변화될 수 있기 때문이다. 따라서 여기서 문제는 국가와 시민사회 사이의 관계를 어떻게 이해할 것인가에 있다. 역사적으로 이 관계에 대한 시각은 크게 '국가권위형 모델'(statist-authoritarian model)과 '이익협상형 모델'(interest-bargaining model)이라는 두 가지 형태로 전개되어왔다(김상준, 2004). 국가권위형 모델은 홉스의 국가-시민사회론에서 기원하는 것으로서, 국가에 사회전체에 대한 절대적이고 배타적인 권위를 부여하고 참여적 요소를 최소화한 권위주의적 대의제도에 전제한다. 현실에서 이 모델은 홉스적 절대주의, 국가주의적 조합주의, 국가 사회주의, 개발독재체제 등의 모습을 취한다. 이러한 체제들에서는 사실상 시민사회의 역능이 최소화되고 국가에 의해 하향적으로 조직된다. 따라서 국가권위형 모델의 성공여부는 관료엘리트들의 능력과 관료조직의 효율성에 달려있는 것으로 이해된다. 이에 반해 이익협상형 모델은 국가권위 모델보다 국가와 시민사회 간의 유연하고 탄력적인 관계를 상정한다. 이 모델은 조직화된 이익들이 다원적으로 존재하는 것을 권장하고, 이러한 이익단위의 다원적 상황에서 이루어지는 교섭과 협상을 통해 민주주의가 보다 참여적이고 합리적으로 관철될 수 있을 것이라고 파악한다. 이러한 틀에서 본다면 현재 한국의 상황은 대략 국가권위형 국가-시민사회 관계에서 이익협상형 국가-시민사회 관계로 이행해가고 있는 상황이라고 말할 수 있을 것이다.

  그런데 다원주의에 기반하고 있는 이익협상모델 또한 어떤 중대한 한계에 봉착하고 있다. 각종 이익집단간 혹은 국가와 시민사회간의 갈등 심화는 이익들 사이의 조직화된 협상에 의해 합리적인 합의로 귀결되기보다는 파국적 양상을 띠는 경우를 어렵지 않게 발견할 수 있기 때문이다. 김상준에 따르면, 이익집단들 사이의 감축불가능한 갈등구조에 대처하기 위해서는 국가권위모델과 이익협상모델의 단점을 극복하고 장점을 보완하는 새로운 국가-시민사회 관계를 구성할 필요가 있다. 그리고 우선 국가와 시민사회를 서로 배타적인 '제로섬'(zero-sum) 관계로 보는 관점에서 탈피하여, 국가와 시민사회가 서로 중첩되고 상호연동되어 있다는 시각을 강화해야 한다. 즉 시민사회의 강화는 국가권능의 약화가 아니라 오히려 강화로 보아야 한다는 것이다. 예컨대 국가는 시장 및 시민사회 영역에서 관련 당사자들이 보다 정확히 정보를 획득하고 결정할 수 있는 문제들을 잘 파악하여, 이에 대한 정책결정 과정에 당사자들을 포함시킴으로써 정책의 정당성과 책임성뿐 아니라 효율성까지도 제고할 수 있다. 왜냐하면 이러한 과정은 정책이 정책 대상의 상태를 보다 정확히 반영하게 하고, 정책 결과에 대한 책임을 넓은 당사자 속에 분산시키며, 복잡한 정책조사와 결정과정을 해당 영역의 당사자들에게 상당부분 위임할 수 있기 때문이다(김상준, 2004).

III. 국가와 시민사회 사이의 관계: 변화의 궤적

한국 사회운동의 전개과정을 알아보기 위해 국가-시민사회 관계 틀을 적용할 필요가 있다. 한국은 역사적으로 강한 국가, 약한 시민사회로 특징 지워진다. 해방이후 국가가 억압적이었기에 시민사회는 이를 방어하기 어려웠고 사회운동단체들은 사회전면에 나서기도 하였지만 조직의 생존을 위해 때로 지하화하기도 하였다. 그러나 1980년대 말 민주화이후 이러한 강한 국가아래 점차로 강한 시민사회가 형성되면서, 협력과 갈등이 서로 교차하는 상호강화적인 모습을 보여주어 왔다.

다음의 〈그림 1〉은 국가의 제도적 강도와 시민사회에 대한 지배전략 사이의 관계를 보여주고 있다. 강한 국가의 전통아래 사회운동을 배제하는가 혹은 수용하는가의 여부에 따라 불란서의 '선택적 배제'와 네덜란드의 '비공식적 포섭'이 나뉘어지며, 약한 국가의 전통아래 사회운동이 통합되는가 혹은 배제되는가의 여부에 따라 독일의 '공식적 배제'와 스위스의 '과정적 통합'이 구분된다.

그림 1 사회운동에 대한 네 가지 지배전략

		국가의 강도	
		강성	약성
지배전략	배제	선택적 배제 프랑스	공식적 배제 독일
	통합	비공식적 포섭 네덜란드	과정적 통합 스위스

※ 출처: Kriesi et al., 1995: 215.

한국사회에서 사회운동은 대체로 박정희 정권에서 전두환 정권을 거쳐 노태우 정권에 이르는 권위주의 체제 아래에서 국가에 의해 의도적으로 배제되어 왔으나, 민주주의로의 이행이 이루어진 김영삼 정권에서 김대중 정권을 거쳐 노무현 정권에 이르기까지 '선택적 배제'와 '비공식적 포섭'이 동시적으로 가해져 왔다고 사료된다.

김영삼 정권과 김대중 정권은 '선택적 배제'와 '비공식적 포섭'을 동시적으로 사용했다고 여겨진다. 민간정부에 들어와서 이루어진 정치적 기회구조의 확장은 사회운동단체들에 대한 정부의 재정적 지원은 물론 정책결정 과정에의 부분적 참여를 유도함으로써 그 어느 때보다도 이익집단과 국가 사이의 관계를 협조적으로 만들어 왔다. 실제로 민간정부들이 체제유지를 위해 새롭게 창출된 권력의 정당성을 강화하기 위한 자리의 재분배 과정에서 일부 사회운동단체 구성원들의 정치권 진입은 물론이거니와 과거 권위주의 시절 민주화운동 과정에서 만들어진 비공식적 관계망을 통해 정부여당과 사회운동단체 사이의 정책협의가 간헐적으로 이루어져 왔다.

사회운동단체들을 적극 활용하기 시작한 것은 김영삼 정권에 들어와서였다. 김영삼 정권은 '비공식적 포섭'을 통해 사회운동단체들의 주요 구성원들을 정부와 여당에 수용하였다. 특히 김대중 정권에 들어와서 사회단체에 대한 포섭이 비공식적인 수준에서 공개적으로 시도된 바가 있다는 중요한 사실을 눈여겨볼 필요가 있다. 선택적 배제와 비공식적 포섭이라는 이중적 전략이 '제2건국'이라는 명분아래 국민운동 네트워크 차원에서 사회단체들을 정부 주도아래 연합회로 동원하려는 일종의 '공식적 포섭'이 이루어졌던 것이다.[5] 권위주의 시대의 대표적 관변단체인 '새마을운동중앙협의회'를 제2건국 국민운동의 핵심단체로 설정했다는 점에서 국가에 의해 시민사회를 동원하려는 김대중 정권의 비공식적 포섭의 강력한 의도를 볼 수 있다.

노무현 정권은 김대중 정권의 연장선 위에서 '공식적 포섭'을 강화하였다. 사회운동단체들을 국정개혁을 위한 공식적인 파트너로 삼으로써 보다 시민사회와 가까워지려는 시도가 있었다. 지방 분권과 혁신이라는 차원에서 시도한 전국적인 개혁네트워크도 일종의 공식적 포섭을 위한 하부구조 건설로 볼 수 있다.

이와 대조적으로 이명박 정권과 박근혜 정권은 주로 '선택적 배제'를 통해 사회운동단체를 통제하였다. 광우병 파동 이후 당시 시위에 가담한 사회운동단체들은 재정적 지원 대상에서 공식적으로 제외되었으며, 보수적 시민단체의 동원을 통해 진보적 시민단체의 활동에 맞불을 놓은 저열한 수법을 썼던 것이다. 박근혜 정권에 들어와 국가의 억압적인 통치행태가 강화되면서 사회운동단체들의 활동은 더욱 위축되었다. 그러나 시민사회의 '운동정치'는 겉으로 약화되면서 안으로 동력을 잠재화시켰다고 볼 수 있다. 박근혜 정권아래 세월호참사는 이러한 시민사회의 잠재된 불만이 한꺼번에 표출된 것으로 풀이할

---

5 대다수 시민단체가 자율성과 독립성과 순수성을 저해한다는 취지에서 불참과 반대를 표명함으로써 제2건국 국민운동은 아무런 성과 없이 명맥만 유지하다가 유야무야되었다.

수 있다. 결국 헌법유린과 국정농단에서 시민사회의 폭발이 일어나고 급기야 대통령의 탄핵이라는 헌정사 초유의 사태를 가져왔다.

오늘날 한국의 사회운동은 여러 가지 도전에 직면하고 있다. 한국사회가 겪고 있는 '전근대 → 근대'와 '근대 → 탈근대'라는 이중적 전환의 와중에서 예전부터 직면해 온 쟁점들과 이번에 새롭게 부각된 쟁점들을 동시에 마주하고 있기 때문이다. 예를 들어, 남북관계, 민생경제, 환경문제, 정치개혁 등 오래된 쟁점들과 재벌개혁, 검찰개혁, 교육개혁, 공직개혁, 부패청산 등 같은 새로운 쟁점들을 모두 사회운동이 풀어야 하는 과제를 안고 있다. 특히 촛불은 이 중 어느 것도 쉽지 않지만, 만약 새 정부가 변화와 개혁에 미온적이라면 다시 촛불을 불러올 수 있다. 이점에서 문재인 정권은 시민운동이 제시하는 비판과 대안을 수렴할 수 있는 열린 자세를 가져할 것이다.

한국사회는 계급적 성격을 갖는 근대적 차원의 민중운동뿐만 아니라 비계급적 성격인 탈근대적 차원의 시민운동이 공존하고 있다. 시민운동 자체도 진보진영과 보수진영으로 급격히 갈라져 왔다. 지난번 촛불시위에서 보듯 촛불과 태극기 맞불 사이의 대립이 좋은 보기이다.

돌이켜 보면, 1997년 경제위기를 극복하는 과정에서 신자유주의적 구조조정으로 인한 중산층의 붕괴와 사회 양극화는 시민운동의 동원기반을 약화시키고 있다. 이러한 정치사회환경의 변화는 사회운동으로 하여금 새로운 변신을 요구한다. 그러나 사회운동단체들은 기존의 레퍼토리를 통한 활동을 전개함으로써 엘리트중심의 시민운동, 풀뿌리가 약한 중앙중심주의, 백화점식 종합형 운동방식, 재정의 외부 의존, 언론을 통한 여론동원, 지구적 연대의 취약 등을 이겨내지 못하고 있다. 비록 인터넷 문화의 확산에 따라 온라인을 통한 새로운 의사소통과 연대의 가능성을 열어놓고 있지만, 여전히 오프라인과 온라인 사이의 연결은 어려운 과제로 남아 있다. 나아가 구래의 사회운동 전략과 전술을 활용해옴으로써 나타나는 일종의 사회운동의 '동형화'를 피해 풀뿌리 바탕과 전지구적 문제의식을 아우르는 다종다양한 운동방식을 개발해야 할 절박한 시점에 처해 있는 것이다.

지난 9년 이명박 정권과 박근혜 정권의 지속적 억압에도 불구하고, 한국 시민사회의 정치적 성격은 쉽게 약화되지 않았다. 광우병파동, 세월호참사, 메르스사태, 가습기피해, AI재앙을 통해 볼 때, 시민들의 문제제기는 저항을 넘어 참여를 통해 변화와 개혁을 추구한 것으로 이해할 수 있다. 특히 촛불에서 한국 사회의 민주화를 이끌어 냈던 정치적 '열정'이 소멸되지 않은 채 시민사회 저변에 흐르고 있었음을 다시 확인되었다.

우리의 경우 정당은 다양한 시민적 이해와 요구를 대변하고 결합하는 역할을 여전히 제대로 수행하지 못하고 있다. 그동안 준정당처럼 '대의의 대행'을 해 왔다는 평가를 듣는 한국의 사회운동단체들 역시 과거만큼의 주도권과 지도력을 발휘하지 못하고 있다. 헌법유린과 국정농단의 중심에 있었던 불통과 아집의 대통령, 다수정부와는 거리가 먼 여소야소의 정치적 조건으로 인해 '아래로부터의 정책변화'를 이끌어 내기란 극히 어렵다. 더욱이 쟁점이 되는 정책 사안들은 점점 더 전문화되고, 다양해지면서, 사회운동이 확보한 기존 정책역량만으로 이를 감당하기 어려운 상황이 되어 가고 있다. '대중성'과 '전문성'이 동시에 요구되고 있으나, 이는 사회운동단체가 독자적으로 혹은 전체적으로 쉽게 도달할 수 있는 것이 아니다.

IV. 시민사회의 성장과 사회운동의 분화

1. 민중운동과 시민운동의 분화: 다시 보수와 진보로

한국 시민사회가 질과 양 모두 성장하면서 사회운동 차원에서 두 차례에 걸쳐 분화가 일어났다. 권위주의 체제아래 노태우 정권에서 일련의 부분적 개방화와 자유화라는 억압완화(decompression)가 이루어졌다. 사회운동단체들도 지하에서 지상으로 나와 재조직을 시도하였다. 이러한 배경아래 첫 번째 제1차 분화는 민중운동과 구별되는 시민운동의 등장이다. 전두환 정권 말기 민주화 분위기아래 1987년 경제정의실천연합(경실련)으로 대표되는 '시민운동단체'의 등장으로 구사회운동과 구별되는 신사회운동이 전개되기 시작하였다.[6]

이러한 제1차 분화는 2007년 말 이명박 정권의 등장으로 진보로부터 보수로의 평화적 권력교체가 이루어지면서 시민운동단체 안에서 상대적으로 진보적 사회운동을 지향하는 시민단체와 달리 보수적 사회운동을 지향하는 시민단체가 등장하는 이중적 분화의 모습으로 나타났다.

이러한 사회운동의 분화는 민주화이후 '국가와 시민사회'의 대립구도가 '시민사회와 시민사회'의 구도로 전환하는 것을 의미한다. 김대중 정권과 노무현 정권 시기 동안 '거대야당'-'관료'-'언론'-'재벌'이 구축한 보수기득권동맹과 '뉴라이트'로 통칭되는 보수적 사회운동이 기존의 진보적 사회운동을 지향하는 시민단체와 대치하였던 것이다.

---

6 시민운동도 정치적·운동적 성격을 지니는 'NGO'와 비정치적·비운동적 의미를 지니는 'NPO'가 공존하는 경향을 보였다.

그러나 이명박 정권 출범 이후 한국사회는 '시민사회와 시민사회'의 대립만이 아니라 다시 '국가와 시민사회' 사이의 갈등이 일어나는 상황으로 바뀌었다. 더욱이 '보수동맹구조'의 한 축을 담당했던 '거대야당'이 '거대여당'으로 바뀌면서, 동맹구조의 정치적 위력뿐만 아니라 정책적 입지를 배가시켰다. 보수적 사회운동과 국가가 연대하여, 시민사회의 진보적 영역들을 전방위적으로 공격하였고, 한국 시민사회의 정치적 성격 자체를 약화시키려 하였다.

이명박 정권 출범 이후 박근혜 정권에 이르기 까지 한국 민주주의는 크게 후퇴한 것으로 평가할 수 있다. 두 정권의 경우 대통령의 의지와 결단이 정치와 정책에서 모든 것을 압도하였다. 경제적 민주주의로 나아가기 전에 '정치적 민주주의'조차 뿌리부터 흔들리었다. 삼권분립은 구두선으로 그쳤고, 행정부에 대한 입법부의 견제는커녕 청와대가 국회와 여당을 주도하는 전도된 결과로 이어졌다. 2016년 4월 제20대 총선에서 야당이 원내 1정당이 되기 까지 총선과반수를 넘는 거대여당의 횡포와 소수야당의 무력함이 계속되었다. 언론, 표현, 집회, 결사의 자유 등 시민의 기본권 자체가 크게 약화되었다. 과도한 공권력 행사에 의한 시민적 권리 침해가 계속되었다.[7] 매년 세계 각국의 민주주의의 향유 정도를 평가하는 〈자유의 집〉(Freedom House)은 한국의 경우 정치적 권리와 시민적 자유가 가장 좋은 상태 아래로 떨어지고 있는 것으로 보았다(Puddington et al., 2017: 108-109).

이명박 정권아래 광우병 사태, 4대강 사업 강행, 부자감세 정책,

---

7 2008년 촛불시위 당시 국제엠네스티 특별조사관(Norma Kang Muico, Amnesty International's Korea researcher)의 보고, 2010년 유엔인권특별조사관(Mr. Frank La Rue, UN Special Rapporteur on the Promotion and Protection of the Right to Freedom of Opinion and Expression)의 보고 등.

사진 2 서울서 '박근혜 퇴진' 요구 4차 주말 촛불집회
※ 출처: 연합뉴스, 2016/11/19.

세종시 수정안 논란, 금강산관광 중단 등 여러 정책들에서 '대립'과 '강행', '무시', '혼선'이 반복되었다. 대통령과 여당의 일방독주와 야당의 무기력은 '제도정치' 공간을 크게 위축시켰다. 정부의 억압적, 배제적 통치행태는 '운동정치'를 억압하면서 오히려 강화하는 방식으로 귀결되었다.

박근혜 정권에 들어와 세월호참사 진실규명에서 국가가 직무유기는 물론이고 진상조사위를 출범시켰으나 끝내 무력화함으로써 의혹만 남긴 채 별다른 성과 없이 해체되었다. 세월호참사가 메르스사태, 가습기피해, AI재앙으로 이어지면서 대통령 박근혜의 헌법유린과 사인 최순실의 국정농단으로 대통령 탄핵이 이루어졌다.

지난 9년 보수정권의 지속적 억압에도 불구하고, 한국 시민사회는 잠재력을 키우면서 촛불시위를 통해 정권교체를 이루는데 크게 기여하였다. 2016년 총선에서 새누리당의 패배로 여소야소가 되었고,

촛불은 민주주의의 완성을 위해 시민의 재발견을 통해 시민사회의 궐기를 가져온 것이다.

2. 사회운동의 정책역량: 강화의 필요성과 약화의 가능성

김대중 정권과 노무현 정권을 거치며, 진보 진영의 지식인, 시민단체 출신 인물들 다수가 행정부, 의회, 각종 정부 위원회 등에 참여하였고, 이는 정책적 영향력을 확대하는 또 다른 형태가 되었다. 그리고 이는 진보 진영의 정책적 역량을 한 단계 상승시킬 수 있는 좋은 기회가 될 수 있었다. 하지만 실제 상황은 강고한 관료체제와 기득권적 정당질서를 변화시키지 못한 채 개별적 차원의 경력과 경험 상승 정도가 있었을 뿐, 그것이 다시 시민단체로 환류될 수 있는 메커니즘이 거의 없었다는 점에서 '위로부터 흡수'라 말할 수 있다(홍일표, 2011: 102).

　노무현 정권 출범 이후 본격화되기 시작한 '시민사회와 시민사회'의 갈등구도는, 소위 '뉴라이트' 집단의 등장을 계기로 보수 세력의 결집이 더욱 가시화되었다. 이들은 '이념'과 '정책'을 결합하고, '운동'과 '정치'를 연결시키는데 주저함이 없었다. 2006년 이후 뉴라이트 계열의 정책집단들이 속속 만들어지기 시작하였다. 뉴라이트 계열의 60여 명의 교수, 지식인이 참여하는 '바른정책포럼'이 2006년 3월 창립되었고, 자유주의연대, 뉴라이트 싱크넷, 교과서 포럼, 자유주의 교육운동연합, 북한민주화네트워크 등의 인사들로 구성된 상설화된 싱크탱크 '뉴라이트 재단'이 2006년 4월에 설립되었다(홍일표, 2011: 100).[8]

8　"한나라당 집권 이후에도 '미국식 싱크탱크' 필요하다"고 주장하면서,

사회운동의 정책생산 구조와 정책역량에 영향을 미치는 변화는 인터넷 공간에서도 나타났다. 2002년 노사모 활동, 효순-미선이 사건을 계기로 촉발된 '촛불시위', 2004년 탄핵반대국민운동 등을 거치며, 더 넓고, 더 높은 수준의 시민참여 요구가 인터넷을 매개로 폭증하기 시작하였다. 광우병 쇠고기 수입에 반대하는 2008년 '촛불시위'에서는 '집단지성'의 가능성이 극대화되기도 하였다. 이 과정에서 기존 사회운동은 '담론'과 '실천' 영역에서의 변화와 더불어 보다 구체적인 '정책' 영역에서 새로운 진전을 요구받았다.

이처럼 정책역량 강화에 대한 필요성은 다각도로 더욱 높아졌으나, 기존 시민운동이 이를 실현해낼 수 있는 조건은 갖추어지지 않았다. 오히려 대학(교수) 및 소장연구자들의 시민운동에 대한 결합이 약화되고, 시민운동 상근자들의 '세대교체'(또는 '재생산')도 원활하지 않는 등의 어려움이 커져 갔다.

2004년 즈음부터 진보 진영의 정책역량 강화를 위해 '싱크탱크'의 설립이 필요하다는 주장이 본격화되기 시작하였고, 2006년을 전후로 '독립 민간 싱크탱크'의 설립이 빠르게 이루어졌다. 이것은 '시민사회 싱크탱크'라고도 불리운다. 정부, 정당, 기업이 개설한 연구소와는 확연히 구분되지만 시민단체가 직접 운영하는 것이 아닌 새로운 조직으로서 의미를 지닌다(홍일표, 2011: 98). 2005년 2월 코리아연구원, 2006년 새로운사회를여는연구원, 희망제작소가 창립하였다. 같은 해에 한반도선진화재단이 라는 보수 진영의 싱크탱크 설립도 이어졌으나, 2006년 이후 만들어진 대부분의 '독립 민간 싱크탱크'들은 진보적 성향으로 분류될 수 있다. 19대 대선을 계기로 하여 만들어진 '뉴패러

"정당-보수우파사회운동-싱크탱크의 연계"를 제안한 여의도연구소의 문건이 2006년 12월에 공개되기도 하였다.

다임미래연구소', '다른백년', '여시재' 등이 그것이다.

이러한 싱크탱크는 상근 연구자를 둔 '상근구조형', 상근 간사와 광범위한 연구자 네트워크를 결합시킨 '네트워크형', 다양한 분야를 다루는 '종합형'과 특정 주제만 전문으로 삼는 '부문형', 그리고 10명 이상의 상근 연구자를 갖춘 '중대형'과 2~3명 수준의 연구자로 운영되는 '소형' 등 다양한 형태의 싱크탱크들이 만들어 졌다(홍일표, 2011: 99).

그러나 대부분의 싱크탱크들이 '각자 살아남기' 위한 노력을 했음에도 불구하고 아직은 시기상조였으며, 규모와 영향력 등에서 괄목할만한 성장을 보이지는 않는다. 그러나 2010년 지방선거를 계기로, 주로 '복지'와 '재정', '환경' 분야를 다루는 싱크탱크들에 대한 사회적 관심과 수요가 빠르게 높아지고 있다. 권력감시를 주로 해 온 시민단체들과 달리 이들 싱크탱크들은, 주요 자치단체장 인수위원회에 직접 참여하거나, 지방의회 차원의 태스크포스팀에 결합하는 등의 방법으로 다양한 거버넌스 모델을 시도하고 있다.

3. 시민운동 정책생산구조의 변화

민중운동과 구별되는 시민운동의 등장에서 시작된 '시민단체' 등장에서 제1차 조직분화가 나타났다면, 제2차 조직 분화는 인터넷 기반의 새로운 조직운동이 이루어짐과 동시에 이루어진 독립 민간 싱크탱크의 출현으로 특징지어진다.

현재 활동 중인 '독립 민간 싱크탱크'의 일부는 물적 자원 동원에서 예전과 달리 기반이 탄탄하며 전문 연구자의 참여도 넓은 편이다.

그러나 몇몇 뛰어난 개인의 활약이 발견되기 시작하지만, 싱크탱크의 맨파워는 전반적으로 취약하다는 평가이다. 특히 이명박 정권 출범이후 한나라당의 과반수 의석 확보에 따라 진영 싱크탱크들의 정책 영향력은 확대되지 못하였다. 여당의 경우, 부처나 국책연구기관과의 협력에 의존하고 있고, 야당들은 세종시나 4대강 등 몇몇 이슈들을 제외하고 정책 아이디어에 대한 요구 크지 않은 상황이다. 다만 2010년 지방선 결과 야당이 압승하면서, 혁신적 지역 정책 개발을 위해 독립 민간 싱크탱크들에 대한 수요가 늘어나고 있다. 하지만 역시 '독립 민간 싱크탱크'에 대한 수요와 자원, 관심은 상당부분 (진보적) 사회운동의 몫이다.

한국 사회운동은 민주화 운동의 역사 속에서 이미, 정책 및 연구 역량 강화를 목적으로 독립적이거나 단체 부설의 연구소를 만들어 왔다. 기독교사회문제연구원, 한겨레사회연구소, 민족민주연구소, 한국사회과학연구소 등이 설립되었고, 1990년대에는 시민단체들이 경제정의연구소, 시민환경연구소, 참여사회연구소 등을 단체 부설 형태로 출범시켰다.

노동운동 진영의 연구소들 역시 꾸준한 조사, 연구 활동을 진행해 오고 있다. 한국노동사회연구소, 비정규노동센터 등의 독립 싱크탱크들과, 노동조합 부설 연구소들(금융경제연구소, 사회공공연구소, 금속노조 정책연구원, 민주노총 정책연구원, 한국노총 중앙연구원 등)이 활발한 연구 활동을 수행하고 있다(현 정부에서 노조 전임자 임금지급 금지 정책이나 노조들에 대한 각종 손배소 등으로 인해 재정적 어려움을 호소하는 곳이 늘고 있다).

2006년을 전후하여, 시민단체나 노동조합 부설 연구소들과 구분되는, 독자적 상근 연구 역량을 확보한 독립 민간 싱크탱크들이 늘어나기 시작했다. 4대강, 세종시, 부동산/주택 정책, 사회복지, 예산/재정 등, 사회운동의 주요 쟁점들에 대한 연구 성과물들을 지속적으로 생산해 내고 있다. 이들은 1990년대 이후 고착된 '시민운동'과 '민중운동'이라는 범주로 구분하기 어렵다는 특징을 보인다. 즉 시민운동만을 위하거나, 민중운동만을 위한 싱크탱크들이 아니라는 것이다. 양쪽 다를 넘나들 수 있고, 동시에 양쪽과 상관없이 독자적 정책의견을 내놓기도 한다.

이 과정에서 사회운동과 독립 민간 싱크탱크의 역할 분담과 결합 강화가 이루어지고 있고, 이는 사회운동이 선택할 수 있는 입법전략에도 영향을 미치고 있다. 사회운동은 독립 민간 싱크탱크의 연구 성과를 '증폭'시켜, 정책결정자들의 관심을 끌어내고, 싱크탱크들은 사회운동의 주장을 뒷받침할 수 있는 구체적 데이터와 현실적 정책대안을 제공하고 있다. 예를 들어 현재의 정치·사회적 조건 하에서 입법청원을 제출하는 것으로 실질적 성과를 기대하기 힘들다. 하지만 이미 17대 국회를 거치며, 입법청원보다는 의원입법을 활용한 입법운동이 늘어나기 시작했고, 의원들에게 '논리'나 '정당성'만이 아니라, 풍부한 데이터와 분석결과를 함께 제공함으로써 입법의 가능성을 높이려는 시도는 계속되어 왔다. 실제로 의원들이 개최하는 각종 입법공청회는 민간 싱크탱크들의 중요한 활동공간이 되기 시작했다. 다양한 분야의 독립 민간 싱크탱크들은, 변화된 조건에 대응하는 입법운동에 있어 중요한 협력 파트너로 성장하고 있다.

이제 독립 민간 싱크탱크들의 등장과 성장이, 기존 시민운동의 패턴을 새롭게 만들고 있다. '시민단체'의 등장, 즉 사회운동의 1차 조직 분화의 경우, 사회운동의 동원구조, 프레이밍 전략, 자원동원, 운동 레퍼토리 등 모든 측면의 변화를 동반하였고, 그것은 사회운동 전체의 규모와 구성을 키우는 결과를 낳았다. 그러나 현재 독립 민간 싱크탱크들은 그러한 총체적인 변화를 이끌어 내진 못하고 있다. 독립 민간 싱크탱크들은 아직 '정책지식 생태계' 내에서의 자기 위치를 확보하지 못하여, 자원이나 관심을 사회운동에 의존하는 정도가 높다. 시민단체들에 의해 주도되었던 정치적 성격의 시민운동의 경우, '개별 정책'을 둘러 싼 싸움이자, 정책형성과정을 포함한 정치사회·시민사회의 관계 일반을 변형시키는 목표를 가진 것이었다. 하지만 독립 민간 싱크탱크들은 여전히 구체적인 정책내용에 국한된 다툼을 수행하고 있고, 정책지식의 생산과 유통, 소비를 아우르는 정책과정의 변화를 추구하지는 못하고 있다.

그럼에도 불구하고 독립 민간 싱크탱크의 등장이, 한국 시민운동 전반을 바꾸지는 않겠지만 '회원이 줄어드는 시민단체'를 가져오고 있다는데 이의를 달 수 없다. 싱크탱크의 성장은 '정책을 매개로 한 정치'의 폭을 넓히고, 정당과 사회운동, 싱크탱크의 관계를 바꿀 수 있다. 이를 통해 민주주의의 심화와 재구성을 기대해 볼 수 있을 것이다. 특히 싱크탱크는 '사회적 논쟁'을 '정책적 논쟁'으로 전환시킬 수 있는 힘을 갖추고 있으며, 관료독점의 정책생산 구조에 균열을 낼 수 있는 존재이기도 하다는 점을 간과해서는 안 될 것이다.

V. 시민사회의 과제: 진단과 처방

한국의 사회운동은 산업화와 민주화 과정에서 등장하여 어려운 정치기회와 자원동원 구조에도 불구하고 부단히 성장하여 왔다. 오늘날 우리 국민이 누리고 있는 기본권은 바로 시민운동과 민중운동, 두 사회운동 진영의 고귀한 투쟁 결과라 하겠다. 한국이 경험한 산업화의 모순을 극복하고 민주화를 앞당기는데 사회운동의 공헌은 아무리 강조해도 지나치지 않을 것이다.

돌이켜 보면, 한국의 사회운동은 1970~80년대에 권위주의로부터 민주주의로의 이행을 이루는 데 기여하였고, 1990년대에 민주주의의 제도화를 위한 공공정책의 발의와 입안을 위해 헌신하였으며, 그리고 2000년대에 정치개혁을 위시한 사회전반의 개혁과제를 제시하는데 주요한 역할을 수행했다. 최근에는 헌법유린과 국정농단에 대한 문제제기를 통해 대통령의 탄핵을 이끌고 단순히 정권교체를 넘는 정치패러다임 자체의 변화가 필요하다는 국민적 공감을 이끌어 내는데 성공했다.

그럼에도 한국의 사회운동은 양적 성장에 비춰 질적 발전을 해야 하는 중대한 전기를 맞이하고 있다. 지난날의 종합형 사회운동으로는 다원화되는 우리 사회의 다양하고 복합적인 이해와 욕구를 수용할 수 없다. 사회운동의 대중화 못지않게 전문화가 필요한 시점이다. 이러한 기반위에서 시민운동과 민중운동의 협력과 연대가 이루어져야 한다. 중앙과 지방 수준 사이의 역량격차를 해소하기 위한 지역의 풀뿌리 강화 또한 매우 중요한 현실적 과제이다. 이러한 지역의 풀뿌리에 기반한 여러 부문운동들 사이의 병행발전을 통해 종합형 사회운동을 넘는 사회운동의 대중화와 전문화를 추구해야 할 것이다.

특히 종합형 시민운동으로서 한국의 사회운동이 대의의 대행기관으로서 '준(準)정당적' 역할을 수행하는 과정에서 사회운동단체들은 시민의 정치참여에 기여하면서도 그 자발성을 왜곡하는 부작용을 만들어내기도 하였다. 항시 정치권력과 적정한 거리를 두어야 할 사회운동단체들이 개혁이라는 명분아래 권력지향적인 모습을 보여주는 역설이다. 대의민주주의의 한계를 보완하려는 시민참여가 참여민주주의라는 이상아래 대중민주주의의 우상을 가져온다면 이는 사회운동단체들이 지향한 원래의 의도는 아닐 것이다.

　원래 시민사회는 한편으로 국가 다른 한편으로 시장, 즉 정부와 기업으로부터 이중적 자율성(dual autonomy)을 지녀야 한다. 시민사회는 공공영역에서 공공적 가치라 할 공익을 추구해야 하기 때문에 정치사회로부터 권력을 찬탈하거나 경제사회로부터 자본을 탈취할 수 없다(Schimitter, 1997). 이중적 자율성의 주체로서 시민사회는 자유 헌정질서의 테두리 안에서 법에 의한 지배를 인정하면서 시민성(civility)이란 덕성을 통해 권력과 자본을 감시하고 견제하는 것이다. 그러므로 시민사회가 정당이나 국가기구로 진출하기 위한 통로가 될 때 시민사회의 공공성은 심각하게 훼손될 수 있다. 우리는 김영삼 정권, 김대중 정권, 그리고 노무현 정권에서 시민단체 구성원들의 과도한 정치진출로 인한 비찬탈성(non-usurpation)의 원칙이 훼손된 것을 보았다. 이는 최근 문재인 정권아래 시민사회 핵심인사들의 지나친 참여가 개혁이란 이름아래 시민사회의 공공성을 심각하게 헤치지 않을까 우려되는 이유이다.[9]

　이 글을 마치면서 한국의 변화하는 시민사회아래 사회운동이 나아갈 과제와 방향을 중심으로 다음과 같은 제언을 하고자 한다.

　첫째, 시민운동의 둘러싼 환경, 즉 사회구조가 바뀌고 있다. 시민 개개인이 의제를 스스로 선점도 할 수 있고, 여론도 만들어 낼 수 있

---

[9] 경실련은 2004년 시민운동의 '정치적 중립'이란 원칙을 마련하여 시민단체 출신 인물이 정·관계로 진출할 경우 그와의 공식적 관련을 최소화하도록 강제하였다. '좋은(good) 사회적 자본'에 대한 '나쁜(bad) 사회적 자본'을 구분할 필요가 있다. 신뢰의 반경이 좁아지면서 내부적으로 결속력이 강한 이른바 마피아적 조직은 지대추구적 시민단체의 범람을 가져올 수 있기 때문이다(Banfield, 1958).

다. 인터넷과 모바일을 매개로한 네트워크 사회로 진입하면서 현실세계와 사이버세계를 연결하고 통일하는 모바일 소셜네트워크 서비스가 연결사회에서 사회운동을 이끌어 낼 수 있게 되었다. 이제 한국사회는 지식과 정보가 이러한 네트워크를 통해서 연결된다. 따라서 사회적 의제와 여론도 이러한 네트워크를 통해 형성되고 소비된다. 이는 기존의 제도언론을 능가할 정도로 시민 개개인이 큰 역할을 할 수 있음을 알려준다. 촛불의 진화 과정도 소셜네트워크에 의해 증폭된 것에 다름아니다. 촛불에 대한 맞불로서 태극기 집회 또한 비슷한 경로를 밟은 것으로 추정할 수 있다.

따라서 이러한 사회구조아래에서 시민들은 사회운동단체에 과거와 같이 의탁하지 않는다. 특히 사회참여의식이 강한 개인일수록 네트워크를 통해 스스로 문제를 제기하고 해결책을 마련하기 위해 공론을 형성한다. 이러한 공론형성이 공공의 정책결정은 물론 언론에도 꺼꾸로 영향을 미친다. 결국 사회운동단체 중, 특히 시민단체는 사회의식이 높은 시민 개개인과 경쟁하는 처지에 놓이게 된 것이다.[10]

이러한 변화된 현실에도 불구하고 사회운동은 과거의 관성적인 운동방식에 머물고 있다. 온라인네트워크 시민세력들과 연대할 수 있는 새로운 전략을 세우지 못하고 있다. 온라인 소셜 네트워크 체제에서 사회이슈 허브기능을 담당해서 개인 온라인 유저들이 모이고 연대할 수 있는 기반을 형성해야 함에도 불구하고 기존 오프라인 운동방식의 경로의존성에서 헤어나지 못하고 있다. 인력과 재정의 부족으로

---

10 미국은 "회원없는 권리주창"으로 나아가 왔다면, 일본은 지역의 소규모 운동단체들은 많으나 중앙정부의 정책 형성에 영향을 미칠만한 대규모, 전국을 아우르는 전문 운동단체가 거의 없는 실정이다. 이러한 이유로 미국과 달리 "권리주창없는 회원" 현상을 보이고 있다.

전략적 투자가 부족하여 기껏해야 정보DB 수준의 웹사이트를 운용하는 정도이다.[11]

시민단체들은 계속 반향 없는 성명서, 토론회, 기자회견, 거리 피켓팅 등 오프라인 운동만을 겨우 수행하는 정도이다. 시민들과 함께 할 수도 없고, 시민들이 찾아오지도 않는다. 시민단체 사무실은 점점 비어가고 있다.

둘째, 그간 권리주창이나 대안비판 이라는 시민운동의 기반이 되었던 전문성 확보가 여의치 않고, 공공부문이나 민간부문과 비교하여 새로운 정책개발에서 경쟁력도 상실한 상황이다. 시민들이 시민단체에 의탁하지 않으니 사회개혁 의지가 강한 전문가나 활동가들이 시민단체에 모이지 않고 있다. 이러한 사정으로 인해 시민 개개인이 하지 못하는 데이터에 기반한 심층탐사형 운동 등 시민운동의 강점을 발휘하는 것이 점차 어려워지고 있다. 시민운동이 공론장인 네트워크에서 의제를 선점하고 선도해야 하는데 모두가 다하는 거시적 주장과 구호만으로 일관하다 보니 전혀 매력적이지 않은 것이다. 대학교수나 변호사 등 전문직 분야의 사람이 모이지 않으니 전문성이 떨어지고, 이는 다시 운동의 수준과 강점을 낮추고 조직의 지속성을 위협하게 된다. 지금 시민운동이 바로 이러한 어려움에 직면하고 있다.

한국 사회운동단체들 중 종합형 단체라 할 경실련, 참여연대를 보기로 든다면 이들은 대안제시 능력이 강했다고 할 수 있다. 그러나 이 시민단체들도 전문성에서 경쟁력을 상실해 가고 있지 않은지 반문할 필요가 있다. 다른 시민단체들이 지적하지 않는 새로운 특정한 이슈를 발굴하여 사회적으로 부각시키는 의제 선점이 거의 없기 때문이다.

---

11   이 또한 담당자가 1~2인에 머무는 현실이다.

1990년대 중후반에서 2000년대 초반에 시민단체들이 보여주었던 전문성 우위 현상이 무너지고 있다. 이는 언론의 지면 확대와 전문성 강화, 각종 사회과학 관련 학회의 사회현안에 대한 문제제기, 수많은 기업 연구소 등 민간 싱크탱크 출현, 국회의 정책기능 강화와 국회 보좌진의 전문성 확보 등으로 시민단체들이 전문성에서 우위를 지키는 것이 예전처럼 쉽지 않다는 사실을 말해주고 있다.

어느 특정 시민단체가 설령 아무도 주장하지 않는 좋은 의제를 발굴하여 운동을 시작했다 해도 이것들을 공공부문이나 민간부문의 싱크탱크에서 순식간에 수용하여 더 질 높은 보고서 등이 나오는 현실에서 독창적인 의제를 계속 밀고 나갈 수 없으니 위상이 떨어질 수밖에 없다. 여러 의견들 중 하나가 될 뿐이다.

이러한 어려운 상황의 극복을 위해선 시민단체들이 선택과 집중 전략을 세워 잘할 수 있는 부문에 대한 전문성을 강화해서 세밀한 분석과 대안으로 차별화하는 '심층탐사형 운동'으로 전환해야 한다. 그러나 시민단체들은 기존의 관행을 넘어서는 조직적 내부혁신이 부족하여 아직도 종합형 조직 행태를 유지하고 있다.[12]

이미 지적하였듯이 현재의 위기상황을 타개하기 위해 시민운동단체들은 선택과 집중을 통해 효율성을 높여야 한다. 그러나 보다 중요한 사실은 공론형성이 가상과 현실이 결합되는 네트워크 사회구조의 출현을 눈여겨보아야 한다. 이를 통해 심층적 근거와 주장을 할 수 있는 새로운 수단과 방식을 활용하여야 한다. 웹사이트나 개설해 놓

---

12 이는 최근 시민단체에 대한 시민참여 부족과 재정능력 악화로 인해 2000년 초중반 생겨나던 전문성을 갖춘 부문운동 단체들이 기반을 갖추지 못함으로써 경실련, 참여연대 등 주요 시민단체들이 전문성 약화라는 위험에도 불구하고 종합적 틀을 유지할 수밖에 없어 왔다는 사실을 알려준다.

고 관리도 제대로 하지 못하고, 제도권 언론에 성명만 남발하고, 그리고 급격한 사회변화에 걸 맞는 구체적인 대안을 마련하지 못하고 고준담론만 일삼는 과거의 운동방식으로부터 벗어나야 한다.

오늘의 연결사회에서 기반이 되는 네트워크 사회에 바탕한 시민참여와 운동전개로 나아가야 한다. 이를 위해 기존의 운동 형식과 수단을 바꾸어 만일 필요하다면 참여의 주체까지도 버릴 건 과감하게 버리는 용단이 필요하다. 새로운 사회운동을 위한 패러다임의 전환이 요구된다. 이는 미래 시민운동의 생존, 더 나아가 사활의 문제이기도 하다.

새로운 사회운동의 파라다임은 이미 여러 대안이 제시되어 있는 거시적 이슈에 대해서는 개별 운동단체들이 여기에 집착하기 보다는 단체들 사이의 연대를 통해 대응하는 것이 좋다. 그리고 개별단체들은 자신들이 잘 할 수 있는 운동부문에 대한 스스로 판단을 통해 여기에 집중해서 데이타 중심의 심층탐사형 운동으로 나나가야 한다. 이를 통해 남이 말하지 못하는 전문성과 독창성과 차별성 동시에 확보할 수 있다. 결론적으로 작은 것에서 출발하여 큰 것으로 가되 "작고 구체적인 실생활 의제"가 거시적 의제로 선순환 하는 전략이 필요한 것이다.

심층탐사형 운동을 위해서 온라인 네트워크체제에서 허브역할을 어떻게 수행할 것인가에 대한 전략과 실행수단을 확보해야한다. 현재의 오프라인 운동방식에서 온라인 운동으로 나아가면서 두 가지를 반분하는 노력이 필요하다. 온라인 운동을 오프라인 운동의 보조로 생각하지 말고 병행하는 노력을 해야 한다. 네트워크 체제에서 시민단체들이 부문별로 이슈 허브기능을 수행한다면 이는 전문성과 대중성의 복원을 통해 '회원없는 시민운동'을 '시민있는 시민운동'으로 되돌릴 수 있는 적절한 방법이 될 수 있을 것이다.

참고문헌

김상준. 2004. "성찰적 합의체제와 국가-시장-시민사회 관계의 재구성: R+PAD 거버넌스 모델."『NGO연구』2권 2호.

김성국 외. 2006. "21세기 한국사회발전모델: 민주화와 세계화의 전망과 전략." 대통령자문정책기획위원회, 141, 155.

김호기. 2000. "시민사회의 구조와 변동: 1987~2000."『한국사회』3권.

마키아벨리, 니콜로(Machiavelli, Niccolò) 저. 강정인·안선재 역. 2011.『로마사 논고』. 한길사, 245-254.

손호철. 2001. "국가-시민사회론: 한국정치의 새 대안인가?" 유팔무·김정훈 편.『시민사회와 시민운동2』. 한울, 40-47.

윤상철. 1997.『1980년대 한국의 민주화 이행 과정』. 서울대학교출판부.

임현진. 2009.『한국의 사회운동과 진보정당』. 서울대학교출판부.

최장집. 2005.『민주화 이후의 민주주의: 한국민주주의의 보수적 기원과 위기』. 후마니타스.

홍일표. 2011. "한국에서 '시민사회 싱크탱크' 발전과 특성: 33개 시민사회 싱크탱크 설문조사 결과 분석을 중심으로."『시민사회와 NGO』9권 1호.

Banfield, Edward. 1958. *The Moral Basis of Backward Society*. University of Chicago Press.

Cohen, Jean and Andrew Arato. 1992. *Civil Society and Political Theory*. MIT Press.

Hardt, Michaeland and Antonio Negri. 2004. Multitude: War and Democracy in the Age of Empire. London: Penguin Books

Im, Hyug Baeg. 2000. "South Korean Democratic Consolidation in Comparative Perspective." in Consolidating Democracy in South

Korea edited by Diamond, Larry and Byung-Kook Kim. Boulder, London: Lynne Rienner Publishers, 37.

Keane, John. 1988. Democracy and civil society: on the predicaments of European socialism, the prospects for democracy, and the problem of controlling social and political power. London, New York: Verso.

Kriesi Hanspeter et al. 1995. *New Social Movements in Western Europe: A Comparative Analysis.* University of Minnesota Press, 215.

Linz, Juan and Alfred Stepan. 1995. *Problems of Democratic Transition and Consolidation: Southern Europe, South America, and Post-communist Europe.* Johns Hopkins University Press.

Puddington, Arch and Tylor Roylance. 2017. "Freedom House Survey for 2016." *Journal of Democracy* 28(2), 108-109.

Schimitter, Philipe C. 1997. "Civil Society: East and West." Larry Diamond, Marc Plattner, Yun-han Chu and Hung Mao Tien (eds.). *Consolidating Third World Democracies.* Johns Hopkins University.

Skocpol, Theda. 1999. "Advocates without Members: The Recent Transformation of American Civic Life." in Civic Engagement in American Democracy. edited by Skocpol, Theda, and Morris P. Fiorina. Washington, DC: Brookings Institution Press, 498-504.

기사검색

연합뉴스. 2016. ""황교안도 퇴진"...전국 곳곳 8차 촛불집회." 『연합뉴스』(12월 17일).

(http://www.ytn.co.kr/_ln/0103_201612172212089029)

장아름. 2016. ""박근혜 퇴진"…광주서도 대규모 촛불집회."『연합뉴스TV』(11월 19일).

(http://www.yonhapnewstv.co.kr/MYH20161119007400038)

/ 2장 /

체인지메이커로서의 기업가:
사회혁신 소셜벤처 운동*

김영춘(울산과학기술원)

I. 들어가며

우리사회의 민주화 과정을 통하여 급속하게 성장한 시민사회의 에너지는 그 동안 경제-사회의 발전과정에서 나타나는 여러 영역의 문제에 대하여 다양한 목소리를 내어 왔다. 특히, 시민사회 조직화를 통하여 사회적 이슈에 대한 문제제기와 해결과정에 참여하려는 역동적인 움직임이 꾸준히 이어져 왔고, 이의 대표적인 조직화로 다양한 영역과 형식의 시민사회단체 NGO에 대한 연구가 진행되었다(임현진·공석기, 2005). 그런데, 최근 몇 년 간 우리사회에서 이전과는 새로운 방

---

* 이 글은 『한국창업학회지』 12권 5호에 출간된 저자의 논문 "소셜벤처의 조직화와 제도화 과정에 대한 질적 연구." 논문을 발전시켜 작성하였다.

식의 사회혁신을 지향하는, 이전과는 다른 형태의 시민사회 조직화가 발생하고 있다. 이는 비교적 최근에 나타난 새로운 현상으로서 시민사회와 비즈니스의 중간지대에서 비즈니스 모델과 사회적 가치추구가 융합된 방식으로 구체적으로 사회문제에 대해 접근하는 앙트리프리너(entrepreneur)에 의한 집합행동이다.

이 글에서 이러한 집합행동의 조직화 중에서 사회혁신가(social innovator)에 의한 소셜벤처(social venture) 운동에 주목한다. 소셜벤처 운동의 특징은 IT기술과 소셜네트워크에 기반하여 혁신적인 비즈니스 모델의 구현을 통해서 사회문제에 대한 독특한 접근방식과 해결책을 제시하고 있다는 점이다. 이를 통하여 다양한 분야의 시민사회 NGO와 기존 기업분야를 연결시키는 상호협력이 시도되고, 1차집단적 관계맺기를 통한 지역공동체와의 상호작용이 추구되며, 이를 통해 기존의 시민사회 에너지 조직화와 차별되는 새로운 조직화를 보여주고 있다. 이러한 사회혁신 비즈니스의 조직화에 대한 연구를 통하여 기존의 기업-시민사회와의 관계와는 상이한 새로운 협력적 모델의 가능성을 모색해보고자 한다. 기존의 기성기업의 시민사회에 대한 관계에 대해서는 부정적 측면과 긍정적 측면을 부각시키는 상이한 시각이 존재하지만, 많은 주류적 논의는 기업과 시민사회를 서로 다른 영역으로 보고 분리된 두 영역 간에 갈등과 협력에 초점을 맞추었다. 시민사회는 기본적으로 기업과는 서로 다른 목표와 작동원리를 가진, 비즈니스와는 관계없는 영역이라고 간주되어 왔다. 하지만, 사회혁신 비즈니스의 조직화는 이렇게 전통적으로 기업-시민사회의 관계를 이해하는 시각에 새로운 문제를 제기하고 있다. 새로운 사회혁신 조직화를 이끄는 앙트리프리너십의 집합적 시도와 이들 통한 새로운 조직군(organizational population)과 조직장(organizational field)의 형성은 기존의 시민사회와 기업의 지형에 새로운 함의를 준다고 볼 수 있다.

사진 1 사회혁신 소셜벤처
※ 출처: 시사IN, 2015/11/04
http://www.sisain.co.kr/?mod
=news&act=articleView&idxno=246,
인터넷 기사.

    이 글에서는 소셜벤처 운동에 대한 사례연구를 통하여 이러한 시도가 어떠한 방식으로, 누가 주도하고 누가 함께 하여 일어나고 있는지 기술하고, 이러한 현상이 집합적 수준에서 제도화되는 과정을 기술한다. 이러한 소셜벤처의 조직화 사례연구를 바탕으로 비지니스와 시민사회의 경계면에서 새롭게 형성되는 중첩적 조직장의 성격을 파악하고, 새로운 조직장을 통하여 기업영역과 시민사회영역의 관계가 새롭게 재구성될 가능성과 함께 향후 기업-사회의 긴장, 갈등, 협력관계의 새로운 방향의 가능성을 모색하고자 한다.

II. 시민사회 외부의 비즈니스

    사회혁신 비즈니스의 새로운 성격을 논의하기 전에, 여기에서는 우리사회의 대표적인 비즈니스관에 내포되어 있는, 기업와 시민사회에 대한 관계와 역할에 대해서 살펴보고자 한다. 대표적인 비즈니스관은 크게 두 가지 관점 즉, 경제성장의 주력자로서의 기업과 사회발전의 협력자로서의 기업으로 대별된다고 볼 수 있다. 우리 사회의 비즈니스에 대한 지배적인 관념은 경제성장의 주력자로서 기업을 보고 있으며, 이러한 시각은 정통경제학적 시각과 맞닿아 있다. 정통경제학적 시각에 의하면, 기업은 현대 자본주의 경제체제에서 시장경제를 이끌어가는 주체인데, 이때의 시장은 시민사회영역과 다른 논리에 의해 움직이는 시장, 즉 자율적으로 규제되는(self-regulating market) 시장이다. 이러한 시장주의적 관점에서 기업경영(management)의 목표는 시장가치(market value) 즉 투자자의 주주가치(shareholder value)를 극대화하는 것이다. 이러한 목표를 위하여 기업은 경쟁적 우위를 확보해야하며, 이에 이르는 방법으로 독점적 지위의 확보, 핵심자원 및 역량의 개발, 역동적 역량에 따른 혁신 등이 제시되었다(장세진, 2014; Lenox, 2017). 이러한 기본적 경제학적 관점 속에서 우리 사회에서 기업은 경제성장의 주체이었으며, 발전국가의 틀 속에서 한국의 경제성장을 이끈 산업화의 주역이었다. 지난 반세기의 급격한 압축적 산업화 과정을 통해서 성공하며 진화한 대기업집단을 중심으로 기업의 핵심역량을 강화하고, 그 핵심역량을 바탕으로 사업적, 지역적 다각화와 글로벌 진출을 이루어냈다. 이러한 기업에 대한 비즈니스관은 글로벌 경영학 관점의 핵심이며 우리사회에서 경영교육과 훈련을 통하여 지속적으로 재생산되고 있다.

    이러한 기업에 대한 정통경제학적 시각과 더불어, 급속한 산업화를 뒤이은 시민사회의 민주화 과정을 통하여 시민사회를 중심으로 90년대 이후 꾸준히 기업의 역할에 대한 새로운 시각이 나타나기 시작했다. 경제주체, 시장주체로서의 기업의 역할을 보는 좁은 시각에서 벗어서 보다 넓은 관점에서 기업의 사회적 책임을 부각시킨 것이다. 이에 따라 좁은 의미의 경제발전에 기여하는 기업으로부터 넓은 의미의 사회발전에 기여하는 기업으로 자리매김하며, 사회발전에 대한 기여로서 기업의 일자리 창출, 건전한 노사관계 정립, 투명한 지배구조 및 경영체제 구축 등의 이슈가 제기되었고, 더 나아가 환경문제, 노동문제, 인권문제, 건강문제 등의 영역에서 기업이 적극적인 사회적 역할을 하도록 강조되었다(김성택, 2012; Crane et al., 2016). 이러한 새로운 기업에 대한 시각은 영미권의 기업의 사회적 책임(Corporate Social Responsibility: CSR)에 대한 강조와 이에 따른 각종 국제 정부 및 비정부기구의 가이드라인의 글로벌 담론의 영향을 받으며 기업 관리자들에게 보급되었다. 사회적 요구에 대한 기업의 반응(Responsive CSR), 전략적 결정을 통한 기업의 적극적 참여(Strategic CSR), 경제적 가치와 사회적 가치를 통합적으로 창출하는 공유가치 창출(Creating Shared Value)로 개념화되었다. 최근 마이클 포터(Michael Porter)교수의 방문과 더불어 기업의 공유가치 창출에 대한 논의가 대기업과 경영관련 학회를 중심으로 활발히 전개되고 있다.

경제성장의 주력자로서의 비즈니스 관점에서 보면, 기업은 산업화의 주역으로서 경제성장을 통하여 국가경제에 기여한다. 기업이 비즈니스를 하는 과정에서 나타나는 비윤리적, 불법적 기업행위가 있을 수 있으나, 이는 부차적인 일탈행위이며 법적 감시와 통제에 의해서 규제되어야할 부분에 속한다. 그동안 제기되어왔던 기업의 부정적 영향, 예컨대 소비자 피해, 갑을관계에 의한 불공정거래, 환경문제, 지배구조문제 등이 그 일탈에 해당된다고 볼 수 있다. 한편, 사회발전의 협력자로서의 비즈니스 관점에서 보면, 기업은 기업적 활동을 하는 과정에서 시민사회에 공헌하는 역할도 수행하고 있으며, 또 그렇게 수행하도록 요구된다. 이러한 공헌의 사례로서 기업활동에 의한 일자리 창출, 건전한 노사관계 정립, 환경문제에 대한 투자 및 공헌, 그리고, 지역사회 공동체 전반에 대한 사회적 지원 및 참여활동 등을 들 수 있다. 최근 들어 기업의 사회적 책임(corporate social responsibility)의 대두는 기업의 부정적 영향에 대한 문제제기도 있지만, 주로 기업의 사회적 공헌활동과 긍정적 영향의 확대에 초점을 두고 있다.

이러한 두 가지 관점은 비즈니스에 대해서 서로 상반되는 시각을 가진 듯이 보이지만, 실은 비즈니스의 본질에 대한 공통된 인식에 근거한다. 즉, 기업은 시장영역에서 사적이익을 추구하는 제도이자 장치이며, 이러한 기업의 활동영역은 소위 시민사회라고 일컫는 영역과는 다른 목표과 논리로 움직인다는 것이다. 따라서, 위의 두 가지 관점 모두, 기업의 사회에 대한 관계와 영향은 기업활동의 외부성(externalities)에 기인하다고 본다. 기업 본연의 존재의미가 시장에서의 사적 이윤추구라면 보면, 기업의 사회에 대한 관계는 시장 틀 속에서 이루어지는 기업활동의 외부적 영향으로 취급된다. 물론, 사회제도의 설계에 있어서 기업의 사회에 대한 부정적 효과에 대해서는 그 외부성을 최소화하는 방식을, 그리고 긍정적 효과에 대해서는 그 외부성을 증폭시키는 방식을 고안하고 설계하는 것이 사회적 이익에 부합하지만, 그것은 기업의 본연적 영역, 시장 밖에서의 일이다.

이러한 비즈니스관에서 보면, 시민사회의 기업에 대한 역할도 본질적으로 분리된 영역인 기업 혹은 기업이 활동하는 시장에 대한 반작용으로 볼 수 있다. 한편으로는 시민사회는 기업의 시장활동에 따른 부정적 외부성을 감시하는 역할을 한다. 우리사회 기업의 역사를 보더라도, 기업이 사회에 미치는 부정행위와 해악, 그 부정적 영향이 어렵지 않게 발견할 수 있다. 예컨대, 한국의 대표적인 기업집단인 삼성그룹의 경우를 보더라도, 불법적, 변칙적 재산상속의 문제, 비자금 조성과 불법적 정치자금 지원, 대통령 비선실세 지원과 불투명한 계열사 합병문제, 백혈병 산업재해에 대한 비윤리적 대처 등 그 부정적 행위와 불법적 처신이 있어왔다. 또한 최근 대표적인 경우로 롯데의 비자금 조성 및 불투명한 지배구조 및 기업운영, Nexon 최고경영자와 검사장 간의 주식증여 스캔들, 막대한 공적 자금이 투여되고 있는 대우조선의 회계부정과 산업은행의 부실한 자금관리 등 많은 사례를 볼 수 있다. 이는 비단 국내기업만의 문제가 아니며, 외국계 기업 브랜드인 옥시의 가습기 살균제 사건과 비윤리적 불법적 대처방식, 독일계 기업 폭스바겐의 디젤차 검사조작사건, 외국 자본에 의해 인수된 쌍용자동차 노동자에 대한 폭력적 진압 등 국내외 기업을 불문하고, 다양한 이슈에 대해서 기업의 사회에 대한 부정적 영향을 지적되어 왔다. 이러한 기업의 부정적 외부성에 대해서, 법적인 통제이외에도 기업 감시자로서의 시민사회 NGO들이 기업의 불법적, 비윤리적 활동을 모니터링하는 역할을 하며, 이를 사회문제화하여 기업이 부정적 효과를 최소화시키도록 사회적 압력을 행사해왔다.[1]

다른 한편으로는 시민사회는 기업의 긍정적 외부성 행사를 지원하고 협력하는 역할을 한다. NGO가 기업에서 행하는 사회적 활동을 협력해왔다. NGO가 기업의 기부를 통하여 운영되고, 기업과 협력하여 함께 사회적 공헌활동을 추진, 운영하고, NGO와의 협력을 통해서 기업의 사회적 부사(Impact Investing)가 행해지기도 한다. 이러한 기업의 부정적 행위와 함께, 다른 한편으로는 기업의 선한 행위, 공익적 행위도 역시 존재해왔다. 다수의 기업들이 사회적 공헌 프로그램을 운

---

[1] 흥미롭게도 이러한 NGO에 의한 기업활동에 대한 모니터링과 기업활동에 대한 NGO의 적극적 개입이 중요해짐에 따라 이러한 NGO 리스크를 조절해주는 목적의 영리활동도 최근 나타나고 있다. 대표적인 사례로서 영국에서 조직된 단체인 Sigwatch를 들 수 있다(http://www.sigwatch.com).

영하고 있으며, 이를 통해서 임직원 자원봉사, NGO와의 파트너십 등을 통해 사회복지사업, 문화예술, 교육연구, 체육, 민간운동, 공공활동 등 영역의 지원사업에 참여하고 있다(조대엽 외, 2007). 기업의 공익연계 마케팅이나 시민단체와의 전략적 협력도 여기에 포함된다.

기업과 사회의 관계에 대한 현재의 주요 논의는 기업이란 사적 이익을 추구하는 시장의 활동주체이기 때문에 사적 이윤의 창출을 목표로 움직일 수밖에 없으며, 이윤추구의 목적에 대한 평가가 기업에 대한 일차적 평가기준이어야 한다는 공통된 가정에 기반하고 있다. 이 시각에 따르면, 기업의 입장에서 보았을 때, 기업의 사회에 대한 관계는 부차적인 문제이고, 기업의 불법적 비윤리적 행위는 이윤추구의 과정에서 발생할 가능성이 있는 사건이며, 그에 대한 법적인 통제가 중요하다. 이에 따라 부수적으로 발생하는 사회에 대한 부정적 영향은 감시와 규제를 통해서 제어해야 한다는 입장이다. 마찬가지로 기업의 사회에 대한 공헌과 긍정적 활동 역시 이윤추구의 과정에서 이를 이루기 위한 수단이거나 이를 보조할 목적으로 이루어지거나 혹은 기업이미지를 개선시키기 위하여 기업의 여유자원을 투입하는 활동이며 기업의 본연의 목적과 관련된 것은 아니다. 이렇게 보자면, 경제성장의 주체로서의 기업이 시민사회와 갈등적 관계에 있거나, 사회발전의 협력자로서의 기업이 시민사회와 협력적 관계에 있는 현상은 동전의 양면이다. 기업과 사회의 부정성과 긍정성은 모두 기업이 속한 시장영역과 기업에서 분리된 시민사회 영역이 상호작용하는 과정에서 파생되는 상반된 현상이라고 볼 수 있다. 시민사회에 대한 기업의 부정적 관계와 긍정적 관계는 함께 상호 공존해왔으며, 기업과 사회의 관계는 두 영역의 다양한 접합양상으로 표현되었다.

이러한 기존의 대표적인 두 가지 비즈니스관에 입각한 연구는 대기업을 비롯한 기성기업을 중심으로 이루어져왔다. 이는 대기업과 대기업집단의 경제에서 차지하는 비중과 사회에 대한 영향의 중요성을 반영한 것이며, 이들 기업이나 특정한 사건과 사례에 대한 개별사례 연구가 많다. 이러한 기업-NGO 관계에 대한 연구는 앞에서 언급했듯이 기업과 시민사회를 서로 다른 영역으로 속하는 것으로 보고, 두 영역의 조직들이 어떠한 방식으로 관계를 맺고 있는지에 대해 이론화하고 이에 따라 개별사례를 분석한 것이라고 볼 수 있다. 대표적으로는, 기업의 부정적 외부성에 대한 기업과 시민사회의 상호작용의 사례, 즉 시민사회 NGO가 기업의 사회에 대한 외부적 영향을 감시하고 개입하는 사례에 대한 연구(예컨대, 장임숙, 2005; 주성수, 2001b)와 기업의 사회에 대한 긍정적 역할에 대해 기업과 시민사회 NGO 간의 협력적 상호작용을 분석한 연구를 들 수 있다(예컨대, 김성택, 2012; 주성수, 2001a; 정무성, 2007; 장임숙, 2007). 이러한 연구는 많은 경우, 기존의 기업-사회 관계의 틀 속에서 특정 기업의 사례, 특히 특정 사건에서의 대기업과 NGO와의 관계를 연구했으며, 최근 새롭게 등장하고 있는 비즈니스 조직화 과정에 대해 다루는 연구는 상대적으로 미진한 상태이다.

III. 시민사회 속의 내생적 비즈니스

본 연구는 기업과 사회를 분리된 영역으로 간주하기 보다는 사회적 구조와 문화 속에서 기업이 생성되고 활동하는 과정을 본다. 기업을 보다 광의의 사회적, 제도적 환경에 영향을 받고 소통하는 사회조직의 하나로 이해하는 열린체계로서의 조직을 보는 거시적 조직이론의 시각에서 조명해 볼 수 있다. 이러한 조직이론의 시각은 경영제도와 문화의 국가별 차이에 대한 연구(Guillen, 1994), 기업의 사회적 책임의 국가별, 산업별 변이에 대한 연구(Aguilera et al., 2007; Campbell, 2007) 등에 반영되어왔다. 이러한 시각에 따라 본 연구는 젊은 세대의 창업가와 활동가를 중심으로 시민사회 속에서 사회혁신이 비즈니스 방식으로 조직화되는 사례를 다룬다. 즉, 시민사회 내에서 탄생하고 있는 사회혁신들이 새로운 기업 조직화로 이루어지는 집합적 과정을 연구한다. 이러한 비즈니스는 시민사회에 분리된 영역으로 존재하는 기업 조직화라기보다는 시민사회 내에서 탄생하고 활동하는 기업조직화이다. 시민사회의 토양에서 탄생하는 사회혁신이 기업화로 이어지는 경우들이다. 이러한 사회혁신의 조직화를 개별사례에 국한된 현상이 아니라, 집합적 수준에서 발생되는 현상으로 이해할 수 있다. 따라서 집합적 수준에서의 조직화 동학을 살펴보고 새로운 기업화가 이루어지고 있는 조직장(organizational field)을 연구한다. 집합적 수준에서 연구함으로써 이러한 새로운 조직화에 대한 의 현상을 올바로 이해할 수 있고, 또한 이러한 집합현상에 대한 연구는 기존의 기업과 사회의 관계를 뛰어넘는 이론적, 실천적 함의를 줄 수 있다고 본다.

1. 사회혁신 비즈니스 운동의 출현

사회혁신 비즈니스라는 새로운 조직화 방식의 출현은 신자유주의의 세계적 확산 속에서 사회 양극화와 함께 사회 위기가 심화되면서(임현진·공석기, 2014) 이러한 사회질서의 대안을 마련하려는 움직임의 일환이라고 볼 수 있다. 신자유주의의 세계적 물결 속에서 시장주의가 확산됨에 따라 국가와 시민사회 영역에 속해있던 공공성이 재구성 및 재배치되는 과정으로 이해할 수 있다(조대엽 외, 2007). 시장주의의 확산이라는 보편적 사회변동 가운데, 사회구성의 질서가 변화 국가가 가진 정당성 기능이 이전되어, 시장질서 내부, 기업조직에 공공성의 기능이 새롭게 형성된다. 국가, 시장, 시민사회의 각 영역 내부에 고유한 공적기능이 다른 영역으로 할당되어 새로운 기능적 공공성이 형성되고, 각 영역 간에 공적기능의 호환성이 발생하고 그 구조적 경계가 불명확해졌다. 이와 함께 기존경제와 산업의 한계를 넘고자 새로운 경제성장의 원동력으로서 앙트리프리너십이 확산되었고, 이러한 앙트리프리너십에 따라 정보통신기술과 디지털 미디어기술을 활용한 사회문제에 대한 혁신적 접근이 시도되었다. 이러한 혁신적 접근은 비즈니스모델 접근을 통해서 체계적으로 사회적 가치를 성취하려는 접근법을 따르며, 이에 따라 목적은 사회적이지만, 그 방법론은 실용적이며 구체적이다.

시민사회 속에서 생겨난 새로운 성격의 비즈니스 조직화는 여러 가지의 형식으로 나타나고 있다. 여기에서는 이러한 새로운 비즈니스를 조직화하는 사람들을 '사회혁신가'(비슷한 용어로 '소셜 이노베이터' 혹은 '소셜 앙트리프리너')라고 지칭한다. 이들은 사회 속에서 발생하는 다양한 문제를 인식하고 공유하며 해결하기 위하여 창의적인 비즈니스 방식으로 세상을 혁신하는 앙트리프리너들이다. 대표적인 조직화의 형태가 혁신적 비즈니스 모델을 개발하여 특정한 사회문제의 공론화 및 문제해결 솔루션을 제공하고자 하는 사회적 기업들이며, 혹자는 혁신형 사회적기업, 기술집약적 사회적기업, 소셜네트워크 기반 혁신기업, IT기반 사회혁신, 소셜벤처 등으로 불린다. 소셜벤처의 경우 '창의적이고 도전적인 벤처정신으로 사회문제의 솔루션을 제공하는 혁신적인 기업모델' 혹은 '개인 또는 소수의 기업가가 사회문제를 해결할 혁신적인 아이디어를 사업화하기 위해 설립한 신생기업'

으로 정의될 수 있다.[2] 벤처기업과 유사하게 높은 위험부담을 감수하지만 성공할 경우 기대이익이 예상되지만, 이와 함께 사회적 가치에 크게 기여하는 것이 소셜벤처의 특징이다. 벤처기업이 전통적 기업의 대안모델로서 네트워크형 조직, 수평적 관계, 투자 중심의 자금조달 등의 특징을 지닌다면, 소셜벤처는 이러한 벤처기업의 운영원리를 사회문제에 대한 이해와 결합시켜 전통적 사회복지 혹은 사회단체에 대한 새로운 경영모델을 제시한다고 볼 수 있다. 소셜벤처는 혁신형 사회적 기업 조직형태로 비즈니스와 시민사회 연계/결합을 지향하는 조직화이며, 창의적 활동 영역에서 벤처기업 행태로 창업되고 있다. 많은 소셜벤처들이 정보, 통신 및 디지털 미디어 기술과 소프트웨어를 활용하며, 온라인과 오프라인의 활동을 연결하는 O2O(Online-To-Offline) 비즈니스 모델을 창출하고 혁신하고 있다.

이러한 소셜벤처와 같은 사회혁신가들의 출현은 경제와 사회 전반에 나타나는 기존의 경계면의 변화를 반영한다. 시장의 영역에서 보면 생산과 소비의 경계 허물어지면서 생산-소비를 연결하는 여러 가지 비즈니스가 출현했다. 이와 더불어, 경제와 사회의 영역에서 보면, 비즈니스와 시민사회의 경계면이 희석화되면서 비즈니스-시민사회 관계장이 형성되기 시작했다. 비즈니스-시민사회 관계장에는 다양한 행위자들이 상호협력하면서 조직화를 시작했다. 소셜벤처의 조직화에는 이를 주도하는 앙트리프리너가 중심에 있지만, 소셜벤처의 조직화에는 정부기관, NGO, 사용자-소비자, 인큐베이터, 엑셀러레이터, 투자자, 전문가집단, 학계, 생산자, 기성기업, 지역사회와 연결되는 특성을 지닌다.

---

2 2017년 소셜벤처 아이디어 경연대회「글로벌」부문 추가모집, http://www.2017svc.com

그동안 우리사회에서는 전통적인 기업과 시민사회 NGO의 경계를 가로지르는 새로운 형태의 조직으로서 '사회적기업'(social enterprise)에 대한 관심이 꾸준히 증대해왔다. 하지만, 현재 우리 사회에서 사용되는 '사회적 기업' 혹은 '사회적 기업가'라는 용어를 정부에서 정의하는 협소한 의미로 사용되는 경우가 많다. 예컨대, 한국사회적기업진흥원에 따르면, 사회적기업은 '영리기업과 비영리기업의 중간 형태로, 사회적 목적을 우선적으로 추구하면서 재화·서비스의 생산·판매 등 영업활동을 수행하는 기업(조직)'으로 폭넓게 정의되어 있지만, 또한 「사회적기업 육성법」에서는 '사회적 기업은 취약계층에게 사회서비스 또는 일자리를 제공하여 지역주민의 삶의 질을 높이는 등의 사회적 목적을 추구하면서 재화 및 서비스의 생산·판매 등 영업활동을 하는 기업'으로서 고용노동부 장관의 인증을 받은 기관으로 특정하게 정의하고 있다. 이에 따라 우리사회에서는 법제화된 틀 안에서 사회적 기업이 만들어져 있고 그 틀 안에서 움직이는 사람들이 사회적 기업가로 인식되곤 한다. 하지만, 본 연구에서는 시민사회 속에서 생겨나고 있는 비즈니스를 이끄는 사람들은 이런 협소한 의미의 사회적 기업가라기보다는 좀 더 광의적 관점에서 '사회혁신가'(social innovator)라고 볼 수 있다. 이들은 사회가 어떤 지점에서 문제를 낳고 있는지, 어떤 위기에 처해있는지를 보고, 어떤 방향으로 나아가야할지에 대한 비전이 있어 그 간격과 간극을 메우는 사람들이며, 사회적 문제를 비지니스의 기회와 통합하여 사회혁신을 이끄는 앙트리프리너이다.

사회혁신가들은 우리사회에 발생하는 다양한 사회문제를 다루고 있다. 사회문제의 영역을 보면, 도시화와 주택문제, 건강과 보건의료, 교육 및 교육혁신, 글로벌 빈곤문제와 국제개발협력, 기후변화와 에너지, 이민과 다문화, 소셜네트워크의 부상, 대안적 문화운동, 문화공동체, 행복추구와 삶의 질, 위안부 이슈 등에 매우 다양하다 이러한 다양한 소셜이슈에 대해서 다양한 사업을 실행하고, 제품/서비스를 창출하는데, 환경주의, 교육콘텐츠, 장애인, 발달장애, 외국인/다문화, 농어촌, 재활용, 친환경제품, 해외원자재/특산품, 도시빈민에 대한 서비스 등도 포함된다. 사회혁신을 조직하는 형태에 있어서도 비즈니스 벤처와 기술벤처의 기업 형태로의 조직화에서부터 사회적기업, 협동조합, NPO/NGO 형태의 비영리재단 형태의 조직화도 이루어지고 있다.

2. 사회혁신 비즈니스 사례

여기에서는 우리사회에서 집합적으로 이루어지는 사회혁신 비즈니스의 사례를 몇 가지 들고자 한다. 대표적으로 2014년 출간된『우리에게는 또 다른 영토가 있다』(송화준 외, 2014)에서는 대안의 영토를 찾아가는 우리 사회의 혁신가들을 소개하고 있다. 여기에서 사회혁신가란 시민사회 속에서 성장하여 현재 우리 사회의 파괴된 공동체를 치유하기 위해 새로운 영역에 도전하고 있는 사람들이며, 기존의 기업세계와는 영토에서 비즈니스 모델을 개발하고, 공유경제와 공동체 정신을 지향하며 새로운 사회적 가치를 키우는 혁신가들이다. 여기에는 청년 사회적기업가, IT공유기업 대표, 미술테러피스트, 비영리활동가, 공익브랜드 컨설턴드, 인디음악 기획자 등 다양한 배경을 가지고 다양한 분야에서 활동하는 사람들이 포함되어 있다. 공신닷컴 강성태 대표, 임팩트스퀘어 도현명 대표, 마이크임팩트 한동헌 대표, 위즈돔 및 소풍 대표 한상엽, 집밥 대표 박인, 삼분의이 대표 서현주, 트리플래닛 대표 김형수, 이웃 대표 송주희, 헤드플로 대표 전하상, 푸드 무브먼트 코리아 대표 강보라, 붕가붕가레코드 대표 고건혁, 행복한 학교 및 행복

사진 2 공유주거 소셜벤처 컴앤스테이의 쉐어하우스 우주 14호점
※ 출처: 쉐어하우스 우주 14호점, http://www.thecomenstay.com/house/sharehouse-woozoo-no14-camping

한 카페 설립자 진은아, 공익브랜딩 그룹 매아리 대표 최장순, 노리단 창립자 김종휘 등이 그 사례이다. 또한 이러한 사회적 혁신가를 지원하고 그 생태계를 활성활성화시키기 위해 중간지원조직 및 지원플랫폼을 운영하는 이차적 혁신가들도 포함된다. 세스넷 상임이사 정선희, 서울시 청년허브 센터장 전효관, 서울시 마을공동체위원회 위원장 조한혜정, MYSC 이사 김정태, 그리고 이 책의 저자인 사회적기업가포럼 대표 송화준과 사회적 탐업가 네트워크 운영자 한솔 등이 있다.

공유경제 IT기업을 주도하는 사회혁신가들이 등장하고 있는데, 이들은 현재 자본주의의 돈 중심에서 경제에서 재화 중심의 경제로, 또한 커뮤니티 중심의 함께 사용하는 경제를 지향하고 있다. 자동차 공유서비스인 쏘카, 숙박 공유서비스인 코자자, 양복정장 공유기업인 열린옷장, 공동주거를 추구하는 우주, 사람과의 소통 공유하는 서비스인 사람도서관 위즈돔 등이 대표적인 사례이다. 공유경제 사회혁신가들은 현재 팽배해있는 개인이나 가구에 기반한 돈 중심의 소유에서 같이 하는 소유, 재화중심의 소유, 향유할 수 있는 소유로 기존의 소유의 개념을 를 재정의하고 있다. 어떤 재화를 공유할 것인가에 대한 고민을 통하여 새로운 분야의 가치를 발굴하고, 이러한 재화를 협력소비하는 방식에 대해서 IT기술을 적극적으로, 창의적으로 활용하여 플랫폼 기반을 만들어 나가고 있다.

대표적인 사회혁신가에 의해 창업된 소셜벤처로서 '최게바라 기획사'를 들 수 있다. 최게바라 기획사는 2013년 소셜벤처 경연대회에서 '참웨딩'이라는 아이디어로 대상을 받은 사회혁신 프로젝트 기획사이다. 이 기획사는 문화기획사로서 기성의 기획사나 에이전시에서 보는 것과는 상당히 색다른 행사를 기획한다. 대표적 기획의 사례로 남한과 북한 출신의 청년들을 한 곳에 모인 허심탄회한 토크쇼(남북청년토크), 우리 사회 청년들의 '내 안에 있는 똘끼'를 마음껏 발산

사진 3 새로운 개념의 문화·공연기획: 최게바라 기획사
※ 출처: 최게바라 기획사

할 수 있는 장(또라이 포럼, 또라이 과거시험, 또라이 양성소), 청년들의 꿈을 응원하고 세월호 참사의 아픔을 기억하는 등 사회의 이슈와 아픔을 기억하고 보듬는 행사(불꽃청년쇼), 청년 뿐 만아니라 열심히 일했지만 어려운 시절 결혼식을 올리지 못했던 노인들을 위한 결혼식(마침내 열리는 따뜻한 결혼식), 아프리카 NGO를 초청하여 그 곳 청년들의 이야기를 듣는(아프리카 청춘이다) 등의 행사를 기획 실행했다. 다양한 행사의 저변에는 우리사회에서 청년을 중심으로 그 세대에 맞는 공동체 형성을 이끌어보려는 비전이 녹아있다. "헬조선을 재미나는 대한민국으로 다시 바꾸려 노력하는 청년문화기획사"를 표방하며 사회적 이슈에 대해 늘 생각하면서도 유쾌하고 센스있게 풀어내는 활동을 지향하고 있다. 남북청년토크를 통하여 남한에 정착 중인 탈북 새터민들과 어떻게 하면 서로 친구가 될 수 있을까에 대해 문화기획으로 풀어내고, 또라이 양성사업을 통해서 각종 취업난과 'N포세대'로 대변되는 요즘 청년들은 자기 색깔을 갖고 자기 삶을 사는 것, 좀 더 자기다움을 회복하고 펼쳐나는 기회를 통해 청년들의 꿈을 응원하고 지원한다. 최게바라기획사 직원들은 모두 20~30대 청년들로 구성되어 있으며, 대기업을 과감히 그만두고 합류한 청년부터 진로에 대해 고민하다 과감히 첫 직장으로 이 곳을 선택한 청년 등 모두 자신의 꿈과 행복을 찾아 과감한 결단을 내린 인물들이다.

IV. 사회혁신 비즈니스 운동의 특성

1. 체인지메이커로서의 정체성

소셜벤처의 특성은 사회를 변혁해 나가는 개혁가의 정체성, 즉 체인지메이커(change maker) 정체성이다. 이들은 사회적 문제 해결을 위해 기업경영기법을 제공하는 주체이면서도 동시에 변화를 만드는 체인지메이커로서 사회적 변화를 위한 새로운 아이디어를 개발한다. 사회개혁가로서의 체인지메이커는 기존의 사회가 강요하는 게임의 규칙과 전혀 다른 규칙을 만들기, 영리와 비영리의 철저하게 구분하는 게임의 규칙, 너무나 당연히 여겨졌던 규칙을 변화시킴으로써 경제·사회 구조를 변화시키려고 노력한다(송화준 외, 2014). 압축적 산업화와 양적 경제팽창 속에서 파괴된 사회와 공동체를 채우기 위해 새로운 영역에 도전하며, 우리사회에서 주어진 길을 거부하며, 새로운 길과 영토를 만들려는 사람들이다. 이러한 체인지메이커 정체성은 사회적 변혁을 이끌기 위해 필요한 기업가적 능력과 끈기, 이와 함께 윤리성과 도덕성을 겸비하고 자신의 비전추구에 거침없고 최대한 보급시키기 전까지 결코 포기하는 않는 것이다.

　　의류 공유기업인 '열린옷장'의 시작은 공유경제의 한 역할을 담당함으로써 "세상의 작은 부분을 바꾸자는 것"이었다. "남들이 하지 않는 일"에 대한 도전의식을 바탕으로 "세상을 바꾸는 이야기를 따라 세상을 바꾸는 이야기들을 발굴하고, 만들고 전파하는 일"이다. 자동차 공유업체 '쏘카'의 경우에도 "현재의 상태에 머물러 있기보다는 '이렇게 하면 재밌지 않을까, 효율적이지 않을까' 생각해보는 것", 그리고 이를 통해 "없던 가치를 만들든지, 기존의 가치에 추가하여 부가가치를 창출한다든지 하는 것"에서 비롯되었다. "10년 후쯤 되면 우리 딸이 '옛날에는 차를 샀다면서?'라고 물어올 정도로 차를 공유하는 것이 일반적인 사회를 만들고" 싶다는 변화지향성과 "분명히 그런 세상이 올 것이며 경제적, 사회적, 환경적으로 그것이 옳은 방향이라는 믿음"에서 출발한다. 위안부 문제를 공론화한 '마리몬드'는 "사람의 존엄성 회복이 사업하는 가장 큰 이유이기 때문에" 영업 이익의 50%를 기부금으로 내는 사업모델을 선택했다. "매출이 늘어날수록 우리의 이야기가 더 많은 이들에게 전달되고, 그런 바이럴이 발생하면 할머니들에게 기부금이 많이 전달되는 구조"이기 때문에 "매출이 늘수록 우리의 의미가 사회에 더욱 명확히 전달되는 형태"인 것이다. 이러한 체인지메이커들은 선도적 사회혁신가로서 체인지메이커 피라미드를 구성하여, 소수의 엘리트 위주의 세계에서 모든 사람들이 체인지메이커가 되도록 전파되는 세계를 지향한다.

2. 공동체 마음과 지향성

사회혁신 비즈니스의 지향은 우리사회가 안고 있는 이슈와 문제를 해결하고자 하는 마음, 공동체의 다른 사람들의 필요에 반응하고 정감과 공감을 느끼는 마음, 세상에 미치는 긍정적 영향력을 미치려는 마음 등 공동체 마음에 기반하고 있다. 사회혁신가들은 공동체가 처한 문제에서 시작하여 체계적으로 기회 탐색, 장애물 예상, 문제를 효과적으로 해결할 방안을 고안하여 창의적 방식으로 문제를 해결한다. 여기에서 오는 어려움과 기존 세력의 극심한 반발을 이겨나가며 장기적 목표를 정해놓고 포기하지 않는 끈기는 처음의 비즈니스를 시작한 출발점, 즉 공동체 지향에 있다고 볼 수 있다. 이러한 공동체 마음은 비즈니스를 추구하는 방식에 있어서 대규모 협업, 특히 지역사회를 활용하고 지역커뮤니티를 끌어들여 지역커뮤니티 자체를 변화시키는 협업의 과정으로 나타난다. 어떤 의미에서는 사회혁신가가 스토리텔링을 통해서 지역사회에 대한 매력적인 아이디어를 안정하고 이해하기 쉽게 전달하여 지역사회에서 사회혁신가들이 탄생하는 과정, 미래의 잠재적 사회혁신가가 탄생하고 격력하고 필요한 훈련하는 과정이다.

이러한 공동체 마음의 중심에는 각 사회구성원의 자발성, 소신, 주체성이 있으며, 다원적 사고에 기반하고 있다. 모든 사람에게 선의(善意)가 있다고 믿음, 타인을 배려하고, 공동선을 위해서 노력하는 잠재력, 타인의 고통을 해결하기 위해 방치된 문제를 해결하기 위한 아이디어를 발굴하고 발벗고 나서는 사람들이다. 틀림이 아닌 다름, 상대방에 대해 배려, 정답과 오답 공존을 기반하고 있다. 이들을 돕거나 사회와 공유하는 가치를 창출하는 목적으로 어려운 사람들이 존중 받는 사회, 각자의 개성과 다양성을 존중받으면서, 남들을 배려하면서, 더 나은 삶을 살 수 있는 시민의식이다.

이러한 지향성은 소셜벤처 창업가들의 인터뷰 속에 잘 나타난다. '두손컴퍼니'의 창업은 "소득수준이 낮고 거주 공간이 없는 노숙인들의 신체권"에 대한 문제의식과 그 문제해결을 위한 "노숙인에 대한 연구와 일자리에 대한 고민"에서 시작되었다. '우주'는 "도심에 사는 젊은 사람들의 주거 문제"에 대한 문제의식에서 출발하여 "주거 공간을 매개로 한 청년들의 커뮤니티 만들기 또는 같은 공간에서 살고 있는 청년들의 문화 만들기"에 대한 창업아이디어로 이어졌다. 이 창업의 핵심가치는 "청년들이 스스로 커뮤니티를 만들고 꿈이 같은 친구들이 모여서 함께 꿈을 키울 수 있는 집을 만듦으로써 궁극적으로 이들이 집을 통해서 자아를 성장 시킬 수 있게 돕는 역할"에 있다. '소녀방앗간'은 "시골 생산자와 도시 창업가의 상생을 위한 시도"로서 "시골 어르신들은 무능하고 시대에 뒤처진 사람들이 아니라 우리가 알지 못한 생활의 지혜로 현대인들을 위로할 힘을 갖고 있으며, 이분들이 지은 밥으로 지친 청년들을 위로한다는" 시각에서 창업되었다. 새로운 놀이문화를 기획하는 '이웃'은 현대사회의 개인주의적 놀이문화에서 벗어나 "공동체를 키울 수 있는 공동체 놀이를 만들어 보자"라는 생각에서 비롯되었다. 이러한 공동체 기반의 정체성은 소셜벤처 창업가들 간의 상호작용에서도 나타나는데, 소셜벤처 창업의 공간은 "같이 살아가는 그리고 학교 안에서 매번 보면서 웃고 또 고민들을 나누고 또 뭔가 서로를 격려하면서 어떻게 보면 한 시대에 같이 고민들을 하는 사람들이 같이 살아가는 공간"으로 묘사된다. 장애인 사회혁신을 추진하는 〈행복한 학교〉진은아 대표에 의하면, "장애인 교육은 단순히 시혜적인 차원이 아니라 장애인이기 이전에 인간으로서 마땅히 누려야 할 삶의 권리를 함께 누리려는 노력에 관한 것(p.205),""장애인 교육기관이 아닌, 사람과 사람의 행복을 이어주는 일(p.211)"이다. 진은아 대표는 "지적 장애인과 함께 자신을 발견하고 꿈을 만들어나갈 때 행복을 느끼는 사람"이며 그에게 있어 사회혁신은 "다른 사람의 행복을 만들어주려는 것이 아니라 자기 스스로 행복해지기 위한 놀이터(p.211)"이다(송화준 외, 2014).

3. 이종교류와 혼종학습

소셜벤처에는 '소셜'과 '벤처'의 두 가지 개념이 포함되는데, 여기에는 비즈니스에서 제공하는 제품/서비스의 경제적 가치와 차별화 문제와 함께 그 제품/서비스가 사회 영역에 어떤 영향력을 가지는가의 문제가 함께 고려된다(송화준 외, 2014). 이러한 상황은 시장 영역의 논리와 사회 영역의 논리의 혼재가 나타나는 제도적 논리의 혼종성(hybridity)[3]으로 표출된다. 혼종 조직화란 사회적으로 통상적으로 인정되는 조직형태에서 이탈하여 여러 가지 형태를 결합하는 방식이다(Battilana et al., 2014). 혼종 조직화는 통상적인 경계를 벗어난 조직형태들을 결합한다는 점에서 혁신적인 활동이며, 또한 새로운 조직의 형태는 기존의 조직형태를 재결합하거나 재배치하는 과정을 통해서 창출된다고 볼 수 있다. 또한 사업운영에 있어서 상업적 활동을 영위함과 동시에 사회적 사명을 추구하며, 지속가능한 기업을 만들기 위해서는 이러한 혼종 운영의 여러 가지 도전과 과제를 감당해 나가야 한다. 소셜벤처의 혼종성은 다른 영역의 조직들과 다른 성향의 사람들을 연결하고 네트워크를 형성해야 하는 이종교류로 표출된다.

　소셜벤처 '트리플래닛'은 혼종성에 기반한 이종교류의 조직화를 나타내는 대표적인 사례이다. '트리플래닛'은 나무심기 온라인 게임과 오프라인에서 실제로 나무심기를 실행하는 사회적 캠페인을 결합한 소셜벤처이다. 한편으로는 모바일게임 비즈니스의 측면에서 게임개발 관련 역량(프로그래머, 그래픽 디자인 등)을 개발하고 있으며, 게임을 통한 온라인 광고를 위하여 대기업 등 비즈니스 고객들과 협의한다. 다른 한편으로는 오프라인 나무심기 작업을 위하여 환경보호와

3　혼종성은 비단 소셜벤처에게만 적용되는 것은 아니다. 일반적 기업들도 점점 더 기업의 사회적 책임과 관련된 활동이 중요해지고, 비영리조직인 NGO들도 재정건전성을 위해 상업적 활동이 중요해지는 현 상황에서 다수의 조직들에게 경제적 가치와 사회적 가치를 결합시키는 혼종 조직화가 중요해지고 있다. 대표적인 것이 마이클 포터(Michael Porter)가 개진한 공유가치(shared value) 개념 즉, 경제적 가치와 사회적 가치가 결합된 사업영역을 기업의 핵심역량으로 만들자는 주장이다(Porter et al., 2011).

사진 4 나무심기 사회혁신: 트리플래닛 모바일 게임
※ 출처: 한국 기후·환경네트워크, http://greenstartkorea.tistory.com/817

관련된 시민단체, 사회활동가 및 자원봉사자와 협업한다. 또한 공공기관 및 정부와 협력하여 도시 숲 조성 프로젝트를 진행 중이며, 크라우드 펀딩 플랫폼을 통하여 사회적 이슈를 숲 조성과 연결하고, 연예인 같은 사회적 유명인사와 협력하여 그 팬클럽을 중심으로 숲 조성을 추진한다. 뿐만 아니라 해외 NGO단체와의 협력을 통하여 몽골, 중국에 진출하여 그 곳 지역공동체와의 협업을 통하여 나무심기를 통한 사막화 방지 프로그램을 시행했다. '트리플래닛'은 소규모기업에 속하지만, 그 활동영역과 조직화에서 다양한 혼종성과 이종교류의 특징을 잘 나타내고 있다.

이와 같이 소셜벤처의 혼종성은 다양한 조직과 기관의 상호작용, 즉 정부기관, NGO, 사용자,소비자, 인큐베이터, 엑셀러레이터, 투자자, 전문가집단, 학계, 생산자, 기성기업, 지역사회의 상호작용에서 표출된다. 동일한 제도적 논리의 조직장 속에서는 모방과 복제가 일어나는 것이 일반적이라면, 소셜벤처 조직장은 이종교배를 통하여 서로 다른 경험을 가진 사람과 조직들이 섞여지는 과정이다(송화준 외, 2014). 따라서 소셜벤처의 조직화에 있어서는 안정감, 조화로움, 일치감 보다는 불협화, 부조화, 불일치의 성향이 일상적인 상호작용의 성격이라고 볼 수 있다. 소셜벤처의 조직화에 있어서 "공무원의 언어, 기업가의 언어, 시민사회의 언어"를 모두 이해할 수 있는 사람으로서 중간자 혹은 연결자의 역할이 중요하게 된다. "비즈니스 쪽에서는 비즈니스 마인드를 알고, 공공영역에서는 공공가치의 실현에서 무엇이 중요한지를 알고, 비영리에서는 비영리를 위해서 필요한 핵심가치에 대해 이해하는 것"이 중요하다. 더불어 소셜벤처의 조직화에 있어서는 "자신이 할 수 있는 부분" 뿐 아니라 "자신이 못하는 부분은 누군가가 함께 도와주는" 방식이 중요하다. 다양한 이해관계자의 교류 속에서 "다른 사람들과 협업을 할 수 밖에 없는" 구조이며, 그 협업을 제대로 수행하는 것이 지속가능성의 핵심이라고 할 수 있다.

이러한 다양한 행위자들의 상호작용의 특징은 우선 이 행위자들이 전통적으로 분리된 영역에서 합의된 가치를 기반으로 하고 있기 때문에 영역의 가치들이 혼종되는 특징이 있다. 따라서 관계장의 행위자들은 가치의 혼종성에 노출되는 강도가 높다. 또한, 조직장의 논리에서 시장 영역의 논리와 시민사회 영역의 논리의 혼재가 나타나는 제도논리(institutional logics) 혼종으로 나타난다. 이러한 혼종성은 기존의 논리로는 다른 영역의 조직들과 다른 성향의 사람들 연결하고 네트워크를 형성해야하는 이종교류(heterophily)로 나타난다. 사회혁신 비즈니스는 성공적인 경우, 정부와 영리기업과의 파트너십을 통해 실행되고 확산되며, 정부, 영리기업과 함께 상호보완적 역할을 수행하는 경우가 많다. 이러한 행위자들의 상호작용은 비슷한 부류의 행위자 간의 동종교류(homophily)라기 보다는 이종교류(heterophily)의 성격이 높고 이러한 이종교류의 상호작용이 다중적이고, 중첩적으로 진행된다. 이러한 이종교류를 통해서 조직내 학습, 조직간 학습, 부문/영역 내 학습, 부문/영역 간 학습이 일어나며 비즈니스 모델 자체에 중첩적, 복합적 혼종학습이 중요한 성장 에너지가 된다. 사회혁신가 전효관에 의하면, "같은 제도논리의 조직장 속에서 모방과 복제가 일어나는 것이 통상적 조직장의 특성이라면, 사회혁신 비즈니스 조직장의 특성은 이종교배를 통하여 서로 다른 경험을 가진 사람들끼리 섞여지는 과정"이다(송화준 외, 2014). 이러한 혼종가치의 혼종학습 속에서의 이종교류를 특징으로 하는 관계장은 안정감, 조화로움, 일치감보다는 불협화, 부조화, 불일치의 성향이 일상적인 상호작용의 성격이라고 볼 수 있다.

4. 대학공동체와의 협업

최근 대학에서는 창업지원을 위한 제도적 뒷받침과 학생들의 자발적인 창업 동아리 활동이 어우러져 청년세대의 창업이 활발히 시도되고 있다(박철우, 2017; 허경옥, 2016). 본 연구는 소셜벤처의 조직화 과정에서 대학동아리와의 다양한 연계 및 협력 활동을 관찰할 수 있었다. 본 연구에서 관찰한 대다수의 소셜벤처 창업가들은 20~30대의 청년들이며, 이들은 대학시절 캠퍼스에서의 경험과 활동을 공유하고 대학동아리를 통한 긴밀한 소셜네트워크를 유지하고 있다. 각각 2006년과 2008년에 시작된 '넥스터스'와 'WISH'는 사회적기업을 연구하는 데서 시작하여 초기의 소셜벤처의 창업을 이끈 대표적인 대학동아리들이다. 이들 대학동아리는 창업가정신을 바탕으로 사회 문제를 해결하여 사회에 긍정적인 변화를 이끄는 것을 목적으로 활동해 왔으며, 다수의 회원들이 졸업한 후에 소셜 벤처를 창업하거나 그와 관련된 다양한 분야로 진출했다. 대학동아리 활동은 개별 대학의 테두리를 벗어서 대학 간 교류 및 연합의 형태로 진행되고 있다. 2010년 결성되어 5개 대학에서 운영되고 있는 대학생연합 동아리인 'SEN'은 각각의 대학모임 활동은 독립적이지만, 연합으로 소셜벤처에 관련된 창업가와 함께 멘토링, 케이스 스터디, 북세미나, 워크숍을 진행하며 대학 간 네트워킹 활동을 하고 있다. 또한, 국내 31개 대학에서 운영되는 소셜 프로젝트 동아리 '인액터스'(Enactus)는 '혁신적인 비즈니스 솔루션을 마련하는 창업가정신과 진정성을 바탕으로 지속 가능한 영향력을 끈기 있게 실천, 행동 또는 목적'으로 활동하고 있다.

본 연구는 소셜벤처의 조직화 과정에서 대학공동체와의 다양한 연계 및 협력 활동을 관찰할 수 있었다. 'Innovation Challenge Workshop'와 같은 워크숍 및 교육프로그램, '성수소셜벤처 네트워킹파티'와 같은 토크콘서트 및 네트워킹 행사를 통하여 현재 형성·성장 중인 소셜벤처 생태계와 대학의 잠재적인 소셜벤처 창업가들이 연결되고 있다. 이를 통하여 잠재적인 청년 창업가들이 소셜네트워크를 형성하며 관련된 지식과 경험을 공유함으로써 소셜벤처 확산의 미시적 기반이 되고 있다. 대학동아리에서는 사회혁신 비즈니스의 설계와 아이디어 개발이 시도되고, 새로운 비즈니스 모델 실험이 진행되고 있다. 이러한 대학동아리 활동은 '공부의 신', '임팩트스퀘어', '딜라이트', '루트임팩트', '우주' 등 다양한 분야의 소셜벤처 창업으로 이어져 왔다.

5. 협업을 통한 이해관계자 조직화

혼종성의 특징에서 나타나듯이 소셜벤처는 다양한 이해관계자와의 협업을 통하여 그 제도적 환경을 구성해간다. 대표적인 협업의 사례가

2010년 전후로 펼쳐지고 있는 소셜벤처 경연대회이다. 경연대회는 소셜벤처 창업가들을 중심으로 창업·고용·사회적경제 및 도시정책에 관련된 정부·공공기관, 이 분야의 비영리 지원조직, 벤처창업 및 사회혁신 교육을 진행하는 교육기관, 벤처투자자·엑셀러레이터로 구성되는 영리 지원기관, 이를 후원하는 대규모 민간기업 등의 협업의 형태로 진행되고 있다. 이러한 대회는 소셜벤처의 붐을 조성하고 우수한 아이디어를 발굴하여 그 사업화를 지원함으로써 혁신적 사회적기업 모델을 확산시키고 사회적 공감대를 형성하는 등 소셜벤처에 대한 저변을 확대하는데 기여하고 있다. 대표적인 대회가 고용노동부 후원으로 사회적기업진흥원이 주최하는 '소셜벤처 경연대회'이다. 이 대회는 2009년부터 개최되었으며, 2013년부터 일반부문, 솔루션부문과 창업부문을 나누어 진행하였고, 2016년부터는 솔루션, 창업아이디어, 글로벌, 청소년 등 네 부문으로 구분되어 진행되고 있다. 솔루션부문은 사회적기업의 당면문제 혹은 사회적경제 활성화 방안과 관련되고, 창업아이디어 부문은 사회문제해결 및 사회가치창출을 위한 아이디어에, 글로벌 부문은 글로벌 사회문제해결 및 사회가치창출을 위한 아이디어에 초점을 맞추며, 청소년 부문은 대학생을 제외한 14~19세 청소년을 대상으로 한다. 이 대회는 전국적 권역에서 조직화되는데, 각 지역별로 지원기관을 통한 협업으로 운영되고 있다. 서울지역은 '사회연대은행', 인천·경기는 '사람과 세상', 강원·대전·충청은 '풀뿌리사람들', 대구·경북·영남은 '시간과공간연구소', 광주·전라·제주는 '광주NGO시민재단'이 그 지원기관이다. 이러한 지원기관은 초기 벤처기업에 대한 인큐베이팅서비스를 제공하며 사회적기업가 육성사업 지원과 연계하여 진행하고 있다. 소셜벤처 경연대회를 통하여 사업화지원을 받은 대표적인 소셜벤처로는 '공부의 신', '딜라이트', '시지온', '최게바라기획사', '커피팩토리', '십시일반' 등이 있다. 이러한

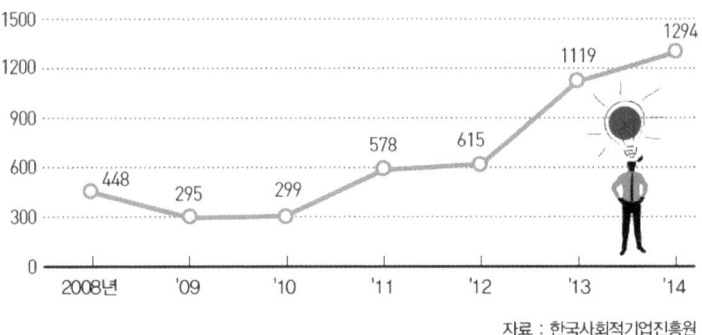

그림 1 소셜벤처 경연대회 참가 팀 추이
※ 출처: 한국사회적기업진흥원.

경연대회는 해가 지날수록 사회적 관심이 많아지고 이에 따라 참가 팀수도 지속적으로 증가하였다. 예컨대, 소셜벤처 경연대회의 참가팀은 해마다 지속적으로 증가하여 2016년에는 200여 개가 넘는 팀이 참가했다. 경연대회는 정부지원정책의 한 부분으로 예산 편성되며 해가 갈수록 이해관계자들의 협력을 통하여 해당 분야와 심사기준 등이 정비되고 있다.

또 다른 협업의 사례는 소셜벤처를 위한 공동작업공간(coworking space) 및 네트워킹 공간을 만드는 작업에서 나타난다. 이러한 공간은 공공기관 주도로 운영되는 '서울시청년허브', '소셜캠퍼스 온', 민간 주도로 운영되는 '디웰', '헤이그라운드', '카우앤독', 'LG소셜캠퍼스', 그 중간형태의 성격을 지닌 '디지털 사회혁신랩' 등 다수 운영되고 있는데, 이들의 공통적인 특징은 소셜벤처 생태계를 둘러싼 다양한 이해관계자들의 협업이라는 점이다. 대표적인 사례로 2017년 조직된 '소셜캠퍼스 온'은 중앙정부, 지방정부, 사회적기업진흥원, 정당, 시민단체, 및 사회적기업 창업자, 종사자, 투자자가 참여했으며, 이를 통하여 창업지원 공간 및 멘토링·네트워킹 프로그램, 청년 사회적기업가 육성사업을 진행하고 있다. 특히, 소셜벤처들의 경영능력 향상 및 창업초기 도약을 위한 통합지원을 지향하며, 창업입주공간·협업 공간 및 회의실 등 제반시설을 제공하고, 교육·멘토링·상호교류 및 협력을 위한 네트워킹 프로그램을 제공함으로써 소셜벤처 간 시너지 효과를 극대화하고 있다. 이러한 프로그램은 청년 소셜벤처 창업가를 배출하여 '사회적경제 생태계에 활력을 불어넣는 역할'을 하고, 전국에 '사회적기업 창업을 통한 도전과 혁신의 바람'을 일으키는 계기로 작용하고 있다. 또 하나의 사례로 '디지털 사회혁신랩'은 서울시와 비영리 민간조직을 중심으로 디지털 및 IT 기술을 활용하여 사회문제를 해결하고, 비영리·사회적경제 조직의 IT 지원을 소셜 미션으로 하는 소셜벤처 창업팀을 모집하고 있다. 각 창업팀의 성장 단계와 창업 분야에 따라 맞춤형으로, 프로젝트 실행비, 멘토링, 공간, 네트워크 연계 등을 종합적으로 지원하여 사업화 실현 가능성을 높인다. 창업역량, 사회적경제, 경영, 인사노무, 투자 유치, 기술 등에 대한 맞춤형 창업 교육과 전문멘토링 마케팅, 경영전략, 법인설립, 자금조달, 판로개척, IT, 기술개발, 3D 시제품 제작 등을 지원하고 있다.

 2013년 설립된 '임팩트 허브 서울'(Impact Hub Seoul)은 서울시정부의 지원 속에서 전세계 50여 개 도시에 설치된 공간을 기반으로 긍정적인 사회 변화를 추구하는 혁신가들의 글로벌 커뮤니티의 한국 조직이다. 한국의 임팩트 허브는 국내 임팩트 생태계에서 활동하고 있는 다양한 혁신가들을 위한 가상의 클럽 라운지 역할을 자임하고, 임팩트 허브의 멤버들이 서로 만나고, 혁신의 경험과 지식을 학습하며, 임팩트를 지속적으로 성장시켜나갈 수 있는 플랫폼의 역할을 지향하고 있다. 임팩트 허브 서울은 임팩트와 관련된 다양한 배경의 혁신가들이 커뮤니티의 일원으로 가입하여, 멤버들에게만 제공되는 카페 및 미팅 공간 서비스는 물론, 다양한 이벤트 및 프로그램을 이용하는 비즈니스 모델로 운영되고 있고, 서울 멤버들은 글로벌의 임팩트 허브 멤버로 활동할 수 있다. 임팩트 허브에서는 멤버들이 편하게 만나고, 연결되어 협력함은 물론, 하나의 커뮤니티가 될 수 있도록 호스트(host)가 촉매제 역할을 수행하고 다양한 이벤트와 교육 세미나, 타운홀미팅, 워크숍, 해카톤 등의 프로그램을 통해 효과적인 학습이 가능한 커뮤니티를 만들고 있다.

6. 지역생태계와의 상호작용

소셜벤처의 혼종 조직화와 공동체 정체성은 대규모 협업, 특히 지역사회를 활용하고 지역커뮤니티를 끌어들여 지역커뮤니티 자체를 변화시키는 협업의 과정으로 나타났다. 소셜벤처 창업의 과정은 혁신적인 스토리텔링을 통해서 지역사회에 대한 매력적인 아이디어를 이해하기 쉽게 전달함으로써 지역사회에서 순환적으로 소셜벤처 사회혁신가들이 탄생하는 과정이라고 볼 수 있다(송화준 외, 2014). 소셜벤처의 조직화 과정은 비즈니스와 사회 영역의 중간지대에서 각 벤처 개체들이 모인 조직군이 군집을 이루고, 그를 둘러싼 이해관계자 조직들의 생태계가 형성되는 과정이다(김현우 외, 2017). 이러한 조직적 군집의 형성과정은 그 발전 동학을 지지해주는 생태계의 형성과 함께 이루어지고 있다. 소셜벤처의 집합적 제도화 과정을 통하여 새로운 제도적 논리가 출현하고, 담론의 장에서 토론을 통하여 합의되는 지표가 산출되고, 조직화의 형태가 형성되는 정당화 과정을 거친다. 이러한 제도화 과정을 통해서 조직장으로서의 공통분모가 형성되고 창발되며, 이러한 공통적 인식구조 속에서 조직화 방식, 영역, 분야, 기술 등의 분화가 나타나고, 조직들 간의 다양성이 나타나게 된다.

현재 형성 중인 대표적인 소셜벤처 생태계가 서울 성수동 소셜벤처 골목이다. 이 지역에는 2014년 전후로 소셜벤처 조직군이 모여들기 시작했으며, 이러한 조직군은 수제화 골목, 인근의 서울숲 프로젝트, 뚝도시장 활성화와 함께 성장하고 있다. 성수동 소셜벤처 골목의 성장배경에는 지자체의 지원(서울시 창작공간추진단, 성동구청)과 지역사회 공동단체의 결성(성동협동사회경제추진단)과 함께 홍대입구 지역에서 활동하던 문화예술가들(소위 '홍대망명단' 문화예술가), 사회혁신 활동을 개척하는 재벌가 3세의 노력이 어우러져 있다. 대표적인 사회혁신으로서 공유경제 IT기업(쏘카), 농촌공동체와 연결된 먹거리 사업(소녀방앗간), 종이옷걸이를 생산하는 노숙자 기업(두손컴퍼니), 입양아 사회혁신(핑귀노스), 위안부할머니를 위한 공동체(마리몬드), 저소득층 교육혁신(공부의신), 풀뿌리 시민정치단체(와글)에서 활동하는 사회혁신가들이 모여있다. 이와 함께 이러한 사회혁신가 조직을 지원하는 기관으로서 사회혁신 지원조직(루트임팩트), 벤처 인큐베이터·엑셀러레이터(소풍, HGI), 커뮤니티 공동협력조직(임팩트허브, 도서관, 공동공간, 협동공간)와 공동작업 공간으로 이용되는 카페(예술, 디자인, 로컬푸트, 창업공간) 등이 포진해있다. 특히, '루트임팩트'는 사회혁신가를 지원하는 기관으로서 성수동을 중심으로 소셜벤처의 자금조달과 운영지원 등을 담당하고 있다. '1만 명을 돕는 사람 1만 명을 돕겠다'는 아쇼카재단의 비전에서 영감을 받아 소셜벤처의 성장을 지원하는 역할을 맡는다. 이러한 과정에서 벤처 인큐베이터 및 엑셀러레이터, 커뮤니티 공동협력조직과 긴밀한 협업을 해왔으며, '디웰'(D-well)이라는 건물 내에 소셜벤처의 공동작업과 네트워크를 위한 공간을 만들었다. 2017년 8월 이를 확장하여 성수동 소셜벤처의 사회혁신을 지원하는 '헤이그라운드'라는 공동작업 및 네트

사진 5 서울 성수동 디웰 살롱공간
※ 출처: 사단법인 루트임팩트, http://www.benefit.is/17865

사진 6 서울 성수동 헤이그라운드 커뮤니티 공간
※ 출처: 사단법인 루트임팩트, https://heyground.com/#/space/design

워크 공간을 건설했다. 여기에는 셰어 오피스, 즉 공유 사무공간을 통해 회계와 재무, 세무 등의 업무처리 지원, 학습과 훈련을 통한 사회적 기업·비영리단체의 업무에 대한 이해증진과 역량 개발, 교육 플랫폼 서비스 등을 제공한다. 수동적인 교육이라기보다는 서로 상호작용하는 방식을 통해서 소셜벤처와 관련된 이해관계자들과 상호교류 및 학습을 접하며, '이런 일도 있구나, 저렇게 해야 되는 구나' 하는 것을 서로 느끼고 배우며 사회변화와 혁신에 대한 영감을 나누는 장이 만들어지고 있다.

지역생태계와 소셜벤처의 상호작용을 보여주는 대표적인 사례로서 2016년 성수동에서 진행된 '성수 소셜패션프로젝트'를 들 수 있다. '소셜패션'이란 패션디자인과 생산을 통해 사회적 가치를 생산, 추구하는 활동인데, 패션산업에서 노동자의 근로조건 개선, 디자이너 간 또는 디자이너와 생산자 간 상호존중 문화 형성, 친환경 원자재 사용 및 제작, 생산자와 소비자의 과정에서 지역사회의 일자리 창출, 그 외에 사회문제 해결에 기여하는 다양한 활동을 포함한다. 이 프로젝트는 서울시가 주최하고 '성수 사회적경제 패션클러스터 추진위원회'가 주관하는 사회적 경제 프로그램으로 패션산업을 중심으로 성수 지역 내 소셜벤처 창업가들, 소공인(장인), 디자이너, 문화예술가들이 산업 및 문화예술의 요소를 포괄하는 협업시스템을 통하여 진행되었다. '소셜 패션디자인공모전', '현장패션학교 잇다', '성수 소셜패션쇼' 등의 사업을 통해 사회적경제의 한 부분으로서의 소셜패션 개념을 널리 알리고 그 가능성을 탐색하였다. 소셜벤처 창업가와 지역소공인을 중심으로 한 이해관계자들의 협업을 통하여 지역공동체의 제조현장과 패션·문화예술의 콘텐츠를 접목시키려 시도라고 볼 수 있다.

7. 협업을 통한 문화·인지적 환경의 구성

소셜벤처의 제도적 환경을 구성하는 중요한 영역이 그와 관련된 교육기관과 프로그램으로 대표되는 문화·인지적 환경이다. 그동안 소셜벤처과 관련된 다양한 종류의 교육기관과 프로그램이 성장해 왔다. 대표적인 교육기관으로는 'SK 행복나눔재단'의 지원을 받는 KAIST의 '사회적기업가 MBA과정'이 있다. 사회적창업가정신과 기업가적 재능을 겸비한 인재양성을 목표로 사회적기업 창업, 인큐베이팅, 창업지향 커리큘럼 개발, 학술연구활동을 수행해 왔다. 이와 더불어 '사회적기업진흥원'에서 주관하는 사회적기업가 육성사업의 일환으로 '사회적기업 리더과정'과 '사회적기업가 아카데미'를 통하여 예비 창업자 대상의 실전형 창업 교육을 제공하며, 서울시와 서울시 '사회적경제지원센터'는 사회적 경제의 다양한 분야별 전문가를 육성하는 체계적인 교육 훈련 프로그램으로 사회적경제 전문가 교육과정을 운영해왔다. 이들 기관들과 대학의 협력을 통하여 지역사회 문제를 해결하기 위한 창의적 아이디어 발굴 및 개발과 창업가정신의 함양을 지향하는 다수의 교육프로그램들이 운영되고 있다.

소셜벤처의 의미와 그 정당성을 구축하려는 노력이 문화·인지적 환경의 형성을 통하여 나타나고 있다. 대표적으로 소셜벤처에 대한 개별사례 연구와 함께 개념화, 방법론, 운영 매뉴얼 작업 등을 포괄한 이론화 과정이 진행되고 있다. 2008년 사회적기업 분야 국내 최초의 전문학술지 '사회적기업연구'가 창간되었고, 2016년부터 '행복나눔재단', '사회적기업학회', '사회적기업연구원', 'SK사회적기업센터'가 공동으로 발행하고 있다. 사회적기업, 사회적 경제, 소셜 창업가십 분야의 이론연구와 사례, 현장연구를 수행한 논문들이 실리고 있으며, 사회적기업가 육성 및 교육, 기술혁신 기반의 사회적기업 모델, SROI

등 사회적 성과 측정, 소셜임팩트 극대화 비즈니스 모델 등의 주제를 다루고 있다. 'SK사회적기업가센터'와 사회혁신 전문 컨설팅 기관인 'MYSC'가 공동기획한 '사회적기업 비즈니스 모델 지식총서'가 2016년 총 4권, 사회적 경제의 전망과 가능성, 소셜이슈 분석과 기회탐색, 사회적기업가를 위한 디자인 접근법, 사회적기업 창업 길라잡이 등이 발간되었다. 언론과 미디어에서도 소셜벤처의 혁신 비즈니스의 사례들이 사회적 관심을 받고 꾸준히 보도되고 있다. 2010년 이후 소셜벤처에 대한 특집 및 소개내용들이 언론에 많이 배출되고 있다. 대표적인 사례가 2015년 3월 KBS에서 서울 성수동에 거주하는 소셜벤처와 사회혁신가들에 대한 소개, '다큐멘터리 3일'을 제작 방영한 것이다. 이와 같은 미디어의 보도와 함께 따라 사회적 관심이 증가되고, 소셜벤처 분야의 문화·인지적 정당성이 확산되는 추세에 있다.[4]

V. 사회혁신 비즈니스의 가능성

소셜벤처에는 그 이름에서 보듯이 양면적 방향성이 공존한다(Driver,

---

[4] 아직까지 우리 사회에서 소셜벤처 영역의 문화·인지적 환경의 정당성이 뿌리를 내렸다고 보기는 힘들다. 따라서 소셜벤처 창업가들은 종종 기성세대로부터 이 분야의 정당성에 대한 질문받곤 한다. 예컨대, 소셜벤처 지원사업을 진행해온 몇 년째 진행해온 재벌가 3세의 경우, 재벌가 친척으로부터 "나는 네가 무슨 얘기를 하는지 도무지 모르겠다. 그런데 무슨 소리인지도 모르는 얘기를 몇 년째 하는 걸 보니 뭔가 의미 있는 일을 하는 것 같다"는 식의 반응을 받았다.

2012). 한편으로는 소셜벤처가 기존의 방식으로 해결하는데 한계에 접한 사회적 문제에 혁신적 해결방식을 도입함으로써 사회적 가치를 창출하는데 도움을 준다. 다른 한편으로는 사회문제를 해결하는 방식이 점점 더 비즈니스화되고 기업적 접근으로 이루어짐으로서 사회적 영역의 시장화, 기업화가 초래된다. 이러한 양면성은 '소셜'과 '벤처'의 두 단어가 갖는 의미들의 충돌이라고 볼 수 있다. 이러한 소셜벤처의 양면성의 전개는 소셜벤처가 속한 시민사회의 거시적 작동방식에 의해 규정되면서 순환적 피드백 작동을 한다. 소셜벤처가 속한 시민사회의 공공성의 영향력이 확대될수록 시민사회의 집합적 힘이 소셜벤처의 공공성을 심화시키는 방향으로 작동함으로서 사회적 가치 창출을 강화시키는 방향으로 작동한다. 반면에 시민사회의 공공성 영향력이 약화될수록, 기성기업 영역의 비즈니스 논리가 소셜벤처의 비지니스 모델을 새로운 비즈니스 기회로 포착하는 경향이 강화됨으로써 소셜벤처는 기성기업의 새로운 비즈니스 모델 개발을 위한 전위부대의 역할을 하게 된다.

따라서, 사회혁신 비즈니스의 제도화 과정에서 결국 비즈니스는 비즈니스라는 결론, 즉 이윤추구와 시장가치 추구가 지속가능한 비즈니스모델에 필요하고 이에 따라 비즈니스가 성장할수록 점차적으로 소셜미션이 실종될 것이라는 예견과 우려가 항상 존재한다. 또한, 조직운영의 면에서 보면, 기성기업과 기성NGO와는 새로운 하이브리드 성격에 따라 어떠한 조직문화가 필요하며, 어떠한 조직디자인이 적합한지, 어떠한 인재를 흡수하고 성장시켜야하는지에 대한 의문이 존재한다. 조직 외부 환경의 측면에서 보면, 이 분야에서 2007년 사회적기업 육성법이 시행되고, 2012년 협동조합기본법이 제정되고, 사회적경제기본법의 도입도 지속적인 논의가 이루어지는 등 새로운 조직화에 대한 법률적 토대가 마련되는 중이지만, 아직도 법적 조직형태의 문제, 법적 규제의 문제가 애매하고 모호한 측면이 있다는 것이 사실이다. 이러한 우려 속에서 사회혁신 비즈니스 분야에서 2010년대 초에 활발한 활동하던 웹사이트과 SNS 활동이 뜸해지는 현상이 일어나고 있다는 점에서 이 분야 사회운동이 일시적인 유행으로 끝날지 아니면 지속가능한 형태로 유지될지 지켜보아야 할 상황이다.

시민사회에서 활동하는 기존의 NGO과 비교해볼 때, 소셜벤처적 접근방식은 비즈니스 모델식 접근의 특성상 사회문제와 관련되는 이해관계자의 인센티브를 적극적으로 고려한다는 점에서 후원이니 기부에 의존하는 NGO활동과 차별화된다. 소셜벤처의 비즈니스 모델 접근방식이 기존 NGO의 운영방식에도 영향을 미쳐 새로운 NGO 운영모델을 정립하는데 도움을 줄 수 있다. 또한 소셜벤처의 성격상 정보기술 등 새로운 기술발전과 경제적, 시장적 변화와 그 변화의 기회에 민감함에 따라 새로운 기술과 사회변화에 대한 촉수가 발달되어 있다. 이러한 새로운 기회에 대한 기술적, 비즈니스모델적 사고는 향후 거시적 기술사회시스템의 변화에 적응해야할 시민사회단체들에 자극을 줄 수 있다. 특히 시민사회 NGO와의 협력관계를 통해서 새로운 기술과 비즈니스 모델을 전파하고 학습시킬 수 있는 통로의 역할을 할 수 있다.

기성기업에 대해서는 기존의 기업-시민사회 관계와는 다른 접근방식을 제시함으로써 기업의 공공성 방향설성에 대한 싱찰과 토론의 기회를 제공하며, 그 접근방식의 다양성을 증대시킨다. 반면, 기성기업과의 관계에 있어서도 소셜벤처의 비즈니스 모델개발이 기성기업의 비즈니스 기회와 모델 개발을 위한 전진기지로 사용될 수 있다. 소셜벤처의 새로운 비즈니스 모델 창출을 통해서 새로운 시장기회가 열릴 수 있으며, 이를 통해 프리미엄 고가시장 중심에서 저가시장에서의 수익창출을 위한 전략(소위 bottom of the pyramid 전략)을 발굴하는 선도자 역할을 할 수 있다. 물론 벤처기업의 특성상 소셜벤처의 성공은 M&A를 통해서 보다 큰 기성기업에 의해 흡수될 가능성이 크다고 보면, 소셜벤처이 기성기업의 새로운 비즈니스 기회 확장의 전위부대 역할을 할 우려가 있는 것이 사실이다.

소셜벤처의 가장 큰 특징은 소셜벤처가 추구하는 사회적 가치 창출의 방법론이 비즈니스 모델에 기반하고 있다는 점이다. 여러 가지 다양한 사회문제의 영역 중에서 비즈니스 모델에 적합한 사회문제와 영역이 존재하며 이러한 분야가 소셜벤처가 출현-성장하는 영역이 될 가능성이 크다. 왜냐하면 소셜벤처의 비즈니스 모델이 그 모델에 맞게 특화된 사회문제와 연계될 수 있고, 소셜벤처의 비즈니스 모델은 이러한 사회문제에 대한 선별적, 전략적 접근을 추구하기 때문이다. 따라서, 소셜벤처는 특정 사회적 문제의 제한적 이슈에 대한 단면적 솔루션을 제공할 가능성이 크다. 또한, 소셜벤처가 분포하는 분야에 있어서도 비즈니스 모델 개발에 적합한 특정 사회문제 영역에 소셜벤처의 출현과 성장이 편중 분포될 가능성이 크다.

이러한 편중성의 문제는 정부, 지자체, NGO, 전문가집단 등의 외부 협력파트너 선정 범위에서도 나타날 수 있다. 소셜벤처 입장에서 접근했을 때, 그 소셜벤처의 비즈니스 모델에 적합한, 특정 분야, 특정 성향의 NGO와의 협력에 한정될 가능성이 있다. 또한 시민사회 NGO의 입장에서도 비즈니스적 접근을 함으로써 그 존재의 정당성이 훼손되는(legitimacy discount) 영역에서 활동하는 NGO는 협력에 참여하지 않을 가능성이 있다. 정부와의 협력에 있어서도 이러한 편향성이나 치중된 분포가 나타날 가능성이 크다. 우선 정부가 추진하는 방향에 적합한 소셜벤처로 지원이 치우침으로서 정부가 제시하는, 정부주도의 사회문제에 소셜벤처의 활동영역이 국한될 가능성도 있다.

VI. 맺으며: 시민사회 속의 비즈니스

우리사회가 급속한 산업화와 압축적 근대화 과정을 거치면서 기업영역이 우리 사회에서 차지하는 비중이 매우 크다. 기업은 산업화의 주체이고, 경제성장의 주역이며, 글로벌 진출의 선두에 있어 왔지만, 기업의 영향은 긍정적인 측면 뿐 아니라 부정적인 측면도 공존하고 있다. 특히 요즘 언론에 보도되는 기업의 일탈행위를 보면, 어느 때 보다도 기업의 윤리성과 그 사회에 대한 소명과 역할에 대한 진지한 토론이 요구되는 시점이기도 하다. 이 글에서는 전통적으로 분리된 영역으로 간주되어온 비즈니스와 시민사회 영역이 어떻게 새로이 연계되고 있는지에 대해서 시민사회의 발전과 함께 새롭게 나타나는 현상, 조직화를 통하여 살펴보았다.

소셜벤처 조직화의 특징을 정리하자면, 소셜벤처는 비즈니스 모델 접근을 통하여 사회적 가치 창출에 기여한다. 그 가치지향성에 있어서 공동체적 가치, 사회적 다양성에 친화적이며, 포용적 성장을 지향한다. 그 방법론에 있어서는 IT, 소셜네트워크, 모바일 플랫폼을 활용하고, 온라인과 오프라인을 연결(O2O)을 적극 활용한 비즈니스 모델을 개발한다. 비즈니스모델 자체에 시민사회와 상호연계 및 상호작용이 내포되어 있어 비즈니스의 실행에 있어서 시민시회 NGO와의 협력이 주요 부분을 차지한다. 소셜벤처는 시민사회 NGO와의 공동협력을 통한 상호작용을 통해서 전통적인 NGO 중심의 활동과 역할에 신선한 시각과 혁신적인 접근방식을 전파함과 동시에 시민사회 NGO의 방향과 성향에 따라 협력-연대의 가능성과 함께 불협화, 부조화, 긴장관계의 가능성이 공존한다.

이러한 새로운 시각의 일환으로 소셜벤처는 기업과 시민사회에 대한 새로운 관계 정립을 시사한다고 볼 수 있다. 우선, 분리적 사고, 즉 기업과 시민사회가 분리되었다고 보는 기본의 사고방식의 근본적 변화를 의미한다. 경제모델에서 기본의 생산자-소비자 영역의 분리가 파괴되고 있듯이, 소셜벤처의 조직화는 기업이라는 존재가 공동체, NGO, 사용자, 공공조직 등과 연계되는 방식으로 존재한다는 점을 보여준다. 오히려 소셜벤처는 기업영역에서 나타난 또 다른 형태의 기업이라기보다는 시민사회의 영역 내에서 자생적으로 발생되는 기업이라고 보는 것이 타당하다. 이러한 소셜벤처의 등장은 기성기업에 자극제 역할을 한다. 소셜벤처는 기존에 생각하지 못했던 새로운 비즈니스모델 개발에 기여함으로써 기성기업의 사회적 공헌 활동에 대한 새로운 사고방식을 제공하며, 이를 통하여 기업과 시민사회가 새로이 연계되는 방법론을 제공한다. 또한, 소셜벤처는 정부에 대해서도 새로운 자극을 준다. 소셜벤처를 통해서 정부의 의제에 포함되지 않았거나 정부의 문제 접근 방식과는 다른 참신한 접근방식이 제시될 가능성이 높아졌다. 이러한 새로운 접근방식을 개발함으로써 정부기관의 사회적 서비스 중요한 부분이 소셜벤처로 이전될 가능성이 있다. 경제, 산업, 사회적 경제, 창업, 고용, 복지 등의 주요한 정부정책 부문이 소셜벤처의 활동에 연계되고, 이를 통하여 사회적 기업 정책의 일환으로 소셜벤처 역할이 증대될 수 있다.[5] 또한, 사회적 경제 속에서 소셜벤처의 조직군은 사회적기업, 협동조합, NGO를 포함하는 사회적

---

5   이러한 소셜벤처의 역할이 긍정적인 작동을 하기 위해서는 정부기관과의 유기적인 협조가 필요하고, 사회적기업, 사회적경제와 관련된 정부정책을 통합적으로 조정하는 정부의 노력이 필요하다. 현재의 소셜벤처 부문은 중추적인 정부기관 카운터파트 없이 여러 정부정책 부문에 혼재함에 따라 유기적 조정에 의한 긍정적 효과를 기대하기 쉽지 않다.

경제 제3섹터의 조직군들과 공생관계에 있다. 따라서, 이러한 조직군의 성장과 발전과 함께 서로 영향을 받으면서 소셜벤처 조직군도 공진화한다고 볼 수 있다. 소셜벤처 관계장의 제도화 과정은 좀 더 넓은 제3섹터 조직군들의 관계장의 제도화 과정 속에 중첩되어 전개된다고 볼 수 있다.

소셜벤처의 조직화는 개별 기업의 사례로 탐색하기 보다는, 집합적 수준에서 새로운 관계의 조직장이 형성되는 것으로 파악함으로써 기업과 시민사회의 관계에 대한 새로운 방향을 탐색할 수 있다. 단순히 조직 간 관계(Interorganizational relationships)에서 본 기업과 NGO의 관계에서부터 집합적 수준의 조직군 수준에서 기업과 NGO의 새로운 관계의 조직장이 형성되는 것을 파악하는 것이 중요하다. 이러한 집합적 조직장의 출현은 기업이 NGO와 정부와 연결되어 활동하는 협력과 협치의 과정이며, 상이한 가치와 논리들이 충돌하면서 불협화음과 부조화의 느낌(Sense of dissonance)를 이루는 공간이며, 동시에 지역사회와 국민국가의 테두리를 벗어나 글로벌 사회와 연결되는 장소이기도 한다. 이러한 의미의 소셜벤처 관계장은 사회적경제 제3섹터에서 태동하는 새로운 기업형태, 즉 사회적 기업, 협동조합, 마을기업 등과 새로운 협력모델, 즉 오픈이노베이션, 크라우드 소싱 및 펀딩, 혁신에 대한 사적-공적 모델의 결합(Private collective model)이 솟구치는 공간의 일부분이다. 소셜벤처를 비롯한 사회적경제의 형성과 진화는 거시적 사회수준에서 사회발전의 의미와 개인의 행복을 이어주는, 공동체적 발전과 개인의 삶의 질을 이어주는 거대한 패러다임의 형성과 맞닿아 있다.

거시적 집합적 수준의 비즈니스-사회 관계장의 형성은 현재 진행 중인, 4차산업혁명으로 일컫는 새로운 기술적 변화와 함께 경제사회 시스템의 변동과 함께 작동할 것이다. 에너지, 운송, Communication 등 시스템 기반산업의 변동과 이에 따른 새로운 경제, 산업, 사회의 변화에 대한 그림들이 그려지고 있는 현 시점에서, 이러한 거대한 변화 속에서 비즈니스와 사회의 관계도 새로운 기업형태, 비즈니스 모델, 혁신모델의 출현과 함께 변화할 것이다. 비즈니스와 사회라는 분리된 영역이 아니라, 새롭게 변모하는 사회의 용광로 속에서 솟아나는, 사회 깊숙이 자리 잡은(embedded) 조직들이 사회적 가치를 실현하는 창업가를 양성하고 앙트리프리너십을 재정의하고, 새로운 사회 속의 조직을 만들어갈 것이다. 이러한 새로운 조직화는 기업과 시민사회를 분리시켜 바라보는 관점을 변화시켜 시민사회 속에서 내생적으로 이루어지는 비즈니스 협업, 곧 기업과 시장영역에 대한 다중 이해당사자의 민주적 거버넌스(Democratic Governance of Multi-Stakeholder System)로 발전되기를 조심스럽게 기대해본다.

참고문헌

김성택. 2012. 『CSR 5.0 기업의 사회적 책임과 역할』. 도서출판 청람.

김현우·이수정·송영화. 2017. "기업생태계 관점에서의 클러스터 분석: 판교와 런던을 중심으로." 『한국창업학회지』 12권 1호, 364-382.

박철우. 2017. "대학의 창업교육(BizCool)·지원활동이 창업의지에 미치는 영향연구." 『한국창업학회지』 12권 1호, 68-89.

송화준·한솔. 2014. 『우리에게는 또 다른 영토가 있다-대안의 영토를 찾아가는 한국의 사회 혁신가들』. 알렙.

임현진·공석기. 2005. "미래 한국 NGO의 조직 및 운영과제: 운동의 민주화 그리고 전지구화." 『NGO 연구』 제3권 1호.

임현진·공석기. 2014. 『뒤틀린 세계화: 한국의 대안 찾기』, 나남출판사.

장세진. 2014. 『경영전략』(제8판). 박영사.

장임숙. 2005. "NGO와 기업간 관계의 유형화: 식품안전사고를 둘러싼 환경운동연합과 CJ(주)의 관계를 중심으로." 『한국행정논집』 17권 3호, 931-955.

장임숙. 2007. "NGO와 기업간 관계변동에 관한 연구-환경분야를 중심으로." 부산대학교 대학원 행정학과 박사학위 논문.

정무성. 2007. "NGO와 기업의 발전적 책임 관계형성을 위한 고찰." 경제정의실천연합 토론회, 기업과 시민단체, 어떤 책임성 관계를 형성할 것인가?

조대엽 외. 2007. 『21세기 한국의 기업과 시민사회』. 굿인포메이션.

주성수. 2001a. 『시민사회와 NGO 논쟁』, 서울: 한양대 출판부.

주성수. 2001b. "기업과 NGO관계: 대립에서 협력으로 가는 글로벌 동향." 한국비영리학회 추계학술대회.

허경옥. 2016. "대학생의 창업환경, 기업 및 기업규제에 대한 태도가 창업선호도에 미치는 영향 구조분석: 부모의 자영업경험의 조절효과를 중심으로." 『한국창업학회지』 11권 4호, 41-66.

Aguilera, R. V., Rupp, D. E., Williams, C. A., & Ganapathi, J. 2007. Putting the S Back in Corporate Social Responsibility: A Multilevel Theory of Social Change in Organizations. *Academy of Management Review* 32(3), 836-863.

Battilana, J. and M. Lee. 2014. "Advancing Research on Hybrid Organizing - Insights from the Study of Social Enterprises." *Academy of Management Annal* 8(1), 397-441.

Crane, Andrew, Dirk Matten. 2016. Business Ethics: Managing Corporate Citizenship and Sustainability in the Age of Globalization. Fourth Edition. Oxford University Press.

Driver, M. 2012. An Interview with Michael Porter: Social Entrepreneurship and the Transformation of Capitalism. *Academy of Management Learning & Education* 11(3), 421-431.

Guillen, M. F. 1994. Models of Management: Work, Authority, and Organization in a Comparative Perspective. Chicago: The University of Chicago Press.

Lenox, Michael. 2017. *Foundations of Business Strategy*. Coursera Course.

Porter, Michael, Cramer, Mark. 2011. "Creating Shared Value: How to Reinvent Capitalism-and Unleash a Wave of Innovation and Growth." *Harvard Business Review*.

기사검색

고재열. 2015. "들어는 봤나, 소셜 벤처." 『시사IN』(11월 4일).
(http://www.sisain.co.kr/?mod=news&act=articleView&idxno=246)

이성만. 2015. "한 달에 두 번, 서울숲에서 특별한 일이 벌어진다: D-well salon." 『Benefit』(3월 17일).
(http://www.benefit.is/17865)

이성수. 2016. "(피플)"어제 상상하고 오늘 기획하며 내일 실행한다"." 『뉴스토마토』(2월 23일).
(http://www.newstomato.com/ReadNews.aspx?no=626841)

한국 기후·환경네트워크. 2014. "게임만 하면 진짜 나무가 자라는 트리플래닛." 『한국 기후·환경네트워크 Blog』(5월 19일).
(http://greenstartkorea.tistory.com/817)

웹사이트

컴앤스테이 쉐어하우스 우주 14호점, (http://www.thecomenstay.com/house/sharehouse-woozoo-no14-camping)

사단법인 루트임팩트(디웰 살롱), (http://www.benefit.is/17865)

사단법인 루트임팩트(헤이그라운드), (https://heyground.com/#/space/design)

한국사회적기업진흥원, (http://www.socialenterprise.or.kr)

2017년 소셜벤처 아이디어 경연대회「글로벌」부문 추가모집, (http://www.2017svc.com)

sigwatch, (http://www.sigwatch.com)

/ 3장 /

평화적 시민혁명의 길을 걷다:
한국 시민사회운동의 새로운 전략*

공석기(서울대학교 아시아연구소)

I. 한국 시민사회운동 전략 돌아보기

한국 시민사회 운동의 특징을 한마디로 강한 국가에 대한 강한 시민사회의 저항관계로 요약할 수 있다. 한국 시민사회는 민주화라는 마스터 프레임 하에 권위주의 독재정권에 맞서 민주화를 이루기 위해 헌신적으로 노력하였고, 그 결과 1987년 6월 항쟁을 통해 대통령 직

---

* 이 글은 저자의 EAI Issue Briefing(April 14, 2017) "The Great Transformation of Korean Social Movements: Reclaiming a Peaceful Civil Revolution."을 수정·보완 것이다.
http://www.eai.or.kr/type/panelView.asp?bytag=n&catcode=+&code=eng_enewsletter&idx=15190&page=1

접선거와 5년 단임제라는 절차적 민주주의를 달성하는데 기여하였다. 아쉽게도 정당정치는 대의민주주의를 구현하는데 제 구실을 하지 못한 채 3김 — DJ, YS, JP — 을 중심으로 하는 보스정치 혹은 지역 패권정치의 후진성에서 벗어나지 못하였다. 정당정치는 아직도 유아적 단계를 벗어나지 못한 반면 오히려 시민사회운동이 국가정책 개혁을 추동하는 소위 '사회운동의 과잉사회화'(over-socialization of social movements)라는 기형적인 모습을 낳았다(Koo, 1993; Kim, 2000; 최장집, 2002). 심지어 시민사회 내에서도 공공성을 추구하기 보다는 다수의 이익집단이 공익을 가장하여 사익을 추구하는 일종의 '떼쓰기 전략'으로 사회 전체가 이권사회로 전락하고 있다. 이처럼 사회 구성원 모두가 제도정치가 아닌 직접행동 방식을 쉽게 동원하는 사회운동사회(social movement society) 모습을 보이고 있다(Meyer et al., 1998; Goldstone, 2003). 사회적 약자나 소수자가 제도적 접근이 막혔을 때 사회운동 전략은 효과적인 대안일수 있겠지만, 사회 구성원 모두가 자신의 이권을 주장하며 운동방식을 고집한다면 사회적 불신은 더욱 팽배해 질 것이다. 결국 우리 사회에 갈등적 사회운동이 일반화될 때, 시민사회와 공권력 간의 충돌과 이로 인한 사회적 비용은 증가한다(Kong, 2012).

주지하듯이 반세기 넘게 한국 시민사회운동이 보여준 민주화를 향한 저항의 힘과 역동성은 세계가 부러울 만한 공동의 자산이고 소중한 기억이다. 그러나 전통적인 직접행동이 반복될 때 시민들은 쉽게 피로감을 느끼고 어느새 주인공 자리에서 관객 더 나아가 방관자로 전락할 위험이 있다. 매년 반복되는 농민운동단체의 여의도 상경 시위나 민주노총이 주도하는 광화문에서의 민중총궐기 집회는 경찰과의 폭력적인 충돌로 이어져 점차 진부한 이슈가 되어 언론에서도 주목하지 않는다. 운동단체는 언론의 주목을 끌기 위해 시위를 더욱

사진 1 2016 촛불집회 현장(11월 19일, 서울시청 앞) ⓒ공석기

과격하게 전개하고, 공권력은 이들을 사회 위험세력으로 프레임하며 강압적인 방식으로 압박한다. 광화문, 시청 그리고 여의도 광장은 저항과 폭력적 진압의 악순환의 장면을 주기적으로 보여주고 있다. 그 결과 시민사회가 당연히 누려야 할 집회와 결사의 자유는 부지불식간에 침해되고, 경찰의 집회 금지는 당연하게 받아들여지곤 한다. 2016년 10월 말 촛불혁명의 불이 오르기 전에 경찰과 보수 언론은 시민사회운동의 목소리를 외면한 채, 그들의 주장을 전문 시위꾼들이 주도하는 폭력적인 집회로 프레임하였다. 이런 이유로 사회적으로 중요한 이슈에 대해 일반 시민들은 참여자가 아닌 구경꾼으로 남은 채, 소수의 전국단위 운동단체들이 늘 비슷한 방식으로 저항하는 그들만의 리그가 반복되고 있다. 특별히 이명박-박근혜 정부 동안 시민사회 운동단체들이 주도한 대부분의 집회는 폭력적인 충돌로 이어졌고 심지어는 귀중한 목숨이 희생되는 안타까운 일이 발생하였다.

그러나 이러한 정부의 반사회운동 전략(counter-movement strategy)에도 불구하고 대내외적인 촉발변수(triggering events)로 인해 철옹성 같이 닫혀 있던 정치기회구조가 조금씩 틈을 보이기 시작하였다(Kong, 2012). 우선 국내적으로 2007년 이명박 정부는 시민사회와의 갈등적 대립관계를 증폭시켰는데 그 대표적인 것이 바로 반환경적인 4대강 사업이다. 기업하기 좋은 나라를 표방한 정부가 환경은 고려하지 않은 채 무리하게 추진한 국책사업의 극치이다. 더 나아가 박근혜 정부는 좌편향 역사교육을 비판하며 우편향으로 급선회하며 역사교과서를 국정교과서로 단일화했다. 특히 일본군 위안부 문제를 피해자 할머니들과의 사전 논의 없이 일방적으로 일본과 합의하는 외교 참사를 자행하였다. 2014년 4월 16일 오전 발생한 세월호 참사는 생명권과 국민안전에 대한 불감증의 극치를 보여주었다. 그 후 2년 여 동안 정부는 세월호 사건에 대해서는 진실조사 및 피해자 보상에 비협조적인 자세를 보였다. 이명박-박근혜 정부는 정권 내내 어느 하나 제도권 내에서 합의하지 못한 채 일방적인 정책독주를 벌였다. 국제적으로도 신자유주의 경제세계화가 더욱 강화되어 양극화는 고착되고, 불평등으로 인한 격차사회는 더욱 강화되었다(임현진 외, 2014). 소위 '개천에서 용이 난다'는 먼 옛날의 얘기가 되어 버렸다. 청년 일자리는 더욱 감소하고, 은퇴한 장년층은 초고령화 사회 속에서 생계를 위해 일자리를 놓고 청년과 경쟁하고 있다. 이처럼 국내외적인 악조건으로 말미암아 시민은 절망과 분노에 빠져 한국 사회를 '헬조선'으로 부르고 있다.

막다른 곳으로 내몰리는 시민들은 쌓여가는 분노, 절망, 허탈, 낙담을 해소하지 못한 채 인지적 해방(cognitive liberation)을 갈구하게 되었다(McAdam, 1982). 그러나 그 해방감을 분출할 수 있는 정치기회구조가 닫혀 있기 때문에 시민들은 어쩔 수 없이 거리에서 그 분노를 발산할 수밖에 없었다. 실례로 2008년에는 이명박 정부가 추진한 미국산 쇠고기 수입 정책에 반대하기 위해 시민들이 광화문 거리에서 촛불을 들었다. 그러나 그 저항은 곧 폭력적인 시위로 프레임 되고 경찰은 무력으로 시위를 진압하였다. 또한 2015년에도 역사교과서 국정화를 반대하기 위해 시민들은 다시 광화문으로 모였다. 그러나 평화적인 집회로 시작되었지만 공권력과의 충돌로 폭력적인 시위로 변질되었다. 평화적인 집회를 기대했던 많은 시민들이 폭력 시위에 대한 물대포로 맞서는 충돌 현장에서 발길을 돌리게 되었다.

저자가 2015년 1월 홍콩 민주화 운동 조사를 위해 현지를 방문했을 때, 그들의 비폭력 원칙을 고수한 것을 보고 크게 놀랐다. 그러면서 '왜 한국 시민사회운동은 홍콩 우산혁명과 같은 평화적인 운동 전략과 전술을 견지할 수 없는 것일까'를 깊이 고민한 적이 있다. 2년도 되지 않아 이러한 부러움과 아쉬움을 한순간에 날려 버린 역사적인 파

사진 2 **2015 역사교과서 국정화 반대 시위**
※ 출처: 민중언론 참세상(김용욱 전 기자), 2015/11/14.

노라마가 대한민국 서울 광화문 광장에서도 일어났다. 한국 시민사회는 전 세계 어디에서도 볼 수 없는 촛불 집회라는 놀라운 운동 전략과 전술을 보여주었다. 이 장에서는 한국 시민사회가 2016년 10월 말 시작한 촛불집회를 통해 왜 평화적 시민혁명의 길을 선택하였으며, 어떻게 그 전략을 견지할 수 있었는가에 주목하고자 한다. 또한 평화적인 시민혁명 경험을 통해 향후 시민사회와 정부가 어떤 실천적, 정책적 과제를 마주하게 되었는지를 제시하고자 한다.

II. 2014년 홍콩 우산혁명과 2016년 광화문 촛불집회

2016년 촛불 시민혁명의 전조는 여러차례 있었다. 특별히 2015년 11월 14일 역사교과서 국정화 반대 촛불집회는 2016년과 큰 대조를 보인다는 점에서 주목할 만하다. 이 집회에서 경찰과의 충돌과정에서 백남기 농민은 물대포 직사공격으로 사망하는 안타까운 일이 발생하였다. 당일 시민사회단체이외에도 많은 시민들이 정부의 역사교과서 국정화 결정을 반대하기 위해 광화문에 모였다. 그러나 평화적인 행진은 경찰의 버스차벽으로 인해 막혔고, 이후 집회를 주도한 운동단체는 과거와 같은 방식으로 도심 시위 전술을 선택하여 격렬한 싸움을 전개하였다. 폭력적인 저항방식으로 전환된 상황에서 많은 시민들이 그 자리를 떠났다. 그 동안 다수의 서울 도심 집회는 전국단위 네트워크 운동단체가 위로부터 기획하고 전통적인 운동전술 즉 집회, 도심 행진 그리고 경찰과의 몸싸움으로 끝나는 방식을 답습했다. 왜 그들은 폭력적인 충돌을 유발하는 운동전술을 고집하게 될까? 다른 방법은 없는가?

한편 이웃한 홍콩의 우산혁명은 한국 시민사회 운동의 시위와는 사뭇 다른 모습을 보여준다. 2014년 9월 27일부터 12월 15일까지 홍콩에서 진행된 우산혁명은 홍콩 시민들이 2017년부터 행정장관의 직선제를 요구하는 민주화 운동이었으며, 그 과정에서 시민들은 비폭력 불복종 운동 전술을 선택하였다.[1] 우산혁명은 OCLP(Occupy Central with Love & Peace) 단체가 비폭력 원칙을 지향하며 1년여 기간 준비하였다. 그런데 홍콩 24개 대학교 학생들이 동맹 휴업을 하면서 예상보다 1주일 빨리 시작되었다. 비록 우산혁명은 학생들

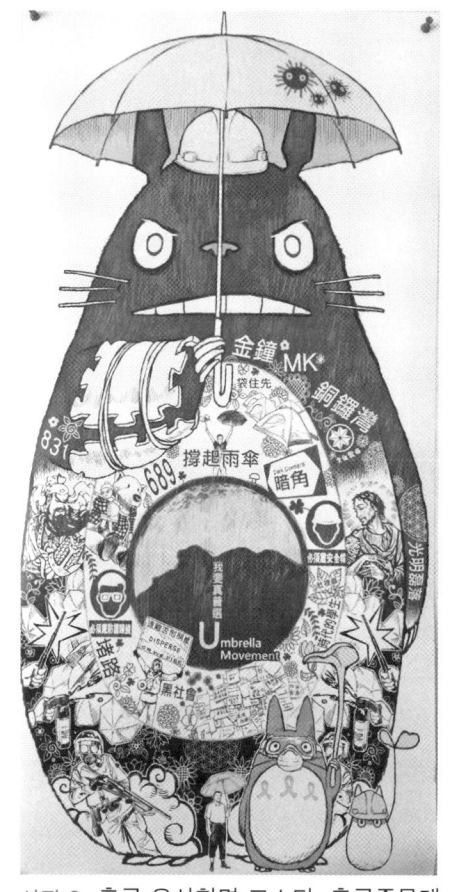

사진 3 홍콩 우산혁명 포스터, 홍콩중문대
ⓒ공석기

---

[1] 홍콩우산혁명에 대한 분석은 저자가 챈킨만(Chan, Kin-Man) 교수와의 인터뷰에 기초하고 있다. 그는 홍콩 중문대 사회학과 교수이며, 우산혁명이 일어나기 1년 전부터 이 운동을 준비해 온 'Occupy Central with Love & Peace' 공동대표이기도 하다. 챈킨만 교수는 그의 논문에서 홍콩 우산혁명의 특징을 좀 더 자세히 분석하고 있다(Chan, 2015).

사진 4 홍콩 우산혁명 농성천막, 홍콩정부청사 앞, ⓒ공석기

의 참여와 주도로 진행된 것이 사실이지만, OCLP가 종교, 노동, 그리고 중산층의 일반 시민들의 참여를 동원한 것도 중요한 변수가 된다. 본래 '뉴욕월가를 점령하라' 시위처럼 홍콩 금융 중심인 중앙역(Central)에서 운동을 시작하려고 하였으나, 학생들이 금종(Admiralty)역에 위치한 홍콩정부청사 앞 광장을 기습적으로 점령하면서 저항의 중심이 금종역 주변이 된 것이다. 홍콩 경찰이 시위대를 향하여 87발의 최루탄을 발사한 것이 시민들의 분노와 저항을 촉발시켰다. 경찰의 최루탄을 우산으로 막아낸 학생들의 비폭력 저항의 모습을 보고 '우산혁명(雨傘革命)'이라는 별칭을 얻게 되었다.

우산혁명이 주목받는 것은 중고등학생, 대학생, 그리고 일반 시민까지 세대를 넘어선 부모-자식 세대가 함께 이 시위에 참여하는 열린 공간이 되었다는 점이다. 이 공간은 참여자들이 직접 민주주의를 구체적으로 경험하는 자유공간이요, 홍콩이 마주한 다양한 문제를 토론하는 공론장이요, 다양한 문화예술 활동이 자유롭게 펼쳐지는 문화의 공간이요, 그리고 심지어 대학교수들이 학생과 일반 시민에게 무료 강의를 한 열린 교육공간이었다. 특별히 열린 발언대는 어린 학생부터 연로한 어르신까지 누구나 어떤 주제이든 5분 내에 발언할 수 있는 기회를 제공하였다. 이 공간은 시민들이 새로운 문제를 학습하고, 이해하고, 공감하는 소통의 장이고, 민주주의를 학습하는 장(場)이었다.

홍콩 우산혁명 과정에서 보여준 시민과 경찰이 공유하는 법치 정신, 비폭력과 상호 존중의 원칙은 한국 시민사회운동의 저항방식과는 분명하게 달랐다. 경찰이 시민을 향해 최초로 발사한 '최루탄 87발을 기억하자!'는 구호는 신선했다. 광장을 점령하는 기간 내내 참여 학생과 시민이 보여준 자원봉사활동은 성숙된 시민의 모델이 되었다. 그들은 쓰레기 처리, 교통질서 유지, 공공화장실 이용, 기부 받은 생활필수품을 분배하는 과정 모두에서 놀라운 시민성을 보여주었다. 약 80일 동안 그 광장에서는 참여자 모두가 창의적인 문화 예술 활동을 아래로부터 기획하였고 유쾌하게 공유하는 일종의 운명 공동체를 보여주었다. 이처럼 홍콩 우산혁명은 시민불복종과 비폭력주의, 나눔과 연대, 형평성, 문화예술 공유 그리고 친환경적 관리의 특징을 보여주었다. 그 외에도 홍콩정부 주도의 불리한 여론에 대항하기 위해 사회적 관계망 서비스를 통해 현장 상황을 실시간으로 중계함으로써 왜곡된 여론을 우회하여 시민의 지지를 얻어냈다. 더 나아가 국제적으로 이 운동을 지지하는 초국적 옹호망을 구축함으로써 중국 본토와 홍콩정부를 압박하기도 하였다.

그렇다면 한국의 촛불혁명은 어떤 유사성과 차이점을 보이고 있는가? 2016년 10월말부터 한국 시민사회가 촛불집회를 통해서 보여준 평화적 시민혁명은 홍콩의 우산혁명과 전략적 유사성을 넘어 훨씬 더 발전된 모습을 보여주고 있다. 우선, 시민들이 박근혜 정권의 실정에 대한 탄핵을 요구하는 20회에 걸친 촛불집회 전개과정에 대한 스

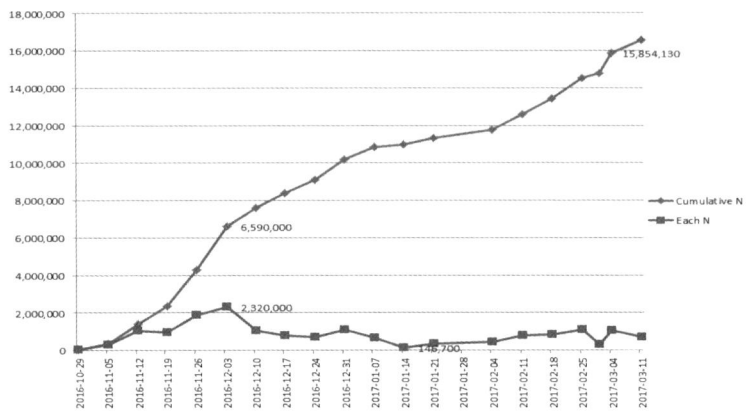

그림 1 **촛불집회 참여자 수 추이**
※ 출처: 나무위키.

케치를 통해 주요 특징을 살펴보자. 촛불집회에 참여자는 〈그림 1〉과 같다.

참여자 규모를 보면 10월 말 50,000명의 참여로 시작된 촛불집회가 한 달 만에 전국적으로 2,300,000명에 이른다. 12월 들어 추운 날씨로 인해 참여 규모가 감소하면서 1월 14일에는 전국적으로 1,400,000명으로 최저 수준을 보였다. 그렇지만 시민들이 탄핵이 기각될 것을 우려하면서 2월부터 참여자 규모가 다시 증가하면서 2017년 3월 10일 헌법재판소의 탄핵심판 결과가 나오기 전주인 19차 집회에서 누적 참여자 수가 15,000,000명을 넘는 놀라운 역사를 이루었다.

촛불집회 참여자의 인구사회학적 특성을 살펴보자.[2] 2008년 미국산 쇠고기 수입반대 촛불집회에는 2030세대의 참여가 압도적이었

---

2 여기서의 분석은 기존 연구 및 기사분석을 통해 진행함. 이지호 외, 2017; 최장집 외, 2017; 김예슬, 2017. 또한 '촛불' 혹은 '촛불집회' 키워드 검색을 진행함. 검색 기사에 대한 자세한 정보는 참고문헌을 참조하기 바람.

지만 2016년은 20대의 참여율이 가장 높았고, 다음으로 40~50세대로 조사되었다. 특별히 50대는 2008년 촛불집회 참여자 수의 3배나 많은 것으로 나타났다. 모든 세대에 걸쳐 시민들이 참여하고 있음을 의미한다. 특히 2008년에는 소위 유모차 부대인 여성 주부가 주를 이루었으나 2016년에는 가족단위 참가자가 많았다. 많은 부모들이 아이들과 함께 광장에 나온 이유를 '나중에 부끄러운 부모가 되지 않기 위해서'라고 응답하였다.

집회에서 다룬 사회적 이슈도 초기에는 민주주의 달성이라는 마스터 프레임으로 묶였지만 집회 횟수가 늘어날수록 이슈도 정치영역을 넘어 사회전체로 확대되었다. 박근혜 정권 하에서 국내적으로 큰 충격을 던져 준 이슈들로 세월호 참사, 구의역 사망사고, 강남역 살인사건, 정유라 대입특혜, 국정역사교과서, 한-일위안부 합의, 개성공단 폐쇄 그리고 한반도 사드배치 등이 나타났다. 그 중에서도 국가 지도자가 비선실세 농단에 의해 국민적 합의 없이 주요 정책들을 일방적으로 추진한 사실에 국민들은 더욱 분노하였다. 그 축적된 분노가 시민들을 광장으로 이끌었고 시민들은 서로의 얘기를 듣고 공감하는 광장에서 직접 민주주의를 체험한 것이다. 이 공론장을 통해 시민들은 국민주권의 회복이라는 인지적 해방감을 공유하면서 '우리는 하나'라는 정체성을 재구성하게 되었다.

촛불 시민혁명은 직접 참여자나 심적 동조자 모두가 한국 시민사회의 힘에 놀라고 서로를 격려하며 함께 비폭력 평화시민혁명을 이루는데 기여하였다. 초기에는 전통적인 구호 '모이자! 분노하자! 내려와라 박근혜!'를 통해 분노한 민심을 동원하는데 초점을 맞추었다. 헌정 사상 최악의 국기문란과 국정농단이 밝혀지면서 대학가 시국선언에서 시민사회 단체 전반으로 박근혜 정권 퇴진 운동이 들불처럼 번졌다. 정치적으로 무관심했던 잠재적 동원자들이 "어떻게 민주주의 국가에서 이런 일이 일어날 수 있는가"라는 절망감에 빠지기 보다는 하나 둘 광화문 광장으로 모이기 시작하면서 "대한민국은 민주공화국이며, 모든 권력은 국민으로부터 나온다"라는 헌법 1조를 적극적으로 주장하였다. 홍콩 우산혁명에서 대학생 그리고 중고등학생까지 참여한 것처럼 이번 촛불집회에는 청소년들이 시국선언은 물론 집회에 적극적으로 참여하며 민주주의를 구체적으로 경험하는 소중한 시간이었다.

촛불집회는 전국적으로 확산되어 지역 주요도시에서 동시에 진행되었고 국회 대통령 탄핵안 투표를 앞둔 12월 첫주 집회에서는 전국 합산 200만 명이 넘는 시민들이 참여하는 헌정 사상 최대 규모의 집회가 되었다. 이때부터 촛불집회는 분명히 전통적인 민중진영의 저항운동보다는 시민불복종행동 전략이 지배적이게 되었다. 12월 10일 제 7차 집회의 구호를 보면 '안 나오면 쳐들어간다! 박근혜 정권 끝장내는 날!'처럼 과격한 구호보다는 풍자와 해학적인 노래 ―하야가― 가 지속적으로 공유되면서 촛불집회는 전통적인 시위가 아닌 시민들의 혁명을 즐기는 축제와 문화공간으로 바뀌었다. 제도권 정치와 언론은 촛불 민심과 기세가 머지않아 꺾일 것이라고 조심스럽게 예견했음에도 불구하고 시민의 촛불혁명은 계속되었다. 혹시 집회이후 평화적 행진 중에 경찰과의 폭력적인 충돌이 발생할 도 있었지만 가족, 연인, 어린이까지 참여하는 촛불 집회이기에 참여자 모두가 비폭력 시민불복종을 제일 원칙으로 요구했다(김예슬, 2017; 조희정, 2017; 유숙희 외, 2017).

한편 혹한의 날씨와 설 연휴로 인해 1월 14일 12차 촛불집회 참여자가 급격히 감소하면서 탄핵을 반대하는 보수단체의 반운동(counter-movements)이 시작되었다. 안보와 애국 프레임과 태극기를 상징으로 동원하는 전략으로 태극기 집회 참여자도 증가하였다. 탄핵반대 주장이 힘을 얻자마자 시민들은 위기의식을 갖고 다시 광장으로 모였

사진 5 태극기집회
※ 출처: 연합뉴스, 2017/1/4.

고 탄핵 심판을 앞둔 3월 4일 제19차 집회에는 누적인원 15,000,000 명을 넘기는 놀라운 연대감을 보여주었다. 물론 광화문 광장에서는 촛불집회가 시청광장에서는 태극기 집회가 동시에 진행되는 극단적인 이념과 프레임 대결이 나타났다. 과거와 달리 보수단체 역시 평화적인 집회를 견지하고자 노력하였고 문화적 상징과 풍자적인 시위전술을 동원하였다. 이는 주장의 정당성과 시민의 지지를 확보하기 위해서는 더 이상 폭력적인 방식을 동원해서는 안 된다는 것을 상호 학습한 결과로 해석할 수 있다. 아쉬운 것은 이 두 집회에서 상호 건전한 프레임 경쟁, 열린 토론 등이 이루어지기보다는 이념과 가짜 뉴스(fake news)에 기초한 상호 비방으로 두 진영이 철저한 단절되는 결과를 낳았다는 점이다. 이는 한국 시민사회 운동이 극복해야 할 큰 숙제로 남게 되었다.

III. 왜 그리고 어떻게 평화적 시위 전략을 견지했는가?

촛불집회의 시작은 2008년에도 시작되었다. 그런데 2008년과 달리 2016년은 전혀 다른 방식 즉 평화적 시민혁명으로 진행되었다. 한국 시민사회는 왜 그리고 어떻게 평화적인 시위를 견지했는지를 살펴보고자 한다.

우선 왜 시민사회 운동 진영은 평화적인 시위 전략을 선택하였는가를 살펴보자. 결론부터 말한다면 시민사회 운동은 평화적인 시위전략을 처음부터 선택하기 보다는 아래로부터의 요구 즉 비폭력 시민불복종 행동 전략을 수용하지 않을 수 없었다. 앞서 살펴 본 것처럼 2008년에도 촛불집회라는 운동 전략과 전술은 동원하였지만 폭력적인 충돌로 이어졌다. 그 이유는 시민사회 운동 진영의 고루한 운동방식을 고집한 측면도 있고, 공권력의 평화적인 집회결사의 자유를 폭력적으로 유도하는 시위 진압전술에 기인한 측면도 있다. 시민사회운동 진영은 새로운 프레임을 준비하지 못했고, 문화적인 운동전술을 동원하는 데에 소홀했다. 누가 참여하고 누가 동조하고 잠재적 동원 대상인지에 대한 고민이 부족했다.

왜 집회에 가면 분노로 가득 찬 사람밖에 없는가? 왜 매번 집회는 소수의 운동꾼들이 경찰과의 폭력적인 충돌로 끝나는가에 대한 문제제기가 끊임없이 존재했다. 그 예가 2015년 11월 백남기 농민의 사망이 발생한 역사교과서 국정화 반대 민중총궐기 집회이다. 많은 일반 시민들이 평화적인 방식으로 진행되길 바라는 마음에서 참여했지만 폭력적인 갈등방식으로 시위가 진행되자 많은 시민들이 그 자리를 떠났다. 국정화 문제에 공감한 많은 일반 시민들이 참여한 집회가 국정화 이슈에 초점을 맞추면서 평화적인 방식으로 진행될 수 없었을까?

국정화 반대 프레임을 한국 사회의 다양하고도 복잡한 프레임과 하나로 통합시키는 것은 사실상 불가능했다. 그런데 시민사회운동단체는 단 한번의 집회에서 모든 문제를 다루려는 과욕을 부렸다. 이는 시민들의 다양한 욕구 그리고 운동의 지속성을 가로막는 안팎의 장애물을 충분히 고려하지 못한 데 기인한다. 다양한 목소리에 귀를 기울이고 그 목소리가 맘껏 쏟아질 수 있는 열린 공간을 시민에게 제공해야 했다. 그러나 여전히 운동 전략과 전술은 과거의 방식을 유지했던 것이다.

　이런 견지에서 2016년 촛불 시민혁명은 차별성을 분명하게 보여준다. 물론 비선실세의 국정농단이 드러나면서 시민사회 운동 진영은 과거와 전혀 다른 차원의 정치기회구조를 맞이한 것이 사실이다. 그러나 시민사회운동 진영은 초기에는 과거와 같은 운동방식으로 시민들의 분노를 동원하고 즉각적인 정권퇴진 운동을 전개하고자 하였다. 그러나 광장으로 나온 시민들은 과거와 같은 위로부터 주도되는 촛불집회를 거부하였고, 다양한 주장과 의견을 봇물처럼 쏟아 냈다. 앞서 살펴본 것처럼 이 거대한 참여자를 대상으로 누군가 조직하여 앞서 이끌고자 한다면 이는 아래로부터 시작된 거대한 자발적 참여 흐름을 막는 걸림돌이 되었을 것이다. 시민사회운동단체는 바로 자각하고 자연스럽게 위로부터의 기획이 아닌 수평적인 의사결정과 자발적 참여를 이끄는 조정자로서의 역할로 자리매김하였다. 촛불 시민혁명의 주인은 어린학생부터 초로의 어르신까지 세대를 아우르는 시민 한 사람, 한 사람이었다. 과거와 같은 운동가요보다는 참여자들이 유쾌하게 참여할 수 있는 해학과 풍자가 넘치는 노래 ―하야가― 가 자발적으로 만들어졌다. 만민공동회와 같은 자유발언을 통해 시민들은 상호 소통하고 아픔을 공감하는 직접 민주주의를 시민들은 목격하고 학습하였다.

　초기에 경찰과의 충돌이 발생할 수 있었지만 비폭력과 시민불복종 원칙을 강조하며 평화적인 시위를 요구한 것은 시민 스스로였다.

공권력은 더 이상 불신의 대상이 아니라 집회의 안전을 위해 애쓰는 우리와 같은 민주주의 국가 국민임을 강조하였다. 경찰에게 과자를 나눠주고 행진을 막아선 차벽에 꽃 스티커를 붙임으로 평화시위를 재확인하였다. 이처럼 2016년 촛불 시민혁명은 시민사회 운동단체가 주인공이 아니라 시민 개개인이 주인공이었다. 시민사회 단체는 더 이상 리더의 자리에 서기 보다는 평화적인 시민혁명을 돕는 조력자요, 조정자의 역할을 한 것이다. 시민이 먼저 평화적인 촛불 시위 전략을 아래로부터 요구했고, 시민사회 운동 진영은 그 큰 변화에 따른 것이다. 만약 과거와 같이 촛불보다 운동의 힘을 과시하기 위해 횃불을 들고 리더 역할을 했다면 분명 현재와 같은 시민혁명의 결과를 얻지 못했을 것이다.

다음으로 시민사회 운동은 어떻게 평화적 집회를 유지했는가를 살펴보자. 사회운동 이론에서는 운동단체는 멀찍이 참여를 주저하는 시민 즉 잠재적 동원 대상에게 끊임없이 집합행동 프레임을 제공해야 함을 강조한다(Klandermans, 1997; Snow et al., 2000; Tarrow 1998; 2005; Buechler, 2011). 불의(injustice)한 상황 즉 비선실세에 의한 국정농단, 대학 부정입학, 권력과 대기업의 부당 거래 등은 '정의'라는 마스터 프레임을 시민 모두가 적극적으로 수용하고 촛불집회로 기꺼이 나온 것이다(Gamson, 1992). 촛불을 들고 나온 시민들은 광장에서 바로 '우리는 하나'는 국민주권의 정체성을 확인하고 이를 토대로 권력을 사유화한 세력을 척결할 것을 강력히 요청하게 된 것이다. 또한 촛불집회는 시민 스스로 정치적 무관심(political apathy)을 극복할 수 있도록 광장이라는 공론장을 통해 민주주의 학습의 장을 제공했다. 민주국가 국민으로 자긍심을 가질 수 있도록 하고, 이들의 열정과 의지를 하나로 모을 수 있는 다양한 문화 예술 참여 프로그램을 자발적으로 기획하였다. 이 과정에 누구나 기회를 가질 수 있고 참여를 통해 소속감을 가질 수 있게 되었다.

특히 자발적 참여를 보다 활성화시킬 수 있었던 것은 인터넷과 소셜미디어 환경이 마련되었기 때문이다. 즉, 인터넷 공간과 소셜미디어의 역할을 주목해야 한다(Carty, 2005). 극도로 개별화된 삶 속에서 좌절과 분노의 감정을 못 이기고 광장으로 나오려는 개인들이 "혹시나 혼자만의 생각이 아닐까? 그 광장에 아무도 없으면 어떻게 하지?" 하고 주저하였다. 그러나 자신의 생각을 온라인 공간에서 나누고 공감하는 사람들을 광장에서 만남으로써 우리는 하나라는 공감대를 이룰 수 있었다. 다양한 배경의 시민들이 만나 얘기를 나누면서 서로를 이해하고 소통하고 공감하는 과정이 없다면 결코 평화적인 촛불 시민혁명은 지속되지 못했을 것이다. 이처럼 시민들은 다양한 집회 공간을 통해 다양한 프로그램에 자발적으로 참여함으로써 촛불이 가지는 시민혁명적 의미를 참여자들과 함께 공유하고 재구성하는 이른바 사회적 구성(social construction)에 참여한 것이다(Wendt, 1992; Schmitz, 2000; Smith, 2008).

그렇다고 평화적 촛불시민혁명인 비제도적 접근만을 고집한 것은 아니다. 열린 정치기회구조를 적극적으로 활용한 제도정치 전략도 주목할 만하다. 일례로 경찰이 관례처럼 유지해 온 집회불허 결정에 대해서 법원에 가처분 신청을 한 것이다. 그 동안 경찰은 '집회와 시위에 관한 법률'에 근거하여 대통령 관저 앞 100m 이내의 집회·시위를 금지해 왔다. 그러나 집회의 자유는 헌법에 이미 보장되어 있음에도 불구하고 경찰은 교통 방해, 압사 등 안전사고 위험 등이 있다는 이유로 집회를 금지하는 행정처분을 내렸다. 이번 촛불집회 만큼은 합법적이고 평화적으로 열려야 한다는 생각으로 시민사회단체는 법률 팀을 꾸려 경찰이 금지 통고한 것을 취소하기 위해 법원에 가처분 신청을 한 것이다. 법원은 촛불집회 측의 가처분 요청을 받아들이면서 '집회의 자유는 집회의 시간, 장소, 방법과 목적을 시민 스스로 정할 수 있는 권리'라는 결정문을 내렸다. 법원은 "교통 소통의 공익이 집회·시위의 자유 보장에 비해 크다고 보기 어렵다"고 판결하였다. 이는 향후 시민사회진영이 비폭력 원칙을 견지하며 평화적인 집회를 유지할 수 있는 중요한 판례가 될 수 있는 것이다. 시민사회 단체는 언론과 소셜미디어를 동원하여 이 촛불집회는 평화적으로 진행되며 법원으로부터 집회허가 받았다는 사실을 알리고 각종 행사내용과 행진 전술까지 시민들에게 적극적으로 알렸다. 이런 실시간 정보 공유와 개인 미디어를 통한 집회 현장 생중계를 통해서 일반 시민들이 가족, 연인, 친구 등과 부담 없이 촛불집회에 참여할 수 있게 되었다. 이처럼 시민사회운동단체의 제도정치 전략과 전술을 통해 시민들의 신뢰감을 확보하였고 이후에도 촛불집회는 평화롭게 진행될 수 있었다. 이를 통해 시민들은 스스로 집회와 결사의 자리는 정부로부터 허가받아야 할 것이 아니라 당연히 누려야 할 권리임을 학습하게 되었다. 폭력적인 방식으로 집회를 막아온 경찰도 이 판결을 반운동(counter-movements) 단체를 설득하는 중요한 근거로 삼을 필요가 있다.

IV. 향후 시민사회운동의 실천적 과제

2016~17년 촛불집회는 한국 시민사회운동에 크나 큰 변화를 도전하는 일대 사건이고 소중한 공동의 경험이 아닐 수 없다. 이 평화적 시민혁명이 향후 한국 시민사회 운동에 던져주는 실천과 과제는 무엇인가? 수많은 이론적, 실천적, 그리고 정책적 함의를 도출할 수 있지만

우선적으로 시민사회운동 진영이 마주한 주요한 실천적 도전과제를 제시하는 것으로 결론을 대신하고자 한다.

첫째, 시민사회 운동과 미디어의 관계의 실천적, 정책적 함의를 살펴보자. 시민사회 운동은 촛불집회를 통해 온라인과 오프라인의 시너지적 결합을 구체적으로 확인하였다. 온라인에만 머무는 잠재적 참여자를 오프라인으로 동원하기 위해서는 공론장의 참여가 수평적으로 자유롭게 이루어질 수 있도록 다양한 채널을 마련해야 한다. 어느 단체에도 소속되지 않은 개별 참여자 그리고 사회적 약자나 소수자가 용기를 내어 광장으로 나올 수 있도록 매개자 구실을 하는 곳이 바로 온라인 공간이다. 공감하는 이슈에 대해서 '함께 말하고, 궁리하고, 그리고 다양한 의견을 존중하는 공론장'을 지속적으로 만들어 내는 것이 한국 시민사회 운동의 실천적 과제이다. 1인 미디어 시대, SNS를 통해 단기간 안에 일반 시민의 분노를 동원할 수 있는 기술을 갖추었지만 그들이 어떻게 그 분노를 설득력 있는 주장과 가치로 유지하고 오프라인에서도 활동을 어떻게 지속할 수 있는지는 여전히 시민사회 운동의 몫인 것이다.

한편, 정책적으로도 평화적인 집회라면 헌법에 보장된 집회와 결사의 자유를 존중하며 이를 보장해야 한다. 공권력을 상징하는 경찰이 시민의 당연한 권리를 보장하기 보다는 집회 참여자를 잠재적 범법자로 인지하고 강압적인 진압을 시도하면 평화적인 집회나 시위는 언제든지 폭력적인 충돌로 이어질 수 있다. 또한 가짜뉴스(fake news)로 대표되는 왜곡된 정보를 양산하는 단체나 개인에 대해 엄중하게 처벌함으로써 아래로부터의 민주주의를 훼방하는 요인들을 제거함으로써 시민들이 투명하게 그리고 자유롭게 의견을 개진함으로써 자신의 목소리가 공론의 장에서 여과 없이 반영된다는 것을 지속적으로 경험함으로써 참여 민주주의가 구현되도록 해야 한다. 시민사회는 이러한 제도적으로 열린 공간이 마련될 수 있도록 지속적으로 노력해야 한다.

둘째, 시민사회의 공공성을 제고하기 위한 실천적, 정책적 함의를 살펴보자. 모든 정책결정이 광장에 모인 촛불 시민들에 의해서 이루어지는 것은 가능하지도 바람직하지도 않은 것이다. 광장에서 이루어진 축제와 같은 집회를 통해 시민들은 일종의 일탈을 통해 하나님의 전율과 감동을 경험하였다. 그런데 광장을 떠나 일상으로 돌아가며 일종의 허탈하고 공허한 느낌을 갖게 된다. 이처럼 시민들이 일상으로 돌아가면 쉽게 개별화되어 거대한 기득권 세력에 대항하기도 어렵고 다시금 정치 주체로서의 자긍심은 사라지게 된다. 역사의 주체로서 세상을 바꾼 자랑스러움과 직접민주주의를 공동을 경험한 이 소중한 기억을 어떻게 일상으로 연결시킬 것인가는 한국 시민사회운동이 마주한 가장 큰 도전과제이다. 그러나 문제는 촛불을 든 사람들 안에서도 이미 수많은 균열과 갈등이 내포되어 있다는 것을 우리는 간과해서는 안 된다(김학준, 2017). 일상에서는 이러한 갈등이 더욱 극명하게 드러난다. 외국인 노동자들의 인권, 여성들에 대한 혐오적 발언, 흙수저 대 금수저의 격차사회 등등 이러한 차별과 갈등요소가 어떻게 제도정치 맥락으로 전달될 수 있을까를 고민해야 한다. 그러나 여전히 우리 사회는 위로부터 정책이 아래로부터의 운동보다 강한 것이 현실이다. 아래로부터의 목소리가 제대로 반영되는 대의성과 대표성을 제고할 수 있는 운동적, 정책적 대안을 지속적으로 모색해야 한다. 정치권이 자그만 목소리에도 귀를 기울일수록 이것이 정책에 구체적으로 반영되는 것을 시민들이 확인할수록 정치 효능감은 높아지고, 사회적 가치 및 공공성을 제고하기 위한 시민들의 자발적 참여가 증가하게 된다.

셋째, 이념과 세대를 넘어선 소통과 통합을 위한 실천적, 정책적 함의를 살펴보자. 과속적인 근대화를 이루는 과정에서 양산한 공공성의 부재는 지배층의 문제로만 볼 수 없으며 시민사회 스스로도 공공성을 추구하는데 한계를 노정하였다. 태극기 집회 공간을 가득 메운 장년 세대는 근대화에 기여한 세대로서 인정받고 싶어 한다. 그들은 시민 대신 국민을 그리고 안보와 애국을 강조한다(김찬우 외, 2017). 압축적 근대화와 분단과 냉전체제를 경험한 세대가 이러한 가치선택을 하는 것은 당연할 수 있다. 한편 신자유주의 경제체제의 압박을 겪고 있는 청년세대는 자신의 발언권을 잃고 있다. 미래에 대한 비전 없이 각자도생의 초경쟁시대에서 자신의 안위만 생각하는 청년들에게 일방적으로 공공성과 사회적 가치를 강요하는 것도 무리한 요구이다. 과거와 같은 종북 색깔론, 지역주의, 재벌중심 성장담론만을 동원한다면 건전한 보수로서 시민들로부터 설득력을 점차 잃게 될 것이다. 문제는 이 두세대를 자신의 이익만을 추구하는 경쟁자로만 바라보는 것이다. 시민사회운동 진영이 이 두세대를 연결시키는 실천적 과제를 소홀히 한 채, 배제의 운동프레임만을 고집하는 것을 경계해야 한다. 한국사회는 경제적 격차를 넘어서 이념과 세대로도 양분될 위험을 목격하였다. 물론 세대로 이 현상을 모두 설명할 수 없는 것이다. 세대는 만나야 하고, 중앙과 지역은 만나야 한다. 경쟁이 아닌 협력의 파트너가 되어야 한다. 촛불과 태극기의 극단적인 단절이 아닌 그 양쪽을 연결시키는 시민사회의 노력이 절실하다. 동시에 시민사회단체 스스로 신뢰회복, 내부 소통과 민주주의 위기 극복 그리고 활동가의 삶의 질 보장 등의 과제도 마주하고 있다. 내부와 외부의 과제를 동시에 극복하기 위한 근본적인 변화의 노력 없이는 '시민사회를 새롭게 하라'는 시대적 요청에 부응하기 어려울 것이다.

참고문헌

김예슬. 2017. 『촛불혁명: 2016 겨울 그리고 2017 봄, 빛으로 쓴 역사』. 느린걸음.

김찬우·정병기. 2017. "온라인 뉴스기반 촛불집회와 태극기 집회의 정국 이슈 분석." *Asia-pacific Journal of Multimedia Service Convergent with Art, Humanities, and Sociology*(AJMAHS) 8(1), 417-427.

김학준. 2017. "빅데이터를 통해 바라본 촛불 민의: 탄핵으로 가는 길, 탄핵 이후의 소망." 『황해문화』 6, 60-75.

유숙희 외. 2017. "축제인가, 축제성인가: 광화문 촛불집회를 중심으로." 『한국관광레저학회 학술발표대회』 2017. 6, 163-171.

이지호 외. 2017. 『탄핵 광장의 안과 밖: 촛불민심 경험분석』. 책담.

임현진·공석기. 2014. 『뒤틀린 세계화: 한국의 대안 찾기』. 파주: 나남.

조희정. 2017. "한국 온라인 정치커뮤니케이션의 의미와 영향력." *KISO Journal* 26, 6-9.

최장집. 2002. 『민주화이후의 민주주의』. 서울: 후마니타스.

최장집 외. 2017. 『양손잡이 민주주의』. 서울: 후마니타스.

Buechler, Steven M. 2011. *Understanding Social Movements: Theories from the Classical Era to the Present.* Boulder: Paradigm Publishers.

Carty, Victoria. 2015. *Social Movements and New Technology,* NY: Westview Press.

Chan, Kin-Man. 2015. "Occupying Hong Kong." *SUR International Journal on Human Rights* 12(21).

Goldstone, Jack(ed.). 2003. *States, Parties, and Social Movements*. New York: Cambridge University Press.

Gamson, William. 1992. *Talking Politics*. UK: Cambridge University Press.

Kim, S. 2000. *The Politics of Democratization in Korea: the Role of Civil Society*. Pittsburgh: University of Pittsburgh Press.

Klandermans Bert. 1997. *The Social Psychology of Protest*. Cambdidege. MA: Blackwell.

Kong, Suk-Ki. 2012. "Politics of Cosmopolitan Citizenship: the Korean Engagement in the Global Justice Movements." *Citizenship Studies*. UK: Routledge.

Kong, Suk-Ki. 2017. "The Great Transformation of Korean Social Movements: Reclaiming a Peaceful Civil Revolution." *EAI Issue Briefing* April 14. EAI.

Koo, H., ed., 1993. *State and Society in Contemporary Korea*. Ithaca. NY: Cornell University Press.

McAdam, Doug. 1982. *Political Process and the Development of Black Insurgency 1930-1970*. Chicago: The University of Chicago Press.

Meyer, David S. & Sidney Tarrow. 1998. *The Social Movement Society: Contentious Politics for a New Century*. Oxford. UK. Rowman & LIttefield.

Schmitz, Hans-Peter. 2000. "Mobilizing Identities: Transnational Social Movements and the Promotion of Human Rights." in *Global Institution and Local Empowerment*. Kendall Stiles(ed.). New York: St. Martin's Press.

Smith, Jackie. 2008. *Social Movements for Global Democracy*. Baltimore.

MD: Johns Hopkins University Press.

Snow, David et al. 2000. "Framing Processes and Social Movements: An Overview and Assessment." *Annual Review of Sociology* 26, 611-639.

Tarrow, S. 1998. *Power in Movement: Social Movements and Contentious Politics*. New York: Cambridge Univ. Press.

Tarrow, S. 2005. *The New Transnational Activism*. New York: Cambridge Univ. Press.

Wendt, Alexander. 1992. "Anarchy is What States Make of It: The Social Construction of Power Politics." *International Organization* 46(2), 391-425.

기사검색

Ahrens, Frank. 2016. "South Koreans are showing the world how protests can work; Strong democracies outlive scandals." *The Washing Post*, December 8. (http://www.washingtonpost.com/posteverything/wp/2016/12/08/south-koreans-are-showing-the-world-how-protests-can-work/?utm_term=.0503269059a2)

Choe, Sang-Hun. 2017. "Park Geun-hye, Ousted South Korean Leader, Leaves Presidential Palace." *The New York Times*. MARCH 12. (http://www.nytimes.com/2017/03/12/world/asia/park-geun-hye-blue-house.html)

Choe, Sang-Hun. 2017. "South Korea Removes President Park Geun-hye." *The New York Times.* MARCH 9.

(http://www.nytimes.com/2017/03/09/world/asia/park-geun-hye-impeached-south-korea.html)

Charlie Campbell. 2016. "Huge Numbers Demand the Ouster of South Korea's President in a Fifth Week of Protests." *Time.* Nov 28.

(http://time.com/4583033/south-korea-protest-demonstration-seoul-park-geun-hye-choi-soon-sil/)

손준현. 2016. "n명의 자아, n개의 현장 '1인칭 촛불방송.'"『한겨레』(11월 27일).

(http://www.hani.co.kr/arti/culture/music/772200.html)

윤석만·박형수·전민희. 2016. "들끓던 분노가 연대감 형성되며 평화시위로 승화."『중앙선데이』(12월 11일).

(http://news.joins.com/article/20988244)

연규욱·임형준. 2017. "태극기집회도 촛불집회처럼 진화."『매일경제』(2월 11일).

(http://news.mk.co.kr/newsRead.php?&year=2017&no=97946)

신승우. 2017. "탄핵심판 임박 …주춤했던 '촛불' 다시 타오른다."『조세일보』(2월 21일).

(http://www.joseilbo.com/news/htmls/2017/02/20170221317085.html)

임종명. 2016. "촛불은 어떻게 저항했나…평화시위 '찬란한 유산'."『뉴시스』(12월 28일).

(http://www.newsis.com/ar_detail/view.html/?ar_id=NISX-20161209_0014571852&cID=10201&pID=10200)

주진. 2017. "촛불혁명의 무기는 SNS."『아주경제』(2월 20일).

(http://www.ajunews.com/view/20170220111457146)

웹사이트

나무위키. "박근혜 퇴진 범국민행동." https://namu.wiki/w/박근혜%20퇴진%20범국민행동; 박근혜정권 퇴진 비상국민행동, http://bisang2016.net.

/ 4장 /

국제개발 주창자로서 시민사회의 재탄생:
한국 국제개발협력 시민사회단체의 새로운 역할을 중심으로*

김태균 (서울대학교 국제대학원)

I. 서론: 조력자에서 주창자로의 전환을 도모하며

한국의 근대화 과정은 흔히 '발전국가론(developmental state)'으로 이론화되고 특화되어 왔다. 강한 정부의 강력한 리더십 하에 사회경제 각 분야가 일사분란하게 유기적으로 연동되어 압축적으로 경제성장

---

* 이 글의 내용은 2017년 『담론201』 20권 3호에 출간된 동일저자의 논문 "조력자에서 주창자로: 한국 국제개발 시민사회단체의 정체성에 관한 연구."를 바탕으로 수정·보완하였음을 밝힌다. 이 글을 작성하는 데 여러 가지 직간접 도움을 주신 대한적십자사 이성훈 회장특보, 경희대학교 손혁상 원장, 발전대안 피다 한재광 대표, 경실련 고계현 전 사무총장께 감사의 말씀을 드린다.

을 이루어내며 자본주의 세계체제에 독특한 국가중심의 발전경로로 자리 잡았다는 해석이다. 국가 수준에서는 '한강의 기적'으로 포장되고, 아시아 지역에서는 '아시아 4마리 용(Four Asian Dragons)' 또는 "아시아 4마리 호랑이(Four Asian Tigers)' 중 한 마리로 등극했으며, 전 세계적으로는 동아시아의 기적(East Asian Miracle)의 주인공으로 각광을 받으며 아시아에서 일본을 잇는 거대한 성공의 다음 차례로 칭해지는 등 지속적으로 찬사를 받아왔다(World Bank, 1993; Amsden, 1989). 물론 1997년 외환위기로 동아시아의 기적을 하루아침에 신기루로 전락했으나, 빠른 속도로 외환위기를 극복하고 신자유주의적 국정관리로 환골탈태하여 2010년에 경제협력개발기구(OECD: Organization for Economic Cooperation and Development) 개발원조위원회(DAC: Development Assistance Committee)에 가입함으로써 명실상부 원조를 받는 협력대상국에서 원조를 제공하는 공여국으로 성공적인 전환을 해낸 최초의 국가로 한국의 발전적 궤적을 정당화하고 있다(국제개발협력위원회, 2014).

세계화에 적극적으로 대응하기 위한 신자유주의적 거버넌스를 차용했음에도 불구하고 아직까지 발전국가 자취가 한국의 여러 국가정책과 사회현상에서 자생 및 기생하고 있기 때문에, 한국의 개발주의는 성찰적 근대화와 신자유쥬의적 통치성(governmentality)이라는 이론적 시험대에 의해 비판적으로 반추되어 왔다(임현진 외, 1999; 지주형, 2011; 정일준, 2015; 김태균, 2016b). 이러한 신자유주의와 개발지상주의의 혼재된 공생의 자취를 국제개발영역인 공적개발원조(ODA: official development assistance)와 개발협력을 수행하는 시민사회단체(CSO: civil society organization)에서도 여실히 발견할 수 있다. 신자유주의적 세계화를 지향하면서도 여전히 과도한 발전국가의 영향 하에서 실제 ODA 정책이 제도화됨에 따라 정권의 입맛에 맞게 개발협력의 의제가 개발주의와 직접적으로 연동되었다. 즉, 이명박 정권의 녹색성장, 그리고 박근혜 정권의 새마을운동이 과거의 개발지상주의가 신자유주의적 통치성 틀 안에서 재생산된 결과라 평가할 수 있다.

혹자는 한국의 발전국가 경험이 현재 한국 사회의 자화상이며, 이전의 국가중심적 발전국가에서 21세기형 민주주의적 역량발전 중심의 발전국가로 전환한 긍정적인 변화 가능성을 한국에서 찾고 있다(Evans, 2014). 또한 한국적 발전국가론을 '압축적 근대성(compressed modernity)'으로 개념화하여 사회구성원의 일상생활에까지 발전국가적 사고방식이 깊숙이 침투해 있다는 주장과 같이, 신자유주의적 세계화 시대임에도 불구하고 한국의 개발원조를 둘러싼 국가-사회관계를 압축적 근대성의 산물로 해석할 수 있다(Chang, 2010). 반면, 이른바 '뒤틀린 세계화'로 인하여 발전국가식 개발양식은 종료되고 신자유주의식 발전양식이 한국의 각 생산체제와 분배체제에 잠식해왔다는 주장은 국가의 공공서비스 최소화와 민간부문의 활성화, 그리고 시민사회의 공공서비스 전달 기능을 국가기관의 대체재 또는 부속품으로 인식하는 경향과 연동된다(임현진 외, 2014).

결국, 발전국가의 지속된 영향력과 신자유주의의 파상적 세계화라는 상반된 현상 중에 어느 프레임을 선택하던 간에 개발CSO의 실제 이용가치는 공통적으로 서비스 전달의 중요한 수단으로 수렴한다. 발전국가 맥락에서 국가의 권력이 비정부기관과의 배태된 자율성(embedded autonomy)으로 표출되어 국가발전을 위한 CSO의 동원이 강압적으로 이루어지거나(Evers, 1995), 반대로 축소된 정부가 채워야 할 복지서비스를 CSO가 대신하는 '혼합복지(mixed welfare)'라는 관점에서 작은 정부와 시장주의에 동원되어 서비스 전달을 도맡게 되는 시민사회의 영역은 이념 지형의 좌우에 상관없이 국정관리에 반드시 필요한 이행주체로 세간의 주목을 받게 되었다(Kendall, 2003). 이념적인 갈등 없이 CSO는 본연의 주요 업무를 서비스 전달로 받아들이게 되고 이는 곧 CSO가 국가기관의 서비스 전달체계 내부 조직으로 자연스럽게 편입되는 것을 의미한다. 이러한 맥락에서, 우리는 개발 영역에서 활동하는 대부분의 CSO가 설립 당시 단체의 목표와 방향성을 서비스 전달과 부합되게 설정하는 이유가 바로 여기에 있다는 것을 알 수 있다.

이러한 정치사회적 공간에서는 CSO가 기관의 역할을 스스로 결정하지 못하고 정부 본연의 책무인 복지서비스 제공을 대신하거나 협치라는 미명 하에 서비스 전달업체로 전락하는 등 소위 국가의 '확장된 수족(extended arms)' 기능으로 CSO 위치권력이 제한적인 하위단계로 정의된다(Webb et al., 1920; Piven et al., 1971). 특히, 국제개발은 그 영역의 특성 상 이데올로기적 스펙트럼과 무관하게 이타주의와 인도주의에 입각하여 집행될 가능성이 높기 때문에 개발프로젝트 자체를 개발CSO가 비정치적이고 가치중립적으로 인식하고 처리할 가능성이 상대적으로 다른 영역보다 높다고 예상할 수 있다. 더군다나, 한국의 경우 발전국가적 특성이 제도적으로 존속하고 일상생활에 깊숙이 침투해 있다는 가정을 수용할 때, CSO가 국가정책에 대한 정치적 도전보다는 국제개발사업을 이행하고 평가하는 데 있어 정부와의 적절한 타협과 공존, 그리고 협치를 선택하도록 길들어졌다는 해석이 가능하다(Kim, 2008; 김태균, 2016a). 이러한 시민사회에 깊이 배태된 타협의 시공간은 한국 개발CSO의 주요활동 영역이 서비스 전달 기능에서 정치적 애드보커시 기능으로 전환하는 데 대단히 큰 장애물로 작동하며, 결국 정치적 압박과 강제에 적극적으로 대처하지 못하는 '자기제한적 참여성(self-restrained participation)'으로 특징지어진다.

한국적 특수성이 발전국가의 존속, 신자유주의의 주류화, 그리고 개발CSO의 자기제한적 참여성으로 대표되는 반면, 역설적으로 글로벌 수준에서의 보편적인 규범의 외생적 변화가 한국의 개발CSO로 하여금 국내정부와 개발사업 주체들이 보편적인 기준에 맞도록 압박하고 국제개발 원칙과 이행을 준수하도록 감시하고 요구하는 역할을 가능케 하였다. 2005년 파리에서 개최된 원조효과성을 위한 제2차 고위급 포럼(HLF: High-Level Forum on Aid Effectiveness)은 '파리5대원칙' 중 하나로 상호책무성(mutual accountability)을 강조하였고, 2008년에 가나의 아크라에서 개최된 제3차 HLF를 계기로 시민사회가 개별국가와 동등한 위치에서 원조효과성을 논의할 수 있는 주체로 인정받게 되었으며, 2010년에는 이스탄불 원칙의 선포로 개발CSO의 개발효과성과 책무성이 시민사회의 주요 이슈로 등장했으며, 2015년에는 지속가능발전목표(SDGs: sustainable development goals) 시대가 도래하면서 SDGs의 주요 이행주체로 개발CSO를 강조하고 민관협력 등 글로벌 개발파트너십을 강조하게 된다. 좁게는 개발CSO 내부의 책무성을 스스로 성찰하는 단계부터 넓게는 단일국가와 국제기구의 책무성 제고를 위한 개선을 요구하는 감시자(watch dog) 단계까지 기존의 서비스 전달자 역할과 사회발전을 위한 애드보커시(advocacy) 역할이 확장되고 공존하게 된다. 한국 시민사회에서도 정치적 애드보커시 기능의 필요성이 점차 개발CSO 사이에서 공론화되고 있으며 개발영역에서 활동하는 시민사회의 대안적인 정체성으로 주목받기 시작하고 있다. 다시 말해, 기존의 탈정치화되어 있던 개발영역의 한국 시민사회가 서서히 정치사회로 진입하면서 정치화되고 있는 과정이다.

이러한 맥락에서 본 연구는 개발CSO의 기능적·구조적 정체성이 단순한 국가의 서비스 전달을 위한 '조력자(collaborator)' 역할에 국한되었던 작금의 수준에서 정치적으로 국가에 도전하고 국가정책을 감시하는 '주창자(advocator)' 역할로 전환하고 있는 현상을 한국 시민사회의 새로운 국면으로 간주한다. 이는 과도기적 현상으로 한국 개발

사진 1 원조투명성 거리 캠페인과 IATI 가입을 촉구하는 개발CSO의 기자회견
※ 출처: 발전대안 피다, 2013/08/26.

CSO가 새로운 정체성을 찾아가고 스스로 대안적인 발전모델을 모색하는 중요한 의미를 내포한다. 개발CSO 1세대는 개발협력사업 중심으로 서비스 전달 주체로서의 조력자 역할에 치중해 온 반면에 사회변혁적인 애드보커시 전략으로 전환하고 있는 새로운 주창자로서의 역할을 모색하는 개발CSO 2세대가 등장하고 있다. 주창자의 역할을 새롭게 등장한 현상으로 인식하기보다 지금까지 발전국가 방식의 개발정책 프레임 안에 갇혀 있던 개발CSO의 자기제한적 현실참여성이 그 틀을 깨고 CSO 본연의 역할을 되찾아가는 경로로 인식하는 것이 보다 정확한 표현이다. 그럼에도 불구하고 아직까지 개발CSO의 2세대가 형성되고 있는 과도기라는 점에서 개발CSO의 주창성이 한국사회에서 주류화되었다고 평가하기 어려운 것이 사실이다. 그러나 개발CSO 2세대가 한국 시민사회에 주류적 위치로 자리매김하지 않으면, 최근 대한민국의 공화주의를 나락으로 떨어뜨린 비선실세의 국정농단이 정부의 개발협력 분야까지 침투했듯이 ODA를 사사로운 이해관계의 부패성 연결고리로 활용하는 비민주적 책무성 결핍(accountability deficits)이 적극적으로 감시되고 제재될 수 없는 상황에 이르게 된다. 따라서, 본 연구는 한국 시민사회를 새롭게 재구성하는 중요한 요소로서 개발CSO의 역할과 정체성 전환을 강조하고, (1) 개발CSO의 기능적 분화에 관한 이론적 접근, (2) 국제개발에 관한 글로벌 규범의 변화와 한국 시민사회에의 영향, (3) 조력자로서 한국 개발CSO의 주류화, (4) 주창자로서 개발CSO의 맹아적 전환기, (5) 발전국가론을 극복하는 과정으로서의 개발CSO 정체성 전환을 중심으로 한국 시민사회의 새로운 현상으로서 개발CSO의 주창성을 분석한다.

사진 2 2016년 5월 우간다를 국빈 방문해 코리아 에이드 사업 현장을 찾은 박근혜 전 대통령
※ 출처: 연합뉴스, 2016/5/30.

II. 개발CSO의 기능적 분화 및 한계에 관한 이론적 접근

본격적으로 한국 개발CSO의 새로운 전환에 관한 분석에 들어가기에 앞서, 기존 시민사회연구에서 CSO의 기능을 어떻게 접근하고 있는가를 소개하고, 기존의 기능이원론적 접근법의 한계를 넘어 개발CSO가 국제개발 영역에서 독자적인 행위자로서 개발효과성(development effectiveness)을 제고하고 감시하기 위한 필요조건으로 책무성·역사성·총체성을 강조한다.

1. CSO의 기능이원론: 서비스 전달주체 對 정치적 애드보커시

주로 서구의 시민사회에 관한 사회정책연구에서 CSO의 기능과 역할에 대한 논쟁은 크게 두 갈래로 수렴되어 왔다. 기능측면에서 이원론적인 해석이 가능한데, 이는 서비스 전달의 주체로서 CSO의 기능과 정치적인 애드보커시와 같은 옹호 및 대변 활동을 CSO의 주요 기능으로 구분한다. 이러한 이원론적 접근법은 편의상 서비스전달과 애드보커시로 양분하는 것이지 실제로는 많은 CSO들이 두 기능을 동시에 적절하게 시행하는 혼합형(hybrid)의 특징을 보이고 있다.

1) 서비스전달주체

먼저 서비스 전달 기능의 경우, 2차 세계대전 이후 거의 모든 선진국에서 공통적으로 정부가 공공정책과 공적자금으로 직접 제공해야하는 복지서비스를 시간차를 두고 시민사회를 통해 간접적으로 전달하거나 상호 공조하는 일종의 협치를 시도해 왔다. 흔히 서비스전달 위주의 기능이 CSO에게 부과되는 이유를 신자유주의라는 이데올로기적 스펙트럼에서 찾는 경우가 있는데, CSO와 파트너십을 구축하려는 노력은 앞서 논의하였듯이 신자유주의 중심의 보수진영뿐만 아니라 진보진영에서도 공통적으로 발견되는 유사현상이라 할 수 있다. 반면, 서비스 전달주체로서의 시민사회가 강조되는 이유를 이데올로기적 결과물이 아닌 정부실패(government failure)와 시장실패(market failure)로 이어지는 근대국가의 제도적 장치의 치명적인 결함에서 찾을 수 있다. 복지서비스의 절제 없는 확장으로 인한 정부재정의 손실과 재정위기(fiscal crisis)로 이어지는 정부실패는 시장의 자율화와 정부개입의 축소를 대안으로 내세우며 시장체제의 적극적인 수용을 인도하는 정책대안으로 귀결되었다(Offe, 1984). 그러나 시장에 대한 맹신은 시장에 투입되는 수요와 공급을 장악하고 조정할 수 있는 경제주체에 의해 소비자의 행위가 결정되고 시장정보의 비균형적 분배라는 불평등 구조가 고착화되는 시장실패로 이어졌다(Wallis et al., 1999). 따라서 정부의 기획능력과 복지국가의 확장을 주장하는 정부중심의 정책과 시장중심의 신자유주의적 해법이 공히 실패로 돌아갔다는 평가에 따라 보수와 진보 진영 모두 자원주의(voluntarism)으로 움직이는 CSO에서 정부실패와 시장실패의 해결책을 모색하게 된다. 시민사회단체의 경우 국가의 영역과 시장의 영역에 구속받지 않고 상대적으로 자율성에 기반한 서비스를 제공하고 수혜자가 원하는 서비스 유형을 보다 정확하게 파악하고 사용자 친화적인 서비스가 가능하다는 장점을 가지고 있다. 정부가 직접 개입하지 않고 정부의 역할을 자원단체(voluntary organizations)가 일부 대신할 수 있고 시장보다는 투명하고 사용자가 원하는 서비스를 직접 전달할 수 있다는 평가이다(James, 1989;

Lewis, 2014).

그럼에도 불구하고, 시민사회의 기여에 대한 정치적·경제적 기대가 또 하나의 부정적인 현상인 이른바 '자원실패(voluntary failure)'라는 걸림돌에 의해 상쇄된다는 연구 결과가 제기되었다(Salamon, 1995). 자원실패의 가장 근원적인 이유는 서비스 전달의 주체로서 CSO가 국가 또는 시장에 의해 동원될 경우 직간접적으로 CSO 활동의 재정적 지원을 정부와 민간부문으로부터 제공받게 되고 재정적 지원에서 발생하는 조건에 의하여 CSO의 자원주의가 치명적으로 간섭받거나 훼손된다는 데 기인한다. 제3의 영역으로 독자성과 자율성을 인정받아야하는 시민사회가 국가와 시장의 아바타로 전락할 가능성이 농후하며, 결국 CSO는 '그림자 국가(shadow state)'로서의 정부/시장의 확장된 도구라는 비판적인 평가를 받게 된다(Wolch, 1990; Kuhnle et al., 1992). 결론적으로 CSO가 서비스전달의 주체로만 그 역할이 국한될 때 자원실패로 인하여 정부·시장·시민사회의 3자가 모두 완전한 이행주체로 행동하기에는 무리가 따르게 된다.

이러한 CSO의 서비스전달 기능에 대한 일반론적 분석이 개발영역에도 유사하게 적용된다. 영국·독일·미국·프랑스·스웨덴·오스트리아·노르웨이 등 대표적인 선진공여국에서 서비스 전달을 목적으로 시민사회에 대한 재정지원을 시작한 경험을 필두로 1980년대에는 신자유주의 개발패러다임이 원조정책에 접합되면서 개발CSO에 대한 정부의 지원이 본격화되었다(Ware, 1989; Bauer, 1990; Seibel, 1990; Kuhnle et al., 1990). 자원주의로 무장된 CSO가 국가를 상대로 독립된 주체로 자리매김하는 데에는 다양한 국면에서 CSO의 기능이 국가마다 역사적으로 재조명되기 때문에 각 국가에서 생성되는 상이한 제도적 토양과 국가-사회관계가 중요한 독립변수가 된다(Finlayson, 1990). 1990년대 들어와서는 정부-CSO 협력관계가 더욱 강화되어 시민사회와의 개발파트너십이 다양하게 형성되고, 특히 공여국이 협력대상국인 개도국의 현지 CSO와 직접 소통하고 재정지원을 함으로써 현지의 원조요구를 보다 명확하고 발빠르게 대응할 수 있다는 장점을 강조하게 된다(Lewis et al., 2009). 개발CSO를 주요한 개발파트너로서 활용하는 데 있어서는 좌우로 구분되는 이데올로기적 차별성이 희석되는 경향이 강하고 국내 복지국가체계의 속성에 따라 파트너십의 성격이 상이하게 구성된다(Lewis, 2014; Kendall, 2003; Deakin, 2001; Grindheim et al., 1990). 따라서, 개발CSO와 공여국 정부가 협치하는 복지혼합(welfare mix)의 구성은 구조적으로 공여국 내부의 국가-사회관계성에 따라 좌우되며 복지혼합의 내생적 관계성에 따라 시민사회의 주체성과 독자성이 차별적으로 제도화된다(Evers, 1995; Kim, 2008; Johnson, 1999; Kuhnle et al., 1992).

2) 정치적 애드보커시

앞서 언급했듯이, 이러한 서비스전달의 기능과 대비되는 CSO의 역할은 주로 정치적인 애드보커시라는 주창성에서 찾는다(Kendall, 2003; Deakin, 2001). CSO의 주창성은 시민사회의 존재적 가치를 국가와 시장에 도전하고 감시하는 독자적인 영역으로 분리하여 인식하기 때문에, 전통적으로 시민사회단체가 제3섹터 또는 비정부기관(NGO: non-governmental organization)이라고 통칭되어 분리되었고 CSO의 주요기능을 공공영역과 사적영역 간의 정치적 중간지대에서 정부와 시장에 비판적인 입장을 취하는 주창적인 옹호활동으로 간주해 왔다. CSO에 대한 이러한 가치부여는 서비스전달에 집중되어 왔던 시민사회의 역할을 시민성과 민주주의에 기초한 시민의 정치화 또는 정치세력화 현상으로 전환하는 것을 의미한다. CSO의 주창적 기능은 국내정치를 감시하고 비판하는 수준에서 국제정치의 주요 행위자로 활동영역을 확장하고 글로벌 거버넌스의 투명성과 책무성을 담보하는 개발패러다임의 지킴이로서 자리매김하고 있다(Scholte, 2011; Rosenau, 1992).

개발영역에서 CSO의 주창적 역할은 주로 공여주체들이 시행하는 원조프로젝트의 책무성을 감시하고 개발사업의 책무성과 투명성을 제고하기 위한 애드보커시 기능 및 개발CSO의 대안적인 시민정치 활동으로 압축될 수 있다(Kim, 2011; Uhlin, 2011). 개발CSO의 정치적 애드보커시 역할은 크게 세 가지 경험적 사례에서 명확하게 그 궤적을 추적할 수 있다. 첫째, 매년 스위스 다보스에서 개최되는 세계경제포럼(다보스 포럼: World Economic Forum) 중심의 신자유주의적 세계화에 대한 대항세력으로 2001년부터 조직되어 운영되어 온 세계사회포럼(WSF: World Social Forum)에서 개발CSO의 주창성을 엿볼 수 있다(Smith et al., 2016). 최초의 WSF는 브라질 포르투알레그리에서 2001년 1월에 개최되었는데, 대안세계화 운동을 주도하고 있는 수많은 단체들이 포럼 조직에 참가하였다. 대표적으로 프랑스의 시민사회운동 단체인 국제금융관세연대(ATTAC, 아탁: Association pour la taxation des transactions financières pour l'aide aux citoyens)를 비롯한 다수의 국제시민사회단체가 WSF의 조직과 운영을 주도하였는데 WSF의 재정적 운영에는 포르투알레그리 당국도 일부 지원함으로써 가담하였다(임현진 외, 2014). 제1차 WSF에만 전 세계적으로 1만 2천여 명의 사회운동가들이 모여 전통적인 대의민주주의와 새롭고 활력 넘치는 참여민주주의가 결합된 양상을 보여주었고, 이러한 신자유주의적 개발주의에 대항하는 대안세계화 운동이 2001년 이후 매년 결성되고 있어서 이른바 '세계시민사회(global civil society)'의 전형으로 논의되기도 한다. 따라서, WSF와 같은 경험적 사례는 글로벌 수준에서의 CSO가 자발적인 세력화를 통하여 글로벌 시민사회의 주창성을 확장하는 방식이라고 정의할 수 있다(Keane, 2003; Lipschutz, 1992).

둘째, WSF가 글로벌 수준에서의 시민사회의 주창성에 국한되어 있다면, 개발CSO의 역할을 글로벌 수준과 국내 수준을 연계하여 이른바 '부메랑 효과(Boomerang Effect)'를 통해 끊임없이 갈등의 정치(contentious politics)를 조성하는 주창성으로 재조명할 수 있다(Keck et al., 1998; Tarrow, 2011; Tilly et al., 2007). 글로벌 수준에서 규범화된 개발원칙이 글로벌 수준에서만 집행되는 것이 아니라, 국내 수준까지 개혁의 영향이 미칠 수 있도록 연계함으로써 글로벌 거버넌스의 국내화 프로세스에 개발CSO가 관여할 수 있다. 더욱이 국내 수준의 개발CSO 활동이 글로벌 수준으로 확산되고 다시 국내로 환원됨으로써 국내 정부로서는 의도치 않은 결과를 양산해내는 부메랑 효과가 창출될 수 있다. 이러한 갈등의 정치를 지속적으로 시민사회의 주창성과 연동하여 기성 정치에 도전하는 역할을 개발CSO가 맡게 되고, 국내의 정치사회는 기존 입장과 반대되는 대안적 개혁안을 수용할 수밖에 없는 상황으로 발전하게 된다. 국제와 국내를 연결하는 시민사회의 주창성은 글로벌 단위에서 형성되는 개발패러다임을 국내로 도입하는 과정에서 중간다리 역할을 수행하는 초국가옹호네트워크(transnational advocacy network)를 필요조건으로 동반하여야하며, 이러한 초국가네트워크에 국내 개발CSO가 얼마나 적극적으로 참여하는가가 중요한 핵심요소가 된다(Keck et al., 1998).

마지막으로, 개발CSO의 정치적 애드보커시 기능이 특정 신자유주의적 국제기구를 겨냥하여 직접적인 도전으로 표출되는 방식이다. 특정 국제기구를 표적으로 삼아 감시 및 비판활동이 시민연합을 통하여 직접 전달되어 국제기구로 하여금 시민사회의 대안적 제안을 받아들이거나 최소한의 개혁을 시도하게끔 유도하는 주창성의 직접적인 표출 방법을 의미한다. 이러한 방식의 개발CSO의 주창성 역할은 WSF

와 같이 대규모 결사체를 통해 신자유주의적 세계화에 반대하고 비록 맹아적 단계이지만 세계시민사회의 세력화를 통하여 거시적인 측면에서 글로벌 거버넌스의 구조적 개혁을 시도하는 것과는 다른 양상을 보인다. 이는 보다 구체적으로 가시화된 방식의 개입으로, 개발CSO가 미시적 행위주체로서 특정 국제기구를 겨냥하여 신자유주의적 효율성 중심의 정책을 비판하고 책무성과 투명성 제고를 요구하는 구체화된 주창성을 의미한다. 세계은행(World Bank)과 같은 다자개발은행(multilateral development bank)의 책무성 결핍을 감시하고 적극적으로 도전하는 역할을 수행해 온 개발CSO를 대표적인 사례로 꼽을 수 있다(Brown et al., 1998; Kim, 2011; Clark et al., 2003; 김태균, 2013). 다자개발은행은 개발사업의 책무성보다는 효율성에 무게중심을 두고 협력대상국에게 원조조건을 과다하게 부과하는 방식을 취해 왔으며, 이에 대하여 개발CSO는 강력하게 책무성 결핍에 대한 비판을 가하여 세계은행은 1994년에, 아시아개발은행은 1995년에, 그리고 여타 다자개발은행은 그 이후 연달아 기관 내부에 책무성을 담당하는 부처를 신설하였다. 결론적으로 미시적 수준에서 개발CSO는 공동의 의제를 구체적으로 행동으로 직접 옮기는 주창적 역할을 수행함으로써 시민사회에 내재해 있는 자기제한성을 극복하는 것이다(Lewis et al., 2009).

지금까지 CSO, 특히 개발CSO의 이원론적인 기능을 정리하였는데 실제로 현실에서 명확하게 서비스전달과 애드보커시 기능을 분리하여 개별 CSO의 역할을 구분하는 것은 쉬운 일이 아니다. Oxfam, Save the Children, World Vision과 같은 대형 국제NGO의 경우 개도국 현장의 개발협력 사업을 시행하는 동시에 옹호·감시활동까지 겸비하고 있는 것이 사실이다. 글로벌 수준에서 활동하는 '시민사회 개발효과성을 위한 오픈포럼(Open Forum for CSO Development Effectiveness, 이하 Open Forum)' 및 국내에서 활동하는 발전대안 피다((구) ODA

Watch)와 같이 애드보커시 기능을 기관의 주요 목표로 상정하고 있는 개발CSO는 실제로 많지 않다. 대부분의 개발CSO는 서비스전달 기능과 옹호기능을 혼합하여 조직의 운영목표와 행동원칙을 세우고 있기 때문에 인위적으로 이원론적인 인식틀을 개발CSO의 기능론으로 주류화한다면 큰 오류를 범하게 될 것이다. 개발CSO의 역할에 관한 재조명은 이분법적인 사고보다는 종합적인 사고의 틀이 필요하다.

2. 개발CSO의 책무성, 총체성, 역사성

앞서 검토했듯이, 개발CSO가 주요 활동범주로 서비스전달 내지 정치적 애드보커시를 선택한다는 이분법적 사고는 다분히 기능주의적 접근법이라는 한계가 있다. 개발영역에서의 시민사회 역할을 단순히 기능론적 이분법으로 재단하는 것이 아니라 시민사회를 개발협력의 책무성 제고를 위하여 활동하는 총체적인 역사적 주체로 재인식하는 것이 중요하다. 이러한 새로운 인식틀에는 서비스전달과 애드보커시 기능이 복합적으로 연결될 수 있으며, 개발CSO마다 정도의 차이는 있을 수 있지만 두 기능의 적절한 접합과 분리가 그 CSO의 내부 조직 및 운영목적에 따라 다원화될 수 있는 것이다. 따라서, 국제개발에서 거론되는 주요 기본 가치이자 이론틀의 범분야(cross-cutting) 이슈인 책무성·총체성·역사성의 세 가지 거시인과분석(macro-causal analysis)에 의존하여 개발CSO의 역할을 경험적으로 재조명되고 입체적으로 재구성하는 과정이 중요하다(김태균, 2016a; Skocpol et al., 1980).[1]

---

1 국제개발의 이론적 세 요소로 책무성·총체성·역사성은 김태균(2016a)을 참조.

첫째, 서비스를 전달하는 기능과 정치적인 옹호 기능을 인위적으로 분리하여 인식하는 것보다 두 기능을 모두 동일하게 개발CSO가 담보해야하는 '책무성'의 일환으로 환치하는 것이 중요하다. 다시 말해, 개발영역에서 책무성에 기초한 시민사회의 사회적 행위가 서비스전달과 애드보커시 간에 적절한 복합적 산물로 표현되는 것이다. 시민사회가 처한 상황에 따라 서비스전달 중심의 국가와의 협치가 개발CSO가 맡아야 할 개발책무성의 가장 중요한 요소로 인식될 수 있는 반면, 국가에 대항하는 정치적 애드보커시를 책무성의 주요 토대로 인식하는 것이 가능하다. 국가 및 사회적 맥락에 따라 서비스전달 또는 정치옹호가 차별적으로 표출되거나 두 기능이 복합적으로 결합되어 다양하게 표출될 수 있지만, 이렇게 표출된 개발CSO의 행위방식은 시민사회가 처한 상황에서 최선으로 선택한 합리적인 결정이라고 인식해야 한다. 한국의 경우, 개발주의(developmentalism)가 팽배한 시대적 환경에서 형성된 경제개발중심의 관료기구와 이에 종속되어 발전한 시민사회단체가 민주화 이후에도 국가주의적 발전동원기제로 개발CSO의 서비스전달 기능이 활용되고 있는 사회적 맥락을 목도할 수 있다(이병천, 2000; 김태균, 2016a). 그러나 2010년 OECD DAC에 한국 정부가 가입함으로써 개발주의와 단절된 새로운 국제패러다임에 한국의 정부와 시민사회가 동시에 노출되게 되고 새로운 외부 환경에 적응하는 과정에서 다른 방식으로 개발CSO가 책무를 다하는 노력을 취하게 된다.

둘째, 일찍이 미르달(Myrdal, 1974: 729)이 국가의 발전을 "사회체제의 총체적이고 지속적인 상향운동"으로 정의하였듯이, 국가가 주체가 되어 경제발전정책을 독점하는 기존 개발주의적 공식을 극복하고 사회구성체의 다양한 파트너들이 동원되는 총체적인 운동방식을 제도화하는 접근법이 필요하다. 사회발전의 '총체성(totality)'이 개발

CSO의 역할을 재조명하는 중요한 척도가 되어야하는 이유는 무엇보다도 총체성이 제공하는 설명력의 포괄성이다. 이는 개발CSO가 시행하는 개발협력사업 또는 개발원조기관을 감시하는 애드보커시 기능 모두 개도국 사회발전에 대한 미시적인 영향만을 강조하는 것이 아니라 경제·사회·정치·문화 등 다양한 섹터를 동시에 아우르는 총체적인 제도적 결과물이기 때문이다(Preston, 1996; 김태균, 2016a). 다시 말해, 시민사회가 근시안적이고 편협적인 개발원조를 지양하고 보다 장기적이고 포괄적인 방식의 개발원조를 지향함으로써, 개발CSO 기능의 총체성이 현실적으로 다양한 행동방식을 통해 구체화될 수 있다.

셋째, 개발CSO 기능론의 이분법적인 한계를 극복하기 위한 거시적 프레임의 마지막 구성요소는 국제개발의 '역사성(historicity)'에서 찾는다(김태균, 2016a). 여기서의 역사성은 개별적인 사건이 단편적으로 발생하여 축적해 온 기록과 기억의 집합체라기보다는 프랑스 아날(Annales)학파가 제안한 전체사적 접근에 가깝다. 전체사적 접근법은 여러 단계에서 역사적 사건의 이해를 총체적으로 융합하는 방식으로 시간지속성(longue durée)의 프레임 안에 시간지속을 다시 지리적 시간(구조사), 사회적 시간(사회사), 개인적·정치적 시간(사건사)으로 구분하여 정리한다(Braudel, 1992; Febvre, 1974). 따라서, 개발CSO의 주요 기능이 역사적으로 어떤 경로를 통해 발전되고 진화되어 왔는가에 대한 연구·분석을 장기간의 시간지속과 이에 관련된 다양한 사회적 주체와 구조 간에 형성되는 관계성의 패턴으로 이해할 수 있다. 개발영역에서 국가-사회관계의 발전을 사건사보다 사회사와 구조사 중심으로 분석을 시도할 때, 비로소 개발CSO의 기능이 장기 지속이라는 시공간의 틀에서 총체적으로 접근이 가능하며 이를 통해 특정 시기에 개발CSO의 주요 역할이 서비스전달과 정치적 애드보커시 사이에서 어떻게 적절하게 (재)구성되는가에 대한 해답을 찾을 수 있다.

이로써, 책무성·총체성·역사성을 중심으로 한국의 개발CSO가 어떻게 시민사회의 정체성과 주창성을 확장하고 있는가에 대한 본격적인 논의가 필요하다. 아직까지 한국 시민사회를 개발영역에서 기능적 역할에 대한 이분법적 논의를 넘어서 거시적인 담론에 의거해서 개발CSO의 역할론을 분석한 기존 연구는 거의 없다고 해도 무방하다. 이러한 기존연구의 빈 공간을 채우기 위하여 다음에 한국의 사례를 중심으로 개발영역에 배태된 한국의 시민사회에 관한 검토를 통해 개발CSO의 주창적인 역할을 분석하는데 단초를 제공하고자 한다.

III. 국제개발에서의 시민사회에 관한 국제규범과 한국적 함의

앞서 기술한 개발CSO의 새로운 접근과 분석틀을 한국 개발CSO에 적용하기 위해서 기존 국제사회에서 형성되어 온 개발영역의 시민사회에 관한 역할과 책무에 관한 글로벌 규범을 검토하고, 어느 정도로 한국의 개발CSO가 글로벌 규범을 이해하고 있으며 기관의 행동원칙으로 국제규범을 내재화하고 있는가를 평가하고자 한다. 국제규범의 국내화과정에 관한 분석은 본질적으로 한국의 시민사회가 당면하고 있는 작금의 문제를 이분법적인 접근이 아닌 총체적인 역사의 주체로서 개발레짐의 책무성을 강조하는 역할을 이해하는데 도움이 된다. 이는 국제개발의 글로벌 규범이 국내 개발주체에 대하여 이분법적인 기능을 주문하는 것이 아니라 거시적 수준에서 그리고 담론 수준에서 보편적인 역할과 책무를 강조하기 때문이다. 반면, 한국사회는 개발주의에서 기인하는 시민사회단체의 비정치성과 몰역사성 때문에 사실상

지금까지 개발CSO의 시공간적 위치와 역할이 정치적 주창자라기보다는 기능적 사업시행에 더 많은 방점을 두어 왔으며, 이는 더욱 더 개발CSO가 정치화되고 대정부 감시활동을 하는 데 역으로 작용하는 내생적인 제한장치로 자리매김을 해 왔다는 사실로 귀결된다.

1. 개발CSO 역할과 책무에 관한 국제규범

개발CSO을 기존 국가중심의 이행주체와 동등한 파트너로 인식하고 본격적으로 시민사회의 개발영역에서 중요성을 인정한 국제적인 계기가 2008년 가나의 수도 아크라에서 개최된 제3차 원조효과성 HLF에서 시작되었다고 평가할 수 있다. 아크라 HLF에서 개발원조의 효과성 제고를 위하여 국가이외에 시민사회의 지원이 필수적이라고 합의하고 개발CSO가 정부기관과 동등하게 HLF에 참석하고 발언할 수 있도록 기존의 높은 문턱을 낮추는데 성공하였다. 제3차 HLF에서 각 국가는 CSO가 개발영역에서 모든 역량과 잠재력을 발휘할 수 있도록 동등한 개발주체로 인정해 주는 '아크라행동강령(AAA: Accra Action Agenda)'을 통과시키고, 이는 2011년 한국 부산에서 개최된 제4차 HLF-부산세계개발원조총회-에서 '부산글로벌파트너십(Global Partnership for Effective Development Cooperation)'으로 확대·개편되면서 개발CSO를 다자행위주체(multi-stakeholder)의 주요 파트너로 공인하였다(김태균, 2015; 이성훈, 2012a).

OECD DAC에 의한 피동적인 시민사회에 대한 인식의 변화이외에, 시민사회 스스로가 국제개발에서의 수준 높은 CSO 역량과 적극적인 주체로서의 행동원칙을 제안하고 공유하기 위한 노력을 시도하였다. 2010년 CSO의 개발효과성을 제고하기 위한 내부조직의 점검기

표 1 CSO 개발효과성을 위한 이스탄불 8대 원칙

1. 인권과 사회정의 존중 및 증진	CSO는 존중을 바탕으로 한 개발, 적당한 일자리, 사회정의, 만민평등에 대한 권리 등 개인과 집단의 인권을 증진하는 전략과 활동, 관행을 개발하고 실천하여야 한다.
2. 여성과 여아의 권리증진 및 성평등과 성형평성 구현	CSO는 여성의 문제와 경험을 반영하면서 성평등을 실현하는 개발협력을 추진하고 증진시켜야 한다. 동시에 여성들이 여성 개인과 집단이 갖는 권리를 깨달을 수 있도록 지원하고 동등한 권한을 가진 주체로서 개발과정에 참여할 수 있도록 도와야 한다.
3. 시민권리 증진, 민주적 주인의식 고취 및 참여 유도	CSO는 시민들에게 힘을 실어 주고 모두가 참여할 수 있도록 지원함으로써 시민들의 민주적 주인의식을 제고하여 자신들의 일상에 영향을 미치는 정책이나 개발 이니셔티브를 시민들이 참여할 수 있도록 해야 한다. 특히, 빈곤층과 소외계층의 참여가 중요하다.
4. 환경지속가능성 증진	CSO는 현 세대와 미래세대를 위한 환경지속가능성을 증진하는 접근방식과 우선순위를 개발하고 실행해야 한다. 예를 들면 생태적 온전성과 정의를 위한 사회경제적, 문화적, 지역적 조건에 특별한 관심을 갖고 기후 위기에 시급하게 대처하는 일 등이 포함된다.
5. 투명성과 책무성 실천	CSO는 계속적으로 투명성을 높이기 위한 조직적 노력을 보여 주어야 하며, 내부운영에 있어서 책무성과 청렴성을 배가하여야 한다.
6. 공정한 파트너십 및 연대 추구	CSO는 다른 CSO와 개발주체들과 자유롭게 동등한 입장에서 투명한 관계를 맺어야 한다. 또한 그 관계가 공동의 개발목표와 가치, 상호존중, 신뢰, 조직의 자치, 장기적 성취, 연대 그리고 세계시민의식을 바탕으로 해야 한다.
7. 지식 창출 및 공유와 상호학습 추구	CSO는 다른 CSO와 개발주체의 경험으로부터 배울 수 있는 길을 넓혀야 한다. 지식이나 지역 및 원주민 공동체에 관한 지식 등 여러 가지 개발 관행 및 결과에서 얻은 검증된 자료를 통합하고 혁신과 미래 비전을 강화해야 한다.
8. 긍정적이고 지속가능한 변화 실현을 위한 노력	CSO는 개발활동의 결과와 영향이 지속가능할 수 있도록 협력해야 한다. 사람들을 위한 변화가 유지될 수 있는 결과와 조건에 초점을 맞추며 특히 빈곤층과 소외계층에게 특별한 관심을 갖고 현 세대와 미래 세대에게까지 변화가 지속될 수 있도록 해야 한다.

※ 출처: 국제개발협력민간협의회, http://www.ngokcoc.or.kr/bbs/download.php?bo_table=paper01&wr_id=34&no=1

준으로 터키의 이스탄불에서 '시민사회단체 개발효과성을 위한 이스탄불 원칙(Istanbul Principles for CSO Development Effectiveness)'을 선포하고 8대원칙으로 구성된 이스탄불 원칙에 따라 CSO가 개발관행을 개선하고 철저히 개발관행에 대한 책무를 지기 위하여 적극적인 조치를 취하기를 약속한다(표 1 참조). 이른바 '이스탄불 원칙'은 개발CSO의 전략과 행동의 필수원칙으로 전 세계적으로 작동해 왔으며, 한국의 국내 개발CSO와 시민사회 생태계에서도 주요하게 토론하고 행동의 근거로 받아들인 개발협력의 시민사회 원칙으로 공유되고 확산되었다.

이스탄불 원칙 이면에는 2008년 아크라 HLF 직후 결성된 Open Forum의 치밀한 전략과 노력이 주요 기초적 토대로 작동하였다. Open Forum은 개발협력영역에서 시민사회의 역할을 정립하고 시민사회단체의 개발사업과 활동의 효과성을 증진시키기 위해 구성된 시민사회단체 네트워크로 전 세계를 무대로 활약하고 있다. 2008년 창립 이후 74개국 2,000여 시민사회단체의 국가별 정상 회담을 진행하였고 5개 대륙에서 여러 차례 지역별 워크숍을 개최하는 등 다양한 활동을 추진하여 2010년 이스탄불 원칙을 마련하는데 핵심 주체로 기여하게 된다. 또한, 2007년에 출범한 BetterAid의 경우 전 세계 700개 이상의 CSO가 회원으로 참여하여 원조와 개발의 효과성 제고를 위하여 결성된 시민사회단체의 전 세계 네트워크로서 Open Forum보다 1년 일찍 OECD DAC의 원조효과작업반의 공식 시민사회 파트너로서 활동하여 왔다. BetterAid는 2011년 부산세계개발원조총회를 준비하기 위한 세계시민사회의 전략적인 행보로 한국의 국제개발협력시민사회포럼(KoFID: Korea Civil Society Forum on International Development Cooperation)과 함께 '부산세계시민사회포럼(Busan Global Civil Society Forum)'을 추진하여 OECD 선진공여국이 주도한 부산 HLF를 견제하는 시민사회의 역할을 기획하였다. BetterAid와 Open Forum은 상호 중복된 역할로 인한 갈등의 소지를 갖고 있다는 평가가 있지만, 시민사회의 중론은 두 네트워크가 상호보완적인 시민사회단체의 국제연대로서의 기능을 원활하게 수행했다는 평가이다. BetterAid는 시민사회단체가 정부와 국제기구의 파리선언과 아크라행동강령 실행을 감시하고 비판적 제안을 하는 것을 목적으로 하는 반면, Open Forum은 시민사회단체 내부의 개발효과성 증진을 위하여 원칙을 수립하고 실행하는 것을 목적으로 한다. 두 국제연대 모두 공히 개발CSO가 특정 역사적 현장에서 개발효과성을 제고하는 데 필요한 책무를 총체적으로 접근하고 이에 필요한 글로벌 시민사회의 네트워크를 적극 동원하는 공통점을 가지고 있다.

결론적으로, 개발CSO의 역할에 관한 국제규범은 시민사회의 개발협력을 위한 기능적 역할의 주장을 단편적으로 나열하기보다는, 개발효과성을 제고하기 위하여 복합적으로 개발CSO가 지향해야하는 목표와 원칙을 강조하고, 개발효과성과 관련된 다양한 개발주체들의 활동을 비판적으로 기획하며 기성 원조체제에 도전하고 주창하는 역할을 강조하고 있다. 이러한 개발CSO의 거시적인 방향성 내에서 상황과 맥락에 맞게 CSO의 기능이 미시적으로 분화되고 차별화되는 것이다.

2. 한국 개발CSO의 국제규범에 대한 대응

앞서 간단히 살펴 본 개발CSO의 국제규범이 한국 사회에 투영될 경우 어떠한 반사 및 투시의 효과가 발생하고 한국적으로 해석된 국제규범이 미시적으로 어떠한 분화를 한국 사회에서 경험하게 되는가에 대한 검토가 필요하다. 이는 구체적으로 2008년 아크라행동강령,

2010년 이스탄불 원칙, 2011년 부산세계시민사회포럼을 한국 개발 CSO와 시민사회네트워크가 어떻게 받아들였으며 이러한 국제규범이 어떻게 한국 시민사회의 행동원칙으로 연결되었는가에 대한 분석이 필요한 것이다(이성훈, 2012b). 전반적인 추세는 개발협력에 관한 국제규범이 한국 사회로 전달되는 일방적인 흐름으로 점철되어 왔으며, 한국의 개발담론이 반대로 국제규범형성에 반영되는 경우는 거의 전무하다고 할 수 있다. Open Forum이나 BetterAid와 같은 초국가시민사회네트워크에 자발적으로 가입하고 주도적으로 참여하는 한국의 개발CSO는 KoFID 정도에 국한되며 전체적으로 국제규범에 대한 대응 자세가 자발적(proactive)이라기보다 수동적(reactive)인 면이 강하다고 평가할 수 있다.

그럼에도 불구하고, KoFID는 한국 시민사회에서 선도적으로 이스탄불 원칙을 소개하고 소속 CSO와 공유하는 학습기회를 제도화하는 등 한국 개발CSO가 갖추어야 할 국제규범과 기준을 전파하는 중요한 역할을 2011년 부산세계개발원조총회 이후 지속적으로 추진해 왔다. 이스탄불 원칙은 서비스전달을 주목적으로 하는 시민단체와 정치적 옹호활동을 주목적으로 하는 단체 모두에게 공통적으로 필요한 거시적 원칙이라는 점에서 보편적인 가치를 보유하고 있다. 이를 기반으로 KoFID는 27개 회원단체들과 함께 정부의 ODA 정책을 검토하고 견제하는 애드보커시 역할을 수행하는 동시에, 서비스전달을 주목적으로 삼고 있는 개발CSO도 KoFID 회원으로 활동하면서 두 이분법적 기능으로 분리된 개발CSO 네트워크를 총체적으로 운영하는 역할을 어렵지만 지속하고 있다는 평가이다.

그러나 아직까지 한국 개발CSO 연대체제는 다른 이슈영역(젠더, 환경, 인권 등)보다 느슨한 형태로 운영되고 있는 것이 사실이다. 또한 빠르게 변화하는 국제개발의 국제규범을 선도하기보다 국내에서

번역하고 이해하면서 따라잡기 급급한 상태이다. 이는 아직 한국의 개발CSO의 역량이 부족하다는 근본적인 문제제기와 더불어, 개발주의에 기초한 정부 경제부처의 시민사회단체에 대한 침투와 통제, 그리고 민관협력(public-private partnership)의 한 형태로서 CSO와의 연대를 관의 하위단체로 인식하는 문화 등에 주요 원인을 찾을 수 있다. 특히, 2016년부터 기획재정부에 의해 한국 개발CSO의 개발협력 사업을 위한 한국국제협력단(KOICA)의 지원금 형태를 기존 출연금에서 보조금으로 전환하게 되었다는데 주목할 필요가 있다.[2] 이러한 정부의 의도적 개입은 빙산의 일각에 지나지 않으며, 이명박·박근혜 두 보수정권 하에서 성장한 한국의 개발CSO는 정치적 옹호활동보다는 단순한 서비스전달 파트너로서 제도적으로나 의식적으로 인식되고 길들여져 왔다(한재광, 2016).

IV. 조력자로서 개발CSO의 주류화

한국 시민사회에서 개발영역에 활동하는 CSO가 언제부터 존재하였

---

2   보조금 제도를 새로이 도입했다는 사실은 결국 시민사회의 개발협력 활동을 기획재정부가 제도로써 통제하고 규제하겠다는 의지를 표방한 것으로 해석이 가능하다. 보조금 제도는 개발CSO가 단년도 사업 위주로 개발협력 활동을 기획해야만 하고, 현장에서 사용한 모든 보조금 출처를 밝히기 위하여 신용카드 영수증을 지참해야되는 등 국제협력 사업과는 완전히 동떨어진 탁상공론에서 나온 지극히 행정편의주의적 개입을 제도화한 결과물이다.

는가에 대한 질문에는 다양한 답변이 가능할 것이다. 해외봉사 및 선교활동이라는 측면에서는 그 역사가 상당히 길게 형성되어 왔을 것인데 반해, 엄격한 의미의 국제개발 사업을 시행해 온 CSO는 2010년 한국의 OECD DAC에 가입한 후부터 계상될 수도 있다. 본 연구에서는 2000년 유엔총회에서 선포된 '새천년개발목표(MDGs: Millennium Development Goals)' 이후로 분석 시기를 책정한다. 2000년 이전 단계에는 한국의 시민사회가 1987년 6월 항쟁이후 국내 경제사회정의와 관련된 문제들을 다루는데 집중하였다면, 2000년 MDGs 이후에는 빈곤과 질병, 환경과 같은 국제개발문제로 시민사회단체의 이슈를 전환하는 의제의 다변화가 가능했다고 평가할 수 있기 때문이다.

총평으로 2000년 이후부터 2010년 DAC 가입 이후까지, 그리고 그 이후 지속적으로 한국의 개발CSO에 관한 전반적인 흐름은 국가의 조력자로서 서비스전달 기능의 주류화라고 정리할 수 있다. 이는 크게 세 가지 측면에서 조력자로서의 역할이 주류적 경향으로 확장된 이유를 설명할 수 있다. 첫째, 〈표 2〉에서 확인할 수 있듯이, 전체 개발CSO 중 63%가 2000년도 이후에 설립되었고 이 중 74%가 2000년도 이후에 해외개발사업을 시작했다는 사실에서 알 수 있다. 과반수가 훨씬 넘는 수의 개발CSO가 2000년 이후에 비로소 해외 개도국의 개발협력을 주요 시민사회의 의제로 인식하고 사업의 초점을 맞추었기 때문에 환경, 여성, 교육, 인권 등과 같이 다른 사회의 의제들보다 상당히 늦게 주류화가 시작되었다. 둘째, 2000년 이후에 설립된 개발CSO를 제외한 그 이전에 설립된 CSO의 경우에도 대부분이 기존에 국내 사회사업을 주요 목적으로 활동하거나 복지서비스를 전달하는 역할을 주로 시행하던 시민사회단체가 해외개발사업으로 기관의 사업방향을 확장 또는 전환한 사례이기 때문에 기존 국가시책에 도전하거나 이를 감사하는 활동에 대하여는 무딘 감각을 보일 수밖에 없었

표 2 KCOC 회원 개발CSO 설립연도 및 해외사업 시작연도별 현황

구분		단체수(개)	비율(%)
설립연도	1960년 이전	4	3.1
	1960-1969년	5	3.9
	1970-1979년	5	3.9
	1980-1989년	10	7.9
	1990-1999년	23	18.1
	2000-2009년	54	42.5
	2010년 이후	26	20.5
합계		127	100.0
해외사업 시작연도	1990년대 이전	5	3.9
	1990-1999년	28	22.1
	2000-2009년	48	37.8
	2010년 이후	46	36.2
합계		127	100.0

다. 셋째, 개발CSO가 지금까지 개발협력 이슈를 가지고 단 한 차례 시민사회의 주도하에 거리 시위 내지 노동운동과 같은 과격한 대응수단이 동원되거나 시도된 기록이 없다. 다만, 주요 개발의제에 관하여 토론회를 개최하거나 기관들이 연대하여 성명서를 발표하는 정도의 약한 수위의 투쟁 또는 감시자 역할에 그쳤다. 따라서 한국 개발CSO에서 활동하는 개발활동가의 경우 서비스전들을 어떻게 효과적으로 시행할 것인가에 대한 고민이 국가시책을 어떻게 감시하고 개혁할 것인가에 대한 고민보다 늘 앞서 있었다고 평가할 수 있다.

조력자로서의 역할이 주류화된 흐름 가운데에 국제개발협력민간협의회(KCOC: Korea NGO Council for Overseas Development Cooperation)라는 서비스전달 기능의 전국연대네트워크가 존재한다. KCOC의 비전과 미션은 "세계 여러 분쟁지역과 기근지역에서 인도적 지원 및 개발원조 사업을 하는 한국개발NGO의 협의체"로 규정되어 있으

며, 현재 128개 개발CSO가 회원으로 가입하여 활동하고 있다(표 3 참조). KCOC의 활동 범주를 단순히 서비스전달 기능으로 한정시키기에는 다소 어패가 있지만, 아래와 같이 두 가지 측면에서 KCOC의 역할을 서비스전달 중심의 개발CSO의 협의체라고 평가할 수 있다. 첫째, KCOC의 가입절차와 가입 시 신입 CSO 회원이 참여할 수 있는 혜택의 성격이다. 우선 KCOC의 정회원 가입요건은 (1) 비영리민간단체(비영리법인 또는 비영리민간단체등록 단체)로 구분되는 CSO, (2) 법인설립 또는 단체등록 후 국제개발협력 사업 실적이 최소 2년 이상인 단체, (3) 등록신청 당해 전년도 및 당해연도 해외사업규모가 각 1억 원 이상인 단체, (4) 국제협력NGO 행동규범를 준수하는 단체, (5) 독립된 사무공간 및 상근직원이 확보된 단체에 한하여 KCOC에 가입을 신청할 수 있다. 정회원 가입조건은 기본적으로 국제개발협력 분야에서 어느 정도 경험과 재정적 자산이 어느 정도 갖춘 CSO일 경우에 성공적으로 KCOC의 정회원으로 지원이 가능하다는 것을 의미하며, 이는 다시 말해 중소규모 또는 신생 CSO의 경우는 지원조차 불가능하다는 것의 시사한다. 실제로 〈표 3〉에 열거된 2016년 기준 KCOC 정회원 단체를 보면 애드보커시 활동을 하는 CSO는 거의 찾아볼 수 없거나 부분적으로 이를 병행하는 서비스전달 중심의 대형 개발CSO로 채워있다는 것을 알 수 있다.

또한 KCOC의 회원단체로 가입할 경우 국내외 국제개발협력분야의 다양한 협력 네트워크 및 연대활동에 참여할 수 있고 개발CSO가 보다 전문적이고 효과적인 사업을 할 수 있도록 지원하는 교육 및 역량강화사업, NGO 봉사단 파견사업 등에 참여하여 회원단체의 사업역량을 제고하는 서비스를 제공받을 수 있다. KCOC의 회원단체가 받을 수 있는 혜택은 어떤 측면에서는 서비스전달과 정치적 애드보커시로 이분화되어 있던 개발CSO 활동을 적절하게 통합한 새로운 총체

표 3 KCOC 회원 단체 (2016년 9월 기준)

	기관명		기관명		기관명
1	경희국제의료협력회	44	새마을운동중앙회	87	코피온
2	고앤두 인터내셔널	45	새빛	88	태화복지재단
3	국경없는과학기술자회	46	샘복지재단	89	트러스트앤스마일
4	국경없는교육가회	47	생명누리	90	팀앤팀
5	국제민간교류협회	48	서비스포피스	91	평화를이루는사람들
6	국제사랑의봉사단	49	서울국제친선협회	92	푸른아시아
7	국제아동돕기연합	50	세계가나안농군운동본부	93	프렌드아시아
8	국제옥수수재단	51	세계선린회	94	프렌즈
9	국제의료협력단	52	세이브더칠드런코리아	95	플랜한국위원회
10	굿네이버스	53	써빙프렌즈인터내셔널	96	피스빌리지네트워크
11	굿파트너즈	54	아름다운가게	97	하나로
12	굿피플인터내셔널	55	아름다운동행	98	하트하트재단
13	그린티처스	56	아름다운커피	99	한국YMCA전국연맹
14	글로벌발전연구원(ReDI)	57	아시아위민브릿지두런두런	100	한국건강관리협회
15	글로벌비전	58	아시아포커스	101	한국국제기아대책기구
16	글로벌케어	59	아시아협력기구	102	한국국제봉사기구
17	글로벌투게더	60	아시안프렌즈	103	한국선의복지재단
18	글로벌호프	61	아프리카미래재단	104	한국월드비전
19	기쁜우리월드	62	아프리카어린이돕는모임	105	한국인권재단
20	기쁨나눔재단	63	어린이재단	106	한국자유총연맹
21	나눔인터내셔날	64	에코피스아시아	107	한국제이티에스(JTS)
22	다일공동체	65	엔젤스헤이븐	108	한국천주교살레시오회
23	대한불교조계종사회복지재단	66	열매나눔인터내셔널	109	한국카리타스인터내셔널
24	대한한방해외의료봉사단	67	온해피	110	한국해비타트
25	더나은세상	68	우림복지재단	111	한국해외봉사단원연합회(KOVA)
26	더멋진세상	69	월드디아코니아	112	한국헬프에이지
27	더프라미스	70	월드샤프	113	한국희망재단
28	덴탈서비스인터내셔널	71	월드쉐어	114	한끼의식사기금
29	돕는사람들	72	월드투게더	115	한마음한몸운동본부
30	동방사회복지회	73	월드휴먼브리지	116	한베문화교류센터
31	동서문화개발교류회	74	월인터내셔널	117	한베재단
32	라파엘인터내셔널	75	위드	118	한울안운동
33	로즈클럽인터내셔널	76	위드아시아	119	한코리아
34	로터스월드	77	유니세프한국위원회	120	함께일하는재단
35	메디피스	78	유니월드	121	함께하는사람들
36	밀알복지재단	79	이웃을돕는사람들	122	함께하는사랑밭

	기관명		기관명		기관명
37	밝은사회클럽국제본부	80	인구보건복지협회	123	행동하는의사회
38	방글라데시개발협회	81	전국재해구호협회	124	호산나
39	부스러기사랑나눔회	82	정해복지	125	홀트아동복지회
40	비에프월드	83	지구촌공생회	126	환경재단
41	비전케어	84	지구촌나눔운동	127	휴먼인러브
42	사랑나눔의사회	85	청수나눔실천회	128	CTS International
43	삼동인터내셔널	86	캠프		

※ 출처: 국제개발협력민간협의회·한국국제협력단, 2016: 110-111.

적인 개발효과성 제고의 성격이 존재한다. 특히, KCOC를 통해 국무총리실·외교부·KOICA 등 주요 정부기관과 국제개발협력 관련 주요 정책수립과정에 참여할 수 있는 기회가 제공되며, 국제시민사회단체와의 네트워크 구축에 참여할 수 기회가 제공된다는 점에서 KCOC가 회원단체에게 애드보커시 역할을 수행할 수 있는 제도적 기반을 제공한다고 평가할 수 있다. 그럼에도 불구하고, 이러한 정치적 옹호활동은 KCOC의 전체 활동 중 상대적으로 약한 고리에 해당하며, 주요 역할의 방점은 회원단체 간 정보 교류 및 파트너십 구축, 업무별 다양한 네트워크 참여, 개도국에서 활동하는 회원단체 및 현지 네트워크 구축을 통한 현지 사업수행 역량강화, 개발CSO 스스로의 역량강화 사업 참여, 민간단체 해외봉사단 파견 사업 참여 등에 주어지기 때문에 다분히 서비스전달의 효과성을 창출하기 위한 연대기제의 성격이 강하다.

시민사회단체 내부의 개발역량을 강화하고 연대네트워크를 구축한다는 KCOC의 긍정적인 역할에도 불구하고, 본질적으로 KCOC가 역사성과 총체성, 그리고 책무성을 가진 복합적 기구로서 개발CSO를 대표하기에는 아직 역부족인 이유를 몇 가지로 정리할 수 있다. 첫째, KCOC가 회원단체에게 제공하는 민간단체 해외봉사단 파견 사업 등과 같은 사업의 경우 주로 KOICA가 재정적으로 지원하고 KCOC가 주관하여 해당 단체를 선발하고 교육시키는 체계이기 때문에 외부에서 KOICA의 협력기관 정도로 KCOC를 인식하는 부정적인 해석이 존재한다. 정부기관의 재정을 지원받고 가까운 파트너로 활동할수록 CSO로 갖추어야하는 자원주의가 퇴색할 가능성이 있고 이로 인해 정부기관의 전위부대로 전락할 수 있다는 강도 높은 비판의 목소리도 있다(Salamon, 1995). 또한, 한국 개발CSO 채용인원의 출신 현황을 보면, KOICA의 지원을 받아 KCOC가 시행하는 월드프렌즈코리아(WFK) NGO 봉사단, KOICA가 직접 운영하는 월드프렌트코리아(WFK) KOICA 봉사단, 그리고 KOICA가 지원하는 ODA 청년인턴 프로그램 출신의 신입사원을 개발CSO가 채용하는 비율이 무려 65.5%에 이르기 때문에 절반이 넘는 한국의 개발CSO는 KOICA의 지원을 직간접적으로 받지 않고는 신입직원을 채용하기 어렵다는 해석이 가능하다(표 4 참조). 둘째, KCOC가 세운 신입회원단체의 진입장벽이다. 법인설립 이후 국제개발사업 실적이 2년 이상, 등록신청 당해 전년도 및 당해연도 해외사업 규모가 각각 1억원 이상, 그리고 독립된 사무공간과 상근직원이 있어야만 KCOC 회원단체로서의 가입요건에 충족할 수 있다는 조건 자체가 새롭게 추가적으로 가입을 지원할 수 있는 단체를 제한

표 4 한국 개발CSO 채용인원의 출신 현황

구분	인원수(명)	비율(%)
WFK NGO 봉사단	61	20.7
WFK KOICA 봉사단	45	15.3
NGO 자체 봉사단	63	21.4
ODA 청년인턴	87	29.5
기타	39	13.2
총 합계	295	100.0

※ 출처: 국제개발협력민간협의회, http://ngokcoc.or.kr/theme/kcoc/03/society04_04.php.

하는 진입장벽으로 작용한다. 더욱이 기획재정부에 의해 CSO 지원사업이 보조금사업으로 바뀐 후에는 더더욱 중소규모 개발CSO가 살아남기가 어려운 환경이기 때문에 안정적으로 개발협력사업을 시행하는 KCOC 회원으로 가입한다는 것은 쉽지 않은 가설이 되었다. 셋째, 사업시행주체로서의 KCOC 회원단체는 비회원단체보다 재정적으로나 인적으로나 뛰어난 역량과 네트워크를 보유하고 있기 때문에 중장기적으로 한국의 개발CSO 내부에 사업역량의 불평등 구조가 심화될 가능성이 있다. 이는 KOICA의 재정적 지원, 기획재정부의 제도적 통제, 그리고 KCOC 자체적인 내부의 진입장벽 등이 종합적으로 연계되어 KCOC 회원단체와 비회원단체 간의 차이를 계속 양산하여 불평등한 조건이 구조화될 가능성을 배제할 수 없다. 마지막으로, KCOC와 회원단체들이 사회발전이라는 거대한 개발담론을 수용하고 역사적인 조건들을 이에 준하여 해석하고 정부 및 기존 중앙통제기관의 개발정책에 대하여 적극적으로 도전하고 대항하는 주창성을 담보하지 못한다는 한계가 엄연히 존재한다.

한국 시민사회에서 개발CSO의 발자취는 다른 시민사회 영역에서 조성된 CSO보다 역사가 짧고 활동영역이 국제문제라는 제한된 범위에서 이루어져 왔던 것이 사실이다. 적극적으로 개발협력 정책과 사업을 주도하지 못하고 정부정책과 재정적 지원에 수동적으로 조력하는 서비스전달 중심의 활동에 제한되어 왔다는 불편한 진실이 총제성이라는 측면에서 한계를 보이게 된다. 이스탄불 원칙을 전격적으로 보편화하면서 개발CSO 내부의 책무성 강화에는 어느 정도 개선의 여지가 보이나 한국 ODA 정책의 전체적인 책무성을 확보하기 위하여 주동적인 역할을 수행하는 데 한계가 있다는 점에서 책무성이라는 측면에서 문제가 발생한다. 역사적으로도 한국의 개발CSO는 변혁적이라기보다 순응적인 측면이 강하다는 해석 하에 조력자로서의 역할이 주류화되어 왔고 앞으로의 역할 변화에 역사적 책무를 지니고 있다는 숙제가 산적해 있다.

V. 주창자로서 개발CSO의 맹아적 전환기

지금까지 살펴 본 KCOC 중심의 조력자로서의 한국 개발CSO 특징 이면에는 비록 맹아적 단계이지만 한국 시민사회의 새로운 역할이 대안적으로 모색되어 왔다는 주창성을 제한적이나마 강조할 필요가 있다. 〈그림 1〉이 보여주고 있듯이, 한국의 개발CSO는 크게 세 가지 그룹으로 구조적 관계도를 설정할 수 있다. 앞서 분석한 서비스전달 중심의

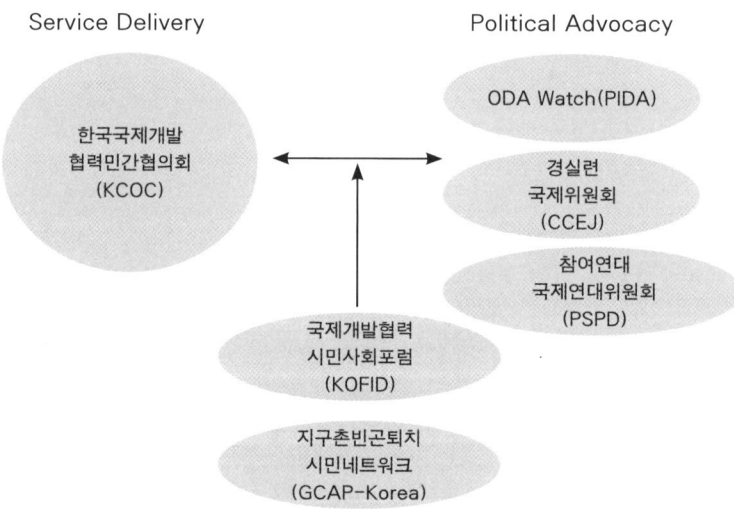

그림 1 한국 개발CSO의 구조적 관계도

개발CSO는 KCOC를 중심으로 독립된 하나의 그룹을 형성하고 있다고 본다면, 이에 반하는 정치적 애드보커시 기능을 수행하는 소수의 CSO가 또 하나의 그룹을 형성하고 있다고 해석할 수 있다. 또한, 이두 그룹 사이에서 적절하게 두 그룹의 CSO를 회원단체로 받아들임으로써 징검다리 역할을 수행하는 제 3의 그룹이 존재한다. 따라서 아직까지 한국 사회에서 주창자로서의 개발CSO 그룹이 확립되어 독자적인 영역을 구축하고 있다고 평가하기는 어렵지만 나름대로 그 목소리를 내기 위한 발판을 마련해 왔다는 적극적인 해석은 가능하다.

　한국의 개발CSO 구조도가 이와 같이 주력사업으로 서비스전달을 강조하고 상대적으로 약한 세력으로 주창자 역할을 수행하는 특정 CSO 그룹이 형성되고, 그 중간에 연결고리로서 KoFID와 지구촌빈곤퇴치시민네트워크(GCAP-Korea)가 위치하는 그림으로 구성되는 데에는 몇 가지 이유가 있다. 첫째, 주창자 역할을 수행하는 CSO는 발전대안 피다를 제외하고 대부분이 국제개발을 주요 활동영역으로 상정하지 않고 1987년 민주화 계기로 시민운동의 최전선에서 활약한 87체제의 시민사회 주역들이라는 사실이다. 대표적으로 참여연대와 경제정의실천시민연합(경실련)을 예로 들 수 있는데, 87체제의 주요 시민단체들은 시민운동으로서 개발협력을 접근하고 시민운동의 최전선에 국제개발협력 문제를 배치하기보다 제2의 전선으로 인식하고 있다는 문제가 발생한다. 국제개발을 하나로 독자적인 영역으로 간주하여 정부의 ODA 정책에 대한 비판적 감시를 수행한다기보다 경제정의 또는 군축문제의 일환으로 국제개발을 연계하여 조직의 기존 목표를 달성하기 위한 중간 단계 정도로 개발협력문제를 의제화한다는 한계가 있다. 둘째, 국제규범으로서 국제개발협력의 의제는 대단히 빠른 속도로 변화를 추구하고 있는 반면, 국내 개발CSO는 변화하는 국제규범을 따라가기 바쁘기 때문에 주도적으로 이슈를 주창할 수 있는 여력이 없다. 앞으로도 당분간은 한국 시민사회가 국제개발 의제를 선도하거나 이슈화하는 데에는 역부족인 환경이 지속될 가능성이 높다. 셋째, 외교부와 기획재정부 모두 개발CSO를 진정한 의미의 개발파트너로 인식하기보다 사업수행을 위한 조력자로 간주하는 경향이 강하여 CSO가 서비스전달 영역에서 주류적 역할을 하도록 제도적으로 압박하고 상호협력을 강조한다. 이러한 복합적인 이유로 아직까지 한국사회에서 개발CSO의 주창적 역할은 맹아적 단계에 머물고 있다고 평가할 수 있다.

주창자로서의 기능을 수행하는 제2그룹은 대표적으로 발전대안 피다, 참여연대 국제연대위원회, 그리고 경실련의 국제위원회를 주요 예로 들 수 있다. 정치적 애드보커시 기능을 주로 담당하는 CSO 중 참여연대 국제연대위원회의 경우는 애드보커시 역할을 공격적이지만 제한적으로 추진하고 있다는 평가를 받을 수 있다. 참여연대는 1994년에 설립되어 한국의 민주화운동에 있어 핵심적인 역할을 수행했던 대표적인 시민단체이다. 참여연대의 국제연대위원회는 한국 정부가 2010년 DAC에 가입하기 전부터 한국의 ODA 정책이 가야할 바람직한 방향성에 대한 감시활동을 주도하였다. 그럼에도 불구하고, 참여연대는 수많은 사회문제 중 하나로 국제개발협력을 접근하고 있으며, 이른바 백화점식 사회 이슈 중 하나에 부속품처럼 연결된 문제로 개발이슈를 이해하는 경향이 강하다. 국제사회에서 강조하는 개발패러다임에 대한 정확한 이해보다는 참여연대가 추구하는 활동목표와 사회변혁의 목적에 부합하도록 국제개발 이슈를 재해석하고 군축문제와 개발을 연결하려는 움직임 등에서 개발현실과 동떨어진 운동방식을 고수하는 경향성을 목도할 수 있다. 따라서 적극적인 주창자로 개발이슈를 주도하고 개혁을 추진하기에 참여연대는 국제개발에 대한 인적, 경험적, 이론적 전문성이 떨어지고 운동방식의 획일성에 그 문제의 핵심이 있다고 평가될 수 있다.

한편, 경실련의 국제위원회도 참여연대와 유사한 성격의 문제점을 갖고 있다. 경실련은 1987 민주화 물결에서 설립된 경제정의를 실현하는 시민 결사체로서 한국 민주주의의 중요한 역할을 맡아왔으며, 경실련 국제위원회는 ODA Watch의 설립을 주도했던 활동가들을 배출했던 조직으로서 한국 사회에서 개발원조와 지속가능성에 대한 논의를 최초로 선도했다고 평가할 수 있다. 2013년도에 국제위원회가 다시 재건되어 Post-2015 개발의제 및 유엔의 지속가능발전목표(SDGs)의 한국적 적용과 국내화 과정에서의 주요 쟁점들을 전면에 내걸고 한국 정부에 개선안을 제시하는 등 적극적인 활동을 개시하였다. 그러나 경실련의 경우도 참여연대와 마찬가지로 국제개발 이슈의 무게가 조직 내에서 크게 부각되지 못하고 경제정의라는 대표적인 활동목표에 묻혀서 국제개발보다 중요한 이슈가 터지게 되면 그 이슈를 대응하는 데 국제개발 활동은 중지되거나 주요 이슈를 지원하는 부속품으로 전락하게 되었다. 따라서 국제개발 이슈를 전담하는 애드보커시 역할이 제한적으로 수행되었으며, 경실련 애드보커시 활동 중 국제위원회 활동은 다분히 주변화되고 지속가능성이 떨어지는 결과를 빚게 되었다. 또한 경실련 국제위원회와 외부 파트너인 한국의 개발 CSO 및 국제NGO와 긴밀한 연대를 유지하는 것이 관건인데 이러한 외부연대의 확장이 활성화되지 못하여 구조적인 활동의 한계를 갖고 있다. 따라서 적극적인 주창자로 개발이슈를 추진하기에는 경실련은 참여연대와 같이 아직까지 인적, 경험적, 이론적 제한성을 갖고 있다는 평가를 받을 수 있다.

참여연대와 경실련과 달리 국제개발 이슈를 전담하여 정부의 ODA 정책을 본격적으로 감시하는 개발CSO로서 ODA Watch가 2006년에 설립되었고, 단순한 감시활동에서 새로운 발전대안을 제시하는 적극적인 시민사회단체로 2016년 탈바꿈한 '발전대안 피다(PIDA: People's Initiative for Development Alternatives)'가 한국의 주창적인 개발 CSO를 대표한다. 정부가 기획하고 추진하는 ODA 정책과 사업을 구체적으로 분석하고 감시하여 비판을 성명서 또는 토론회를 통해 전달하고 끊임없이 정부의 시책을 감시하는 애드보커시의 주요 행위자로서 ODA Watch는 한국 개발CSO 역사의 새로운 한 획을 그었다는 평가를 충분히 받을만한 활동을 해 왔다. 2016년에 ODA Watch 창립 10주년을 맞이하여 개발운동의 세대교체와 함께 애드보커시 영역을 소극적인 좁은 의미의 ODA 중심에서 적극적인 광의의 '발전'문제로 전환하기 위하여 발전대안 피다로 개명과 함께 주창성의 범주를 확장하였다. 그럼에도 불구하고, 발전대안 피다의 근원적인 한계와 문제는 결국 조직 내부에서 발생하고 있다. 문제의 핵심은 적극적인 주창자로 발전대안 피다가 활동하고 개발이슈를 추진하기에는 아직까지 인적 구성원이 턱없이 부족하고 정부기관의 재정지원이 조달되지 않는

사진 3 발전대안 피다의 네팔 시민현장감시단 현지 주민들과의 인터뷰
※ 출처: 발전대안 피다, 2017/8/22.

다는 재정적인 한계성이 뚜렷하다는 사실이다. 앞으로 발전대안 피다가 한국 시민사회에서 어떠한 역할을 지속적으로 구체화할 수 있는가가 조력자로서 주류화된 개발CSO의 양상이 주창적인 혁신 주체로 전환하는 중요한 계기가 될 수 있을 것이다.

이러한 적극적 주창자 이외에 다소 소극적이지만 주창자로서의 역할을 부분적으로 수행하고 있는 시민사회단체로 월드비전코리아(World Vision Korea), 세이브더칠드런코리아(Save the Children Korea) 등의 해외 NGO가 한국 맥락에 맞게 재구성된 CSO 사례를 꼽을 수 있다. 본 단체들은 국제NGO의 한국 지역분소로 시작한 단체들이 대부분이며 사업시행기능과 옹호활동기능을 동시에 수행하는 개발CSO라고 평가할 수 있다. 월드비전의 경우, 지역개발사업, 구호사업과 함께 3대 사업 중 하나로 애드보커시 역할을 제한적으로 수행하고 있으나, 대정부 감시활동 중심이 아닌 개발협력 관련 보편적 교육 중심(세계시민교육, 글로벌 리더 양성)으로 적극적인 주창자로서 개발이슈를 추진하기에는 아직까지 이론적 제한성이 뚜렷하게 보이고 있다. 월드비전과 마찬가지로, 세이브더칠드런의 경우도 애드보커시 역할의 제한적 수행을 기획하고 있으나, 대정부 감시활동 중심이 아닌 사회적 경각심을 고취하기 위한 보편적 교육 중심(제도개선, 인식증진, 아동참여, 연구조사)으로 이루어지고 있다. 이 밖에도 한국에서 자생한 개발CSO로서 지구촌나눔운동과 굿네이버스도 주요 활동사업 중 정책사업으로 캠페인 옹호활동과 타기관과의 정책연대를 모색하고 있어서 KoFID와 GCAP-Korea의 회원단체로 활발히 애드보커시 운동에 가담하고 있으나, 월드비전과 세이브더칠드런과 같은 유사한 문제를 공유하고 있다.

지금까지 살펴 본 정치적 애드보커시 중심의 개발CSO 영역과 함께, 서비스전달 중심 기관들을 연계하고 있는 두 기능의 유기적 연합

체인 KoFID와 GCAP-Korea의 역할에 대한 설명은 다음과 같이 상반된 해석으로 구성된다. GCAP-Korea는 KoFID에 비해 현재 활동기록이 대단히 부족하고 운영주체까지 투명하지 않은 관계로 본 연구에는 KoFID 중심으로 연결 개발CSO를 분석하고자 한다. 우선, 긍정적인 해석은 KoFID가 애드보커시와 서비스전달의 역할을 담당하는 CSO들 사이에 연계를 위한 정치적 공간과 기회를 제공한다는 것이다. 정기적인 회의를 통해 개발협력 환경과 정부정책, 그리고 국제규범의 변화를 논의하고 적절한 시기에 성명서와 토론회를 개최하여 개발협력 정책에 대한 선순환적인 대안을 제시하고 있다는 주창적인 활동에서 그 긍정적인 평가를 설명할 수 있다. 그럼에도 불구하고, 조력자와 주창자 간의 적극적인 연대를 추진할 수 있는 제도적 장치 부재하다는 단점이 있다. 이는 KoFID 회원단체로 애드보커시 그룹과 서비스전달 그룹이 동시에 활동하는 구조적인 문제에서 출발하는데, 상호 접점을 찾을 수 있는 공통분모가 정부정책에 대한 비판적 접근에 국한되고 상호 유기적인 연계를 통해 시민사회 내부에서 애드보커시와 서비스전달의 정합성을 높일 수 있는 제도적 장치가 부재하다. 〈표 5〉에서 정리했듯이, KoFID 회원단체 30개 단체 중 KCOC 소속된 회원단체가 11개로 구성되어 있으며, 이 단체들은 KCOC 조직원리를 공유하고 있고 이를 토대로 KoFID의 정책의제에 접근하기 때문에 상호 합의에 이르는데 쉽지 않은 과정이 있다. 또한 초국적인 의제에 대응하는 운동방식과 프레임이 즉자적으로 구성되는 경향이 강해서 주창성의 영역을 선도적으로 끌고 나갈 추동력이 부족하다. 차후 KoFID의 가장 시급한 과제는 조직의 명확한 정체성을 확보하고 명실상부한 개발CSO의 시민운동을 추동할 수 있는 내부 제도적 장치를 구비하는 노력이 필요하다.

 그럼에도 불구하고, 지금까지 KoFID의 활동을 검토해 보면, 한

표 5 KoFID 회원 단체 (2016년 9월 기준)

	기관명		기관명		기관명
1	국제개발협력민간협의회	11	한마음한몸운동본부	21	월드투게더
2	참여연대	12	글로벌발전연구원(ReDI)	22	유엔인권정책센터
3	ODA Watch	13	기아대책	23	인구보건복지협회
4	한국장애인재활협회	14	한국투명성기구	24	에너지기후정책연구소
5	국제개발협력학회	15	한국여성단체연합	25	지구촌나눔운동
6	굿네이버스	16	환경운동연합	26	플랜코리아
7	세이브더칠드런코리아	17	국제민주연대	27	하나를위한음악재단
8	한국월드비전	18	굿피플	28	경제정의실천시민연합
9	한국인권재단	19	아시안브릿지	29	환경재단
10	한국YMCA전국연맹	20	어린이재단	30	HoE (Hope is Education)

※ 출처: 국제개발협력민간협의회·한국국제협력단, 2016: 112.

국 시민사회를 대표해서 개발협력 영역에서 다양한 사회문제와 부조리에 적극적으로 대항하고 감시한 주창적 역할의 궤적들을 찾아볼 수 있다. 우선, 〈표 6〉과 같이 2015년 SDGs를 유엔에서 합의하기까지 사전 과정에서 국제적으로 논의된 Post-2015 개발의제에 관한 한국 정부의 입장을 시민사회에서 제안한 주창적 활동이 대표적이다. 기존의 MDGs가 책정되는 과정에서 시민사회의 목소리가 배제되었다는 비판에 유엔은 적극적으로 'No One Left Behind'라는 원칙하에 시민사회의 입장을 수용하려는 자세를 보였고, 이러한 시민사회의 동반자적 관계는 한국의 개발CSO에게도 한국적 맥락에서 앞으로 15년을 끌고 갈 개발의제를 선도적으로 주창하는 계기로 작용하였다(김태균, 2015). 따라서 Post-2015 개발의제에 대한 시민사회의 입장을 모색하는 운동을 KoFID가 중심이 되어 추진하게 된다. Post-2015 개발의제에 관한 KoFID의 입장은 (1) 복합적 위기를 극복하는 새로운 개발 패러다임 모색, (2) 불평등 문제를 개발 핵심의제로 선정, (3) 개발재원의 혁신적인 방안 모색, (4) 책무성 메커니즘의 제도화, (5) 글로벌 파

표 6 KoFID Post-2015 개발의제에 대한 한국시민사회 제안(5개 핵심제안) (2013.2)

1. 복합적 위기를 극복하는 새로운 개발 패러다임 모색
Post-2015 개발의제는 현재 국제사회가 직면한 금융/경제, 식량과 에너지, 기후변화, 핵위협 등 다중적 위기를 극복하는 새로운 개발 패러다임을 모색하는 계기가 되어야 하며, 인권, 평화/안보, 성평등, 민주주의, 생태적 지속가능성과의 상호연관성을 고려한 총체적, 전일적 시각에서 접근해야 한다.
2. 불평등 문제를 개발 핵심의제로 선정
Post-2015 개발의제는 불평등의 문제를 개발의 핵심의제로 다루어야 한다. 이러한 문제의 해결을 위해서는 인권에 기반을 둔 접근(HRBA), 생태적 지속가능성 원칙과 함께 사회적으로 가장 취약한 계층인 아동과 노인의 인권 보장을 최우선적으로 고려해야 한다.
3. 개발재원의 혁신적인 방안 모색
Post-2015 개발의제의 효과적 이행을 보장하기 위해서는 몬테레이 컨센서스를 넘어서는 혁신적인 방안이 모색되어야한다. 구체적으로 투기자본에 대한 금융거래세 도입, 지구적 군비축소, 그리고 국제협력을 통한 조세탈피 방지 등의 혁신적 조치를 통한 개발재원 확보를 위한 보다 실질적인 노력이 필요하다.
4. 책무성 매커니즘의 제도화
Post-2015 개발의제를 구속력있는 목표로 만들기 위해서는 국내외 민주적인 거버넌스를 강화하고 목표 이행을 체계적으로 모니터링 할 수 있어야 하며, 개발 관련 국제인권조약에 대한 비준과 실천 이외에 인권분야에서 시행되고 있는 국가별 인권상황 정례 검토(UPR)와 같은 제도를 개반분야에도 도입하는 것을 적극 고려해야 한다.
5. 글로벌 파트너십의 중요성
Post-2015 개발의제의 효과적 이행을 위해서는 상호책무성과 민주적 주인의식 그리고 다양한 이해관계자의 파트너십이 필수적이며, 인권, 성평등, 양질의 일자리, 환경적 지속가능성과 같은 보편적 가치가 파트너십의 기본 원칙이 되어야 한다.

※ 출처: 국제개발협력시민사회포럼, http://www.kofid.org/ko/post2015_citizen.php

트너십의 중요성으로 압축될 수 있다(표 6 참조).

한편, 2016년 하반기에 터진 이른바 '최순실게이트'의 여파로 '코리아에이드(Korea Aid)'의 국정농단 사건과 미르재단 비리에 대한 촛불혁명의 시민운동은 한국의 개발CSO가 주창적 시민주체로 재탄생하는데 결정적인 역사적 계기가 되었다. 박근혜 정권의 국정농단과 헌법유린은 국제개발협력 영역에도 깊숙이 관여하고 있었고 이에 대한 분노와 자성은 개발CSO가 서비스전달이라는 전통적 기능의 껍질을 깨고 광장에서 시위와 토론을 통해 직접민주주의와 참여민주주의를 경험하는 정체성 전환의 원동력이 되었다고 평가할 수 있다. 광장에서 2016년 12월 국제개발협력 시민사회 활동가 시국선언을 통해 기존 정권의 폐단에 대하여 개발CSO의 주창적 저항을 적극적으로 피력하였다. 또한, 촛불혁명의 과정을 통해 광장민주주의라는 참여적 통로와 함께 한국의 개발CSO가 KoFID를 통해 시민사회의 입장을 성명서로 직접 전달하고 국제개발영역에서 국정농단이 다시 재발하지 않기 위한 정치적 주창활동의 레퍼토리를 확장해 나갔다. 대표적으로, KoFID가 코리아에이드를 둘러싼 국정농단의 비리와 미르재단 등을 비판하

사진 4 국제개발협력 시민사회 활동가 시국선언 모습
※ 출처: 발전대안 피다, 2016/12/3.

고 2017년 5월 9일에 치러질 대통령선거를 맞이하여 KoFID가 국제개발협력 개혁과제에 대한 의견과 이행의지를 확인하기 위하여 대선 주자에게 공개질의서를 발송한 활동을 주목할 필요가 있다. KoFID의 19대 대선후보 국제개발협력 개혁과제에 대한 공개질의에 일부 대선주자들이 코리아에이드·새마을운동 공적개발원조(ODA) 사업 등 사익과 정권홍보를 위해 추진된 국제개발협력 사업들의 문제점을 인정하고 ODA 투명성과 책임성을 증대시킬 시스템 구축을 약속하게 된다. 공개질의와 답변의 구체적인 주요 내용은 〈표 7〉에서 확인할 수 있다.

결론적으로, KoFID를 비롯한 발전대안 피다 등의 한국 개발CSO 중 주창자 역할을 수행하는 단체들이 직면하고 있는 가장 근본적인 장애는 가용인력의 절대적인 부족과 업무의 과부화 현상이라 할 수 있다. 외부환경으로는 경제정책 관련 정부기관의 시민사회 길들이기와 박근혜 정부의 개발지상주의 중심의 ODA 정책 추진이 병행되어 온 제도적 압박이 문제로 작동했다. 앞으로 한국의 개발CSO가 기존의 서비스전달 중심의 기능에서 주창적 옹호활동으로 역할의 무게중

표 7 KoFID의 대선 주자에 대한 질의서와 답변 주요 내용

- 미르재단, K스포츠재단 등 비선실세가 주도한 '코리아에이드' 사업을 현행대로 추진하는 것에 대해서 반대
- 박근혜 정부의 '새마을운동 ODA' 사업에 대해 개발협력 모델로서 부적절하다는 국내외 평가가 있음을 인정
- ODA를 기본취지에 맞게 사용하기 위한 후보자의 정책을 제안해 달라는 질의에 'ODA 투명성과 책임성을 높일 수 있는 시스템 구축 필요에 동의
- 문제를 인정하고 개혁과제 이행에 대한 개선의지를 보인 것에 그치지 않고 실질적인 개혁과제이행을 위한 적극적인 역할 기대

※ 출처: 국제개발협력시민사회포럼, http://www.kofid.org/ko/bbs_view.php?no=60782&code=kofid

심으로 전환하기 위해서는 현재의 과도기적 단계를 극복할 수 있는 혁신적인 계기가 필요하고 이는 새로이 출범한 신정부의 개발협력 정책 방향에 따라 그 개혁의 속도와 깊이가 변화가 발생할 것이다(김태균, 2017).

VI. 맺으며: 발전국가 프레임 극복하기

개발분야에서 한국의 시민사회를 새롭게 하기 위한 전략은 좁게는 개발CSO의 주창성을 강화할 수 있는 시민사회 내외부의 환경을 조성하고 신정부의 개발협력 정책을 긴밀하게 감시하고 조율하는데 시민사회가 적극적으로 참여하는 방안을 모색해야 할 것이다. 또한 넓게는 지금까지 한국 사회와 정치에 깊숙이 배태되어 있는 발전국가식 개발주의를 청산하고 권리중심(rights-based) 접근법을 강조하는 개혁의 흐름에 개발CSO의 주창성이 주류화되어야 할 것이다. 단순히, 서비스전달 중심의 기능과 옹호활동 기능의 이분법적인 분리와 간편한 접합의 반복을 통해 개발CSO의 역할을 강조하지 않고, 역사성·총체성·책무성의 요소를 구비하는 종합적인 로드맵을 개발CSO가 숙지하고 전략화하는 것이 당위적으로나 현실적으로 발전국가 프레임을 극복하고 두 기능이 유기적으로 정합성을 바탕으로 연계되는 방안이 될 것이다.

아직까지 역사적으로 한국 시민사회에 개발협력 영역에서 애드보커시 운동을 전문적으로 전개하기 위한 연대체가 구성되지 않았으며, KoFID와 같이 느슨한 형태의 과도기적 연대체가 운영되고 있다.

또한 총체성 측면에서는 개발권(rights to development)의 인식 범주가 빈곤퇴치 등 아주 기본적인 항목으로 좁게 개발CSO에 의해 추진되고 있는 반면, 노동권·인권·이주권·다문화가정 등 다양한 의제를 포괄할 수 있는 패러다임이 부족한 것이 사실이다. 이는 결국 협소한 시공간에 적용되는 국제개발 논의에서 광의의 사회발전의 논의로 패러다임의 전환이 절실히 요구되는 국면을 의미한다(김태균, 2016a). 마지막으로 책무성의 경우, 개발CSO의 행동규범으로 이스탄불 원칙과 같은 내부 책무성 강화를 적극적으로 수용하는 것은 바람직하나, 정부 원조기관의 책무성을 감시하고 한국 ODA 전체를 아우를 수 있는 책무성 제도 도입을 강조하는 개발CSO의 주창적 역할이 필요하다.

이렇게 개발CSO의 역사성·총체성·책무성이 개혁의 궤적에 정상적으로 오를 때 한국 시민사회의 주창적 역할의 위치권력이 새롭게 구성되고 그 주류화의 노력이 개발협력 정책과 사업의 정상화로 귀결될 것이다. 다시 말해, 개발CSO의 주창성이 제도화되고 적극적으로 확장되기 위해서는 한국 시민사회가 공통적으로 목도하고 있는 국가 중심의 개발지상주의를 명확하게 개혁의 목표로 상정하고 발전국가라는 프레임을 극복하기 위한 다양한 방식의 시민사회운동과 개발CSO가 합류해야한다. 이러한 지난한 과정이 실현될 때만이 개발CSO의 역사성·총체성·책무성이 한국 시민사회의 새로운 주체로서 개발CSO를 변신시키기 위한 촉매제가 될 것이다.

참고문헌

국제개발협력민간협의회·한국국제협력단. 2016. 『2015 한국국제개발협력 CSO 편람』. 서울: 국제개발협력민간협의회.

국제개발협력위원회. 2014. 『2014 대한민국 ODA 백서: 지구촌 행복시대, 대한민국이 만들어갑니다』. 서울: 국제개발협력위원회.

김태균. 2013. "글로벌 거버넌스와 개발협력의 책무성: 수용과 남용의 딜레마." 『국제정치논총』 제53권 4호. 한국국제정치학회.

김태균. 2015. "포스트-2015 개발시대의 분절적 글로벌 개발협력 거버넌스: 유엔개발협력포럼(UNDCF)과 부산글로벌파트너십(GPEDC)을 중심으로." 『국제·지역연구』 24권 3호. 서울대학교 국제학연구소.

김태균. 2016a. "국제개발에서 사회발전으로: 한국 사회의 국제개발 정책에 대한 비판적 고찰과 사회발전론의 재조명." 『경제와 사회』 109권. 한국비판사회학회.

김태균. 2016b. "개발원조의 인식론적 전환을 위한 국제사회론: 국익과 인도주의의 이분법을 넘어서." 『한국정치학회보』 50권 1호. 한국정치학회.

이병천. 2000. "발전국가 체제와 발전딜레마: 국가주의적 발전동원체제의 재조명." 『경제사학』 28권. 한국경제사학회.

이성훈. 2012a. "국세개발협력과 시민사회(CSO)의 역할: 부산총회 이후의 맥락에서." 『국제개발협력』 1호. 한국국제협력단.

이성훈. 2012b. "효과적인 개발협력을 위한 글로벌 파트너십 출범과 시민사회의 과제: Post-Busan 이행체제에서의 시민사회의 발전방안." 『국제개발협력』 3호. 한국국제협력단.

임현진·공석기. 2014. 『뒤틀린 세계화: 한국의 대안 찾기』. 파주: 나남.

임현진·정일준. 1999. "한국의 발전경험과 '성찰적 근대화': 근대화의 방식과 근대성의 성격."『경제와 사회』41권. 한국비판사회학회.

정일준. 2015. "한국 민주주의의 사회적 구성: 자유주의 통치성과 시민형성 프로젝트."『기억과 전망』33호. 민주화운동기념사업회.

지주형. 2011.『한국 신자유주의의 기원과 형성』. 서울: 책세상.

한재광. 2016. "국제개발협력 분야 정부-시민사회 협력관계 연구: 1995-2015년 KOICA의 민관협력 프로그램 분석을 중심으로."『한국행정학회 학술발표논문집』. 한국행정학회.

Amsden, Alice H. 1989. *Asia's Next Giant: South Korea and Late Industrialization*. New York: Oxford University Press.

Bauer, Rudolph. 1990. "Voluntary Welfare Association in Germany and the United States: Theses on the Historical Development of Intermediary Systems." *Voluntas* 1(1).

Braudel, Fernand. 1992. *The Mediterranean and the Mediterranean World in the Age of Philip II*. New York: Harpercollins.

Brown, David ad Jonathan Fox. 1998. "Accountability within Transnational Coalitions." in Jonathan Fox and David Brown (eds.), *The Struggle for Accountability: The World Bank, NGOs, and Grassroots Movement*. Cambridge: MIT Press.

Chang, Kyung-Sup. 2010. *South Korea under Compressed Modernity: Familial Political Economy in Transition*. Abingdon: Routledge.

Clark, Dana, Jonathan Fox, and Kay Treakle (eds.). 2003. *Demanding Accountability: Civil-Society Claims and the World Bank Inspection Panel*. Lanham: Rowman & Littlefield.

Deakin, Nicholas. 2001. *In Search of Civil Society*. London: Palgrave.

Evans, Peter. 2014. "The Korean Experience and the Twenty-First-Century Transition to a Capability-Enhanced Developmental State." in Ilcheong Yi and Thandika Mkandawire (eds.), *Learning from the South Korean Developmental Success: Effective Developmental Cooperation and Synergistic Institutions and Policies*. Basingstoke: Palgrave.

Evers, Adalbert. 1995. "Part of the Welfare Mix: The Third Sector as an Intermediate Area." *Voluntas* 6(2).

Febvre, Lucien. 1974. *A New Kind of History: From the Writings of Lucien Febvre* (ed. by Peter Burke). New York: Harper Torchbooks.

Finlayson, Geoffrey. 1990. "A Moving Frontier: Voluntarism and the State in British Social Welfare 1911-1949." *Twentieth Century British History* 1(2).

Grindheim, Jan Erik and Per Selle. 1990. "The Role of Voluntary Social Welfare Organisations in Norway: A Democratic Alternative to a Bureaucratic Welfare State?" *Voluntas* 1(1).

James, Estelle. 1989. *The Nonprofit Sector in International Perspective: Studies in Comparative Culture and Policy*. New York: Oxford University Press.

Johnson, Norman. 1999. *Mixed Economies of Welfare: A Comparative Perspective*. Hemel Hempstead: Prentice Hall Europe.

Keane, John. 2003. *Global Civil Society?* (Cambridge: Cambridge University Press.

Keck, Margaret E. and Kathryn Sikkink. 1998. *Activists beyond Borders: Advocacy Networks in International Politics*. Ithaca: Cornell University Press.

Kendall, Jeremy. 2003. *The Voluntary Sector: Comparative Perspectives in the UK*. London: Routledge.

Kim, Taekyoon. 2008. "The Social Construction of Welfare Control: A Sociological Review of State-Voluntary Sector Links in Korea." *International Sociology* 23(6).

Kim, Taekyoon. 2011. "Contradictions of Global Accountability: The World Bank, Development NGOs, and Global Social Governance." *Journal of International and Area Studies* 18(2).

Kuhnle, Stein and Per Selle. 1990. "Meeting Needs in the Welfare State: Relations between Government and Voluntary Organizations in Norway." in Alan Ware and Robert Goodin (eds.), *Needs and Welfare*. Beverly Hills: Sage.

Kuhnle, Stein and Per Selle (eds.). 1992. *Government and Voluntary Organisations: A Relational Perspective*. Aldershot: Avebury.

Lewis, David. 2014. *Non-Governmental Organizations, Management and Development*. Abingdon: Routledge.

Lewis, David and Nazneen Kanji. 2009. *Non-Governmental Organizations and Development*. Abingdon: Routledge.

Lipschutz, Ronnie. 1992. "Reconstructing World Politics: The Emergence of Global Civil Society." *Millennium* 21.

Myrdal, Gunnar. 1974. "What is Development?" *Journal of Economic Issues* 8(4).

Offe, Claus. 1984. *Contradictions of the Welfare State*. Cambridge: MIT Press.

Preston, P. W. 1996. *Development Theory: An Introduction*. Oxford: Blackwell.

Rosenau, James N. 1992. "Citizenships in a Changing Global Order." in James N. Rosenau and Ernst-Otto Czempiel (eds.), *Governance Without Government: Order and Change in World Politics*. Cambridge: Cambridge University Press.

Salamon, Lester M. 1995. *Partners in Public Service: Government-Nonprofit Relations in the Modern Welfare State*. Baltimore: Johns Hopkins University Press.

Scholte, Jan Aart. 2011. "Global Governance, Accountability and Civil Society." in Jan Aart Scholte (ed.), *Building Global Democracy? Civil Society and Accountable Global Governance*. Cambridge: Cambridge University Press.

Seibel, Wolfgang. 1990. "Government/Third-Sector Relationship in a Comparative Perspective: The Case of France and West Germany." *Voluntas* 1(1).

Skocpol, Theda and Margaret Somers. 1980. "The Uses of Comparative History in Macrosocial Inquiry." *Comparative Studies in Society and History* 22(2).

Smith, Jackie, Marina Karides, Marc Becker, Dorval Brunelle, Christopher Chase-Dunn, Donatella della Porta, Rosalba Icaza Garza, Jeffrey S. Juris, Lorenzo Mosca, Ellen Reese, Peter Smith, and Roland Vázquez. 2016. *Global Democracy and the World Social Forums*. Abingdon: Routledge.

Tarrow, Sidney. 2011. *Power in Movement: Social Movements and Contentious Politics*. New York: Cambridge University Press.

Tilly, Charles and Sidney Tarrow. 2007. *Contentious Politics*. New York: Oxford University Press.

Uhlin, Anders. 2011. "National Democratization Theory and Global Governance: Civil Society and the Liberalization in the Asian Development Bank." *Democratization* 18(3).

Wallis, Joe and Brian Dollery. 1999. *Market Failure, Government Failure, Leadership and Public Policy.* New York: St. Martin's Press.

Ware, Alan. 1989. *Between Profit and State: Intermediate Organizations in Britain and the United States.* Cambridge: Polity Press.

Webb, Sidney and Beatrice Webb. 1920. *The Prevention of Destitution.* London: Longman

Wolch, Jennifer. 1990. *The Shadow State: Government and Voluntary Sector in Transition.* New York: Foundation Center.

World Bank. 1993. *The East Asian Miracle: Economic Growth and Public Policy.* New York: Oxford University Press.

웹사이트

국제개발협력민간협의회, 알기 쉬운 시민사회의 개발효과성(Development Effectiveness of Civil Society Organization), pdf파일(2011.10.15). http://www.ngokcoc.or.kr/bbs/download.php?bo_table=paper01&wr_id=34&no=1.

국제개발협력민간협의회

http://ngokcoc.or.kr/theme/kcoc/03/society04_04.php.

/ 5장 /

노동을 품는 시민사회, 시민사회로 나아가는 노동

박명준(한국노동연구원)

I. 들어가는 말

시민사회는 '관료의 실패'와 '정당의 실패', 나아가 '시장의 실패'를 싸매고 치료하는 역할을 하곤 한다. 오늘날 현대 사회 운영의 또 다른 균형자로서 시민사회를 빼 놓고 우리는 그 사회의 동학을 설명하기 어렵다. 그러한 현대의 시민사회가 건드리는 주제들은 매우 다양하다. 환경과 안전, 사회복지, 인권, 평화, 경제정의에서부터 교통질서에 이르기까지 국가의 행정행위가 다루지만 한계에 도달한 일체의 영역에 시민사회의 개입은 시작한다. 시민사회가 이렇게 분화된 주제를 다루는 이유는 다양하게 분화된 복잡한 현대사회의 재생산과 질서형성의 과제가 만만치 않게 넓혀져 있기 때문일 것이다.

특히 국가의 행정행위의 방향성이 처음부터 잘못되었음을 꼬집고 꾸짖는 역할을 수행하는 것은 시민사회의 주된 몫이다. 시민사회를 이야기 할 때에 우리는 주로 국가(state)와 대결하는 시민들의 자율적인 결사체들을 떠올리며, 그들이 공익(public goods)향해 저항과 참여, 캠페인과 창의적 서비스 활동 등을 전개해 가는 모습을 생각한다. 시민사회의 그러한 자기동원(self-mobilization)이 현대사회의 '국가의 실패'에 대한 보완제이자 견제장치로서 역할을 할 수 있다는 것은 현대 정치사회학이 깊게 천착하는 명제이다.

시민사회가 다루는 다양한 주제들 중에서 반드시 빠뜨리지 말아야 할 주제가 하나 있다. 바로 노동이다. 현대사회에서 노동이라고 하는 문제적 이슈와 시민사회는 자연스럽게 결합되곤 한다. 시민사회의 성역없는 비판주의는 자본주의 체제에 대한 것으로까지 이어질 수 있고 또 이어져야 한다. 노동 문제의 핵심은 임금인상 문제, 즉 기업 내 분배문제이므로, 노동문제는 시민사회가 아니라 노동조합이 다룰 성질의 것이라고 누군가 단정을 내릴는지 모른다. 그러한 태도는 노동조합의 과제를 매우 협소하게 규정하는 것이기도 하고, 시민사회의 주제 역시 편식하면서 바라보는 것이다.

한국의 민주화 과정에서 노동운동과 시민운동의 성장은 민주화의 실질적인 견인차로서 역할을 했다고 해도 과언이 아니다. 민주화운동의 르네상스였던 1990년대만 해도 민중운동과 시민운동의 영역 구분과 분업관계와 관련한 논쟁들이 활발했고 양자의 생산적 활성화가 필요하다는 것에 대해 다양한 의견들이 공론장에서 교환되곤 했다. 그러나 90년대 후반 외환위기 이후 한국의 사회경제시스템이 시장중심적 질서를 지향하는 쪽으로 재편되는 과정을 겪으면서 양자의 역할은 사실상 도전을 받게 되었고, 이후 진보운동이 한계를 겪고 정권의 보수화가 진행되면서 퇴행적인 시기를 겪었다. 그러한 가운데 노동운동은 광범위한 사회적 연대창출의 중심에 서지 못하게 되었고, 시민운동은 노동중심적, 민중중심적 아젠다를 자신의 중심적인 가치지향으로 가져가지 못하였다. 결국 사회양극화의 심화 속에서 노동운동과 시민운동 모두 무기력한 모습에서 벗어나지 못하였다.

    이 장은 이러한 한계적 상황을 극복해야 한다는 취지에서, 시민사회에 어떻게 노동의 가치를 불어 넣고, 노동운동이 어떻게 기업의 담벼락을 넘어 지역과 시민사회 나아가 전체사회의 모순들 및 개혁과제들과 함께 호흡하면서 자신의 좌표를 재정립해 나가도록 할 것인가라는 고민을 담고 있다. 그러면서 새로운 실천의 주체로서 우리 사회에 소리 없이 대두하고 있는, 이른바 '준노조'라고 칭하여질 수 있는 조직체들의 양상을 살펴보면서 그들의 활성화를 통한 새로운 가능성을 모색해 보고자 한다.

    우선 현재의 문제적 상태에 대해서 진단을 하고(II절), 준노조에 대한 원론적인 인식을 한 후에(III절), 새로운 실천양태들을 4개의 조직적인 사례들을 놓고 조명해 보고자 한다. 이들은 각각 시민사회에 있으면서 노동의 가치를 체화해 나간 쪽 2곳과 (IV절), 노동운동에서 시작해서 시민사회로 나아간 쪽 2곳으로 (V절) 나뉘어진다. 끝으로 이러한 양방향의 준노조 형성의 흐름을 어떻게 건강하게 발전시키면서, 시민사회가 노동을 품고 노동이 시민사회로 나아가는 움직임을 활성화시켜야 할지 핵심적인 시사점들을 정리하면서 (VI절) 장을 맺도록 하겠다.

II. 현실 한국의 문제적 상황: 시민사회로부터 탈구된 노동

1. 원론적 접근: 시민사회 행위자로서의 노동조합

원론적으로 자본주의 체제는 산업사회를 의미했고 노동시장에서 노동력 상품을 판매하는 노동자들로 국민들의 대다수가 구성되는 바, 그들의 권리, 인권, 안전의 문제는 시민사회가 전형적으로 관심을 갖는 주제들이다. 특히 민주공화정을 취하는 자본주의에서 노동자들은 유권자임과 동시에 시민이기도 하다.

역사적으로 현대 시민사회의 태동은 노동문제를 품으며 시작되었다 해도 과언이 아니다. 적지 않은 나라들에서 노동조합은 기업 내에 구겨져 들어가 있지 않고, 사회적 행위자(social actor)로 존재하고 있는 것이 사실이다. 서구에서 노동조합의 기원이라고 일컬어지는 길드(guild)와 같은 동업자들의 연합체는 경제활동을 수행하는 주체들이 국가에 맞서서 자신들의 이익집단을 자주적으로 구성한 것이었다.

그 결과 노동조합은 자연스럽게 주로 기업 밖에 존재해 있게 되었다. 기업 밖에서 여러 기업들의 내부와 외부의 노동시장 질서 전체를 조망하면서, 특히 각 기업들 내 일자리의 질에 대한 표준을 정립하고 그것을 유지하기 위해 노력하는 것이야말로 노동조합의 보편적 사명이다. 상이한 사업장에 위치하는 노동자들간 격차발생을 가급적 억제하면서, 평등하고 균형잡힌 노동시장 질서를 유지하려는 데에 노동조합은 힘을 쏟는다.

서구사회 노동조합의 이러한 기능은 노동조합이 산업/업종별로 구조화되어 있는 모습에서 자연스럽게 표출된다. 사회적 행위자로서 산별노조는 자신과 함께 이른바 '사회적 파트너(social partner)'를 형성하는 산별 사용자 단체와 대응관계를 이루며 존재하곤 한다. 노동조합의 이러한 존재론적 위치는 - 특히 서유럽 사회의 경우 - 노동조합에게 일정하게 시민사회 행위자로서의 위상을 수행하도록 한다.

중간집단(intermediary organization)으로서 노동조합은 노조원들의 배타적 이해실현을 위해 노력을 함과 동시에, 그것이 어디까지나 공익(public goods)과 조화를 이루도록 해야 한다. 그러기 위해서는 조직 내적, 외적으로 신뢰(trust)와 책무(accountability)라고 하는 공조직의 기본덕목을 갖추어야 하는 바, 이는 그들로 하여금 시민사회 행위자로서 사회적 자본의 증진에 기여케 하는 것이다. 그러한 의미에서, 사회학자 슈트렉은 노동조합을 포함한 일체의 이익단체들에 대해서 사회적 자본(social capital)이라고 칭한 바 있다(Streeck, 2000).

2. 한국의 노동조합: 시민사회보다는 기업 내로

오늘날 한국 대기업의 노동조합원들은 현대 산업사회에서 계급의식으로 뭉친 노동계급의 일원이라고 보기도, 공익을 향한 관심에 자신의 이해를 조율할 줄 아는 성숙한 시민으로 보기도 왠지 석연치 않다. 흔히 '실리적 전투주의(pragmatic militantism)'으로 불리워지는 이들의 운동성은 국가가 억압한 기입내 노동자들의 자율적 공긴을 확보히는 것에는 성공을 했지만, 그것을 해당 기업이 거둔 비즈니스의 물적 성과에 대해 기업내 정규직 조합원들의 이익극대화를 위한 노력으로 가득 채우는 것에 머물렀다 해도 과언이 아니다.

한국의 독점자본이 향유하는 초과이윤에 대해서 그것의 창출에 기여한 노동자들의 몫을 주장한다는 측면에서 이러한 실천은 한 동안 크게 문제시되지 않았고 오히려 사회진보를 거두는 실천으로 간주되곤 했다. 대체로 87년 이후 약 97년 외환위기가 발발할 때까지 약 10년간 한국의 노동운동은 봄의 임금인상투쟁과 가을, 겨울의 노동법 개정투쟁이라고 하는 두 가지 성격의 투쟁이 주를 이루었고, 전자는 기업 내에서 자본을 상대로 했고, 후자는 노동기본권의 전면적인 부여와 개혁이 미흡한 국가를 상대로 했다. 두 가지는 모두 민주화 도상에서 한국의 전투적 노동운동이 양손에 장착한 무기였다.

그러나 2000년대 중반까지 민주적 제도개혁이 일정하게 진척을 보이고 노동운동의 제도적 공고화가 이루어졌고, 무엇보다 외환위기를 겪은 이후 노조원들의 자기이해 안위적인 태도가 심화되면서 점차 후자보다는 전자에 치중한 노조운동의 전개가 심화되어갔다. 언제부터인가 전국노동자 대회에 수만 명이 운집하여 노동기본권의 확대를 향한 노동법 개혁을 외치는 강고한 노동운동의 대오를 좀처럼 찾아보기 쉽지 않다.

오늘날 한국 노조원들의 의식과 행위의 한계는 노사관계 제도까지 포함한 한국 민주주의의 제도의 한계에서 일차적으로 기인한다고 볼 수 있다. 권위주의 체제 시절부터 정부는 억지로 노동조합을 기업 안으로 구겨 넣으려 했고, 그러한 정치적 목적을 위하여 구축한 제도적 얼개들이 오늘날까지 이어지고 있다. 노동조합과 노조원들의 실천도 그러한 현실을 당연하게 받아들인 인식의 유산에 영향을 받고 있다.

노조원 뿐 아니다. 국민 대다수 역시 마찬가지로 여전히 우리 사회에는 노동조합을 주로 기업 안에 있어야 하는 존재로 간주하는 경향이 크다는 것을 필자는 얼마 전에 뚜렷하게 몸소 경험한 바 있다. 한번은 미래창조과학부에서 주관하는 IT산업 소프트웨어 개발자들의 처우개선을 도모하려는 간담회에 참석한 적이 있다. 그 자리에서 놀란 것은 개발자들이 자신들의 근로조건의 해결을 위한 조직체의 구축이 필요하다는 것을 하나같이 인정하면서도 그것은 노동조합이 될 수는 없다고 단언하고 있는 모습이었다. 그 이유인즉, 노동조합은 안정적인 근로자들을 위한 조직체인데 자신들은 수주계약에 따라서만 특정기업과 관계를 맺고 이 기업 저 기업 옮겨 다니기 때문에 노동조합은 자신들에게 맞는 옷이 아니라는 것이었다.

아무리 사회학의 본원적 출발이 제도와 구조를 빼 놓고 인간의 행위와 의식을 설명할 수 없다는 것에 있다고 해도, 사회학의 또 다른 자기성찰은 주지하듯이 제도환원본이나 구조환원론으로 모든 것을 다 설명할 수 없다는 것을 강조하는 것으로 이어져 왔다. 이러한 시각에서 본다면, 현재 계급도 시민도 아닌 한국 노조원들의 어정쩡한 자기정체성과 행위선택에 대해서는 보다 구체적인 새로운 설명논리가 필요할 것이다.[1]

3. 기업별 노조를 통한 노동이해대변: 연대의 차단

노동조합이 기업 안에 있을 때와 기업 밖에 있을 때 이른바 노동이해대변의 성격은 달라진다. 자본주의 사회에서 노동이해대변은 노동자들이 자주적인 결사체(association)를 결성하고 사용자들과 상이한 자신들의 이해를 증진시키기 위한 노력을 제도화시킨 것이다. 노동자들이 자신들의 이해를 대변할 결사체를 갖추어야, 노동시장에서의 불리한 계약조건을 극복하고 권리를 실현해 낼 수 있다는 것은 지난 200~300년간의 자본주의의 역사 속에서 증명되어 온 사실이다.

---

1 이는 이미 김동춘(1995)이 90년대 중반 87년 노동자 대투쟁을 분석하면서 던진 질문이기도 하고, 더 근원적으로는 독일의 사회사학자 위르겐 코카(Juergen Kocha)의 질문이기도 하다.

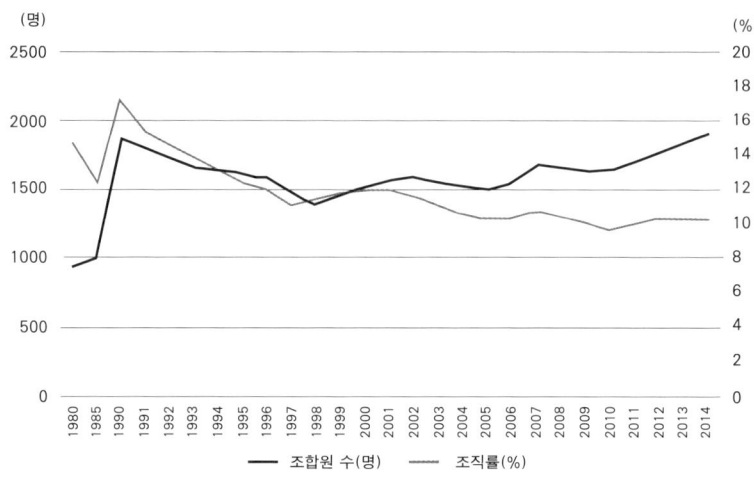

그림 1 한국 노동조합의 조합원 수 및 노조조직률 변화의 추이
※ 출처: 한국노동연구원(2016), 『2016 KLI 노동통계』, 재구성.

민주주의 정치체제가 성숙해 가면서 노동운동도 제도화(institutionalization)되었다. 그를 통해 이해대변의 추구방식, 대표성을 갖는 조직체의 요건, 갈등의 표출과 해결방식 등이 제도화되었다. 그것은 이른바 '노사관계 시스템'의 구성요소들이다. 자본주의와 민주주의의 성숙도, 노동운동의 응집력과 결속력, 그리고 사회적 이해들의 조직화 및 정치화 방식 등 다양한 요인들이 작용하면서 노사관계 시스템은 국가마다 상이한 모습을 띠어 왔다.

노사관계 시스템의 중요한 특징이자 한계는 1차적으로 노조조직율이 얼마나 되냐에 나타난다. 그것은 노동운동은 얼마나 힘이 있느냐, '쪽수'를 지니고 있느냐의 문제다. 제도의 제약이든 노동운동 주체의 역량 부족이든 한국의 노조조직율은 이미 20년 이상 10% 정도의 수준에 머무르고 있다. 이는 OECD국가들 가운데 가장 낮은 수준에 해당한다.

게다가 한국의 단체교섭 시스템 하에서는 딱 노조조직율만큼 단체교섭 적용이 이루어진다고 보아도 과언이 아니다. 이는 적지 않은 유럽의 나라들에서 (대표적으로 프랑스) 노조조직율이 낮아도 단체협약 적용율은 그 보다 높은 상황과도 차이를 보이는 모습이다.

이러한 한국의 상황은 헌법에 보장된 단결권의 혜택을 사실상 노동대중의 10%만 향유하고 있다는 것을 의미한다. 90%가 자발적이고 적극적으로 노조를 거부하고 있을리 없다면 무언가 제도와 의지의 괴리가 심한 상황임에 틀림없다. 결과적으로 여전히 국민 대다수와 노동조합간의 간극은 상당히 멀다. 노조를 친근하게 여기는 국민들은 소수다.

노조조직율이 80%를 웃도는 스칸디나비아 국가의 상황과 비추어 보면, 한국사회에서 노동조합의 이러한 모습은 큰 대조를 이룬다. 이렇게 노동조합 조직율이 낮다는 것은 노동자들의 이해대변이 원활히 이루어지지 못하고 있음을 의미한다.

사실 노동이해대변의 방식에는 노동조합만 유일한 것은 아니다. 특히 노동의 정치적 이해는 보편적으로 많은 사회들에서 노동자 정당을 통해서 대변되어진다. 적지 않은 서유럽의 국가들에서 노동조합과 노동자 정당은 서로 시암쌍둥이와 같은 존재로 간주되어 왔다(Ebbinghaus, 1995). 영국의 노동조합과 노동당, 독일의 노동조합과 사회민주당의 관계가 대표적이다.

이러한 서유럽의 보편적 흐름과 달리 산업화가 진행된 후 한국에서는 독자적인 노동자 정당을 통해 노동의 정치적 이해대변이 이루어진 적이 사실상 거의 없다고 해도 과언이 아니다. 독자적인 노동자 정당은 오랫동안 부정되었고, 냉전시대 반공이데올로기의 지배적 관철이 이어지면서, 90년대의 민주화 국면 이후에도 현재까지 노동자 정당은 제도권에 제대로 둥지를 틀지 못하고 있다.[2]

---

2 유일하게 2000년 선거에서 10석을 차지했던 민주노동당이 존재했으나,

사진 1 금속노조 기아자동차지부의 정규직·비정규직 노조 분리 가결 투표를 앞두고 경기 화성의 기아차 공장 앞에 노조 분리를 반대하는 현수막이 걸린 모습.
※ 출처: 한국일보(2017.06.05.).

결국 한국사회는 노동의 경제사회적 이해를 대변할 노동조합과 정치적 이해를 대변할 노동자 정당 모두 극히 미약한 특수한 조건을 품고서 굴러가고 있는 상황이다. 한국의 이러한 '노동없는 민주주의 (최장집, 2006)'는 향후 얼마나 더 지속가능할 수 있을까.

노동조합과 노동계급 정당의 부진 속에서 오늘날 양극화 내지 이중화로 칭하여지는 노동시장의 분화가 진행되면서, 노동이해대변 방식 역시 일정하게 분화해 가는 상황이다. 정규직, 대기업, 공공부문 중심의 노동운동이 성장한 결과 그들에 대한 노조의 적용력은 매우 크지만, 비정규직, 하청(사내, 사외)업체, 중소영세협력업체, 프리랜서

이들의 운동은 박근혜 정권 하에서 헌법재판소의 결정을 통한 통합진보당의 해산으로 치명적인 타격을 입고 말았다.

등 다양한 취약노동계층들에 대해노조는 그다지 힘을 못 쓰고 있다.

얼마 전 기아자동차 정규직 노조는 비정규직 노조와 분리선언을 했고, 문재인 정부 하에서 공공부문 내 비정규직의 정규직화를 향한 정책적 노력이 전개되는 가운데 적지 않은 정규직 노조들이 그러한 전환에 대해 반대하고 견제하는 태도를 보이는 모습을 나타내기까지 한다. 모두 노조 스스로 연대의 가치를 깊게 체화하지 못하고 있으며 자기 확장력이 떨어진 상태에 있는 양상으로 볼 수 있다. 말하자면, 노동계급 내부의 계층화 현상이 나타나고 있는 것이다.

이는 건강한 분화라기 보다 노동운동의 자기한계를 의미한다. 계급도 시민도 아닌 한국 노조원들의 단기적인 자기이해중심적 행위 지향성에 현재의 노조민주주의 제도 하에서 생산되고 또 재생산되어지는 노동조합 리더쉽이 강하게 영향을 받는 가운데 경로파괴적인 (path-breaking) 노동조합의 실천이 제약을 받고 있기 때문이다.

III. 시민사회와 노동조합의 만남: 이른바 '준노조'에의 주목

1. 준노조?

노조를 통한 이해대변이 쉽지 않은 노동약자의 영역들은 점점 커져가고 있다. 실업자들의 노동이해는 대변되지 못한다. 퇴직자들 또한 마찬가지이다. 비정규직과 간접고용의 부문에서 노동자들은 노조를 만들려 하지만 사용자들이 노동자들을 제재할 수단이 크기 때문에 여의치 않다. 만들어진다고 하더라도 노조는 계속해서 인정투쟁을 벌여야 한다. 이는 대기업과 공공부문의 정규직들이 이미 70-80년대에 겪었던 시간을 그들은 지금 겪고 있는 것이다. 노조조차 생각하기 어려운 곳들도 즐비하다. 그들을 향해 움직이는 존재들이 있다. 바로 시민사회 조직체들이다. 노동조합적 조직형태가 아닐지라도, 또 노동자 정당도 아니지만, 일종의 시민사회적 조직형태를 취하고 있으면서 우리 사회의 약자들의 일터에서의 이해대변을 위한 역할을 하는 것이다.

시민사회는 본원적으로 노동이해를 대변하는 하나의 또 다른 행위자이자, 방식이자 장(arena)으로 적극적으로 간주될 수 있다. 노동자 정당이 주로 국가를 겨냥하고, 노동조합이 주로 노동시장을 겨냥해서 노동의 이해대변을 추구한다면 이른바 제3섹터로 칭하여지는 시민사회는 정치의 영역과 노동시장의 영역이 아닌 생활세계의 영역에서의 노동의 이해대변을 추구한다고 원론적으로 이야기할 수 있다. 하지만 한국처럼 노조조직율이 낮고 노동의 정치세력화가 미미하다고 할 정도로 실패한 나라에서는 시민사회는 단순히 노동의 생활세계의 문제만 '한가하게' 다루고 있을 수 없다. 오히려 때로는 국가, 때로는 노동시장을 겨냥해서 보다 적극적으로 준노동자 정당, 준노동조합적인 기능을 수행하기도 한다.

한국에서는 개념화가 미진하지만, 외국에서는 준노조(Qausi Union)로 개념화, 범주화되는 조직체들의 실천이 주목을 받아 왔다. 특히 근래에 들어 노동시장에서의 이해대변의 공백(representation gap)이 확산되어지는 양상 속에서, 노동운동의 재활성화(revitalization)을 도모하는 경향과도 맞물리면서 하나의 대안적인 이해대변 방식으로 적극적으로 논구되고 있기도 하다. 미국의 경우 노동자센터(Workers' Center)로 칭하여지는 시민사회 내의 노동자 권리 증진을 목적으로 한 조직체들은 이주노동자들이나 주변부 노동자들의 침해받는 노동권을 겨냥하여, 상담과 캠페인 등의 방식을 통해 적극적으로 권익대변을 위한 노력을 전개하고 있다.

이들은 과거 우리나라에서 사회운동적 지향을 갖는 지식인들이 노동상담소 등을 결성하면서 공단지역에 위치하되 공장밖에서 노동자들에 대한 권익보호를 위한 노력을 기울이려던 모습과 유사하게 보인다. 주지하듯이 1960년대부터 약 30여 년간 한국은 노동이해의 자주적 대변이 억압되었던 국가였다. 그러한 억압체제를 깨뜨리려던 시도에서 나온 것이 이른바 '민주노조운동'이었고, 그 조직적 결정체가 바로 민주노총이었다. 민주노총은 1995년에 결성되었지만, 1999년에 비로소 최종적으로 합법적인 조직으로 공인을 받았다. 그렇게 따지면 자주적인 노동운동을 인정하지 않았던 시기는 거의 40년에 이른다. 그 시기 동안 노동운동 조직체들은 제도화된 노사관계 행위자로서 역할을 수행할 수 없었다. 조직 자체의 불법성이라기보다 노동조합으로서의 권위와 자격에 대한 인정이 부인되었기 때문이다.

그러한 조직체들은 일종의 시민사회 조직체로서의 성격을 지녔다. 시민사회 조직체로서 노동운동조직의 70년대의 상징은 이른바 도시산업선교회였다. 도산이 들어가면 회사가 도산한다는 루머가 떠돌았듯이 영등포 산업선교회는 이른바 '외피론'의 상징적인 구심체였다. 노동현장에서 직접적으로 자주적 노동조합 조직의 건설이 어려웠던 시기에 대학생들과 진보적 지식인들을 중심으로 외곽에서 교회의 외피를 띄고 지역에서 노동운동을 지원했던 모델이 바로 도산모델이었다.

이러한 도산모델은 1990년대 말에 한국의 노동법이 전향적으로 개정되어지기 시작하면서 그 자리가 약화되었다. 다른 말로 하면 시민사회의 노동운동에 대한 지원적 역할이 의미를 상실한 것이다. 그렇게 된 이유는 자주적 노동운동의 행위공간이 제도적인 노사관계의 영역 내에서 인정을 받고 보장을 받게 되었기 때문이다. 이제 굳이 교회를 통하지 않고도 민주노총과 한국노총 및 산하조직체들을 통하여

사진 2 인천기독교산업선교회 신앙 강좌 사진

노동이해대변을 향한 활동이 전개될 수 있게 되었다.

2. 논의 주제와 분석대상

오늘날 한국에서도 노동이해대변의 공백지대에 다양한 시민사회 조직체들이 활동하고 있다. 그것은 여러 지역, 여러 부문에서 다양하게 이루어져 있다. 그들을 준노조로 칭한다면, 거기에는 크게 두 가지 유형들이 있다. 하나는 노동조합이 시민사회로 나와서 조직화와 제도개혁을 위한 시도를 하기 위해 상설체를 형성한 것이다. 다른 하나는 시민사회 조직체들로서 노동의 이슈, 특히나 불안정, 취약노동자들의 이해대변을 위한 시도를 전면적 혹은 부분적으로 수행하는 것이다.

전자가 '시민사회로 나아간 노동조합'이라면 후자는 '노동을 끌어 안은 시민사회'라고 볼 수 있다. 그렇다면 양자는 어떠한 식으로 존재하고 있는가? 둘 모두 시민사회와 노동의 교집합을 형성한다면 이들의 활동은 어떠한 식으로 노동이해대변의 공백을 메우며 어떠한 성공과 한계를 보이는가? 노동이해대변의 확장과 시민사회의 성숙을 위해 우리가 시민사회를 새롭게 해야 한다면 어떠한 측면의 변화를 이끌어 가야 하는가?

준노조는 크게 두 가지 방식으로 구분할 수 있다. 첫 번째 기준은 준노조의 주체가 누구냐라는 것으로, 하나는 노동조합 스스로 목적의식적으로 시민사회 내지 지역사회로 나아가서 실천단위를 구축하고 노동이해대변을 위한 실천을 전개하는 식의 준노조이다. 다른 하나는 자발적 준노조로서 노동조합과 무관하게 별도로 준노조적 성격을 갖는 조직체, 기구, 플랫폼 등을 구축하여 노동이해대변에 경주하는 경우이다.

준노조를 구분하는 두 번째 방식은 그것이 정치적 캠페인이나 정책적 개입 등의 수단에 주로 몰입하느냐 아니면 노동자들에 대한 서비스 기능에 활동의 주안점을 두느냐이다. 필자는 전자를 주창형 준노조(advocacy quasi-union)로, 후자를 서비스형 준노조(service quasi-union)로 칭하고자 한다. 누가 주체가 되어 준노조를 결성하고 이끄느냐와 무관하게 준노조는 자연스럽게 이 두 가지의 활동에 주안점을 둘 수 있다.

아래에서는 비노동조합적 주체들의 주도로 구축된 준노조로 여자 개발자 모임터와 경남이주이주민센터의 활동사례를 살펴본 다음, 노동조합 주도의 지역조직체로 서울남부노동자권리찾기사업단과 인천지역연대의 두 사례를 검토하기로 한다.

IV. 사례 I: 노동을 품으려는 시민사회 조직체들

1. 여자 개발자 모임터

여자 개발자 모임터는 소프트웨어 산업 부문에서 프로그래머로 일하고 있는 여성개발자들의 모임 조직으로 인터넷 포털 〈네이버〉에 개설된 회원제 커뮤니티 웹사이트의 이름이기도 하다. 회원으로 가입한 여성 개발자들은 온라인상에 글을 올려 주로 일과 관련된 자신의 경험과 고민, 다양한 정보를 교환하기도 하고, 오프라인에서 세미나, 토론회 등을 열어 모임을 가지며 네트워크를 만들기도 한다.

여자 개발자 모임터의 설립과 발전 배경에는 열악한 직업 환경에서 힘듦과 고민을 함께 나누고 극복방향을 모색할 수 있는 자원이 부족한 여성 개발자들의 애로가 자리하고 있다. 2007년 5월 설립 이후 1년이 채 되기 전인 2008년 2월에 회원 수가 1,000명이 넘었고, 2009년 2월에는 2,000명을 넘겼으며, 2014년 10월 현재는 약 4,300명이다. 온라인 커뮤니티라는 특수성으로 인해 회원 수 일부는 허수라고 하더라도, '여성 개발자'라는 좁은 범위의 사람들이 가입 대상인 점을 고려했을 때 상당한 규모로 성장한 것이다.

이 커뮤니티의 설립자는 J 대표로, 본인이 IT 분야에서 여성 프로그래머로 일하면서 느끼는 답답함과 문제의식이 동기가 되어 커뮤니티를 개설하게 됐다. 처음 시작은 개인 한 명이 개설한 온라인 커뮤니티 사이트였지만, 이 문제의식은 개인 차원의 것이 아닌 동종 업계의 다른 여성 직업인들이라면 누구나 느끼고 있는 집단적 문제였기 때문에 가히 폭발적이라 할 수 있을 만큼 짧은 시간 동안 커뮤니티의 크기가 성장했다. 컴퓨터 프로그램이라는, 여성 직업인이 상대적으로 소수인 분야에서 일하는 여성들이 일터에서 겪는 어려움과 고민을 함께 모여서 나누고 해결 방법을 모색해나가면서 친목을 도모한다는 취지에 폭발적인 응집력을 발휘했다고 할 수 있다.

여자 개발자 모임터는 사이버 공간에서의 활동으로만 그치지 않고, 정기적으로 다양한 세미나와 토론회, 독서모임 등의 행사를 개최하여 사람들이 직접 만나 교류하기도 한다. 회원들은 평소에는 웹사이트에서 교류하다가 정기적으로 계획, 조직되는 행사에 자유롭게 참여하여 직접적인 교류를 한다. 정기 행사는 크게 세 가지로 나누어 볼 수 있는데, 하나는 약칭 'BDRS(Beautiful Developer Readership Seminar)'로 불리는 1박 2일짜리 독서토론 세미나이다. 참여자들은 1박 2일의 시간 동안 함께 책을 읽고 의견을 나누며 네트워크를 형성하는 시간을 갖는다. 다른 하나는 IT 선배 연사들을 초청하여 강연과 경험을 듣고 나누는 '릴레이 세미나'이다. 마지막 하나는 회원 친목과 다양한 소통을 목적으로 하는 '기념일', '송년회' 행사이다.

이 커뮤니티 발전의 동력은 일터 내에서의 이러한 어려움을 나누

사진 3 여자 개발자 모임터 기념일 행사
※ 출처: 블로터넷(2014.05.26.).

고 해결하고자 하는 여성개발자 개개인들의 수요가 모인 것이다. 이렇게 모인 회원 수는 2014년 10월 현재 약 4,300명에 달한다. 커뮤니티 운영자이자 여자 개발자 모임터 부회장인 L씨의 말에 따르면, 그중 1/3은 허수일 수 있으나, 그들도 여자 개발자 모임터의 성격과 완전히 관련 없는 사람들이 아니라 이곳이 궁금한 남성 개발자들이 다른 사람의 개인정보를 사용하여 가입한 것으로 추정되기 때문에, 회원 대다수가 개발자일 수 있다. 온라인 커뮤니티의 특성 때문에 진성회원이라고 할 수 있는 고정활동 인원을 추산하기는 어렵다. 다만 오프라인 행사에 참석하는 인원수로 보았을 때 여자 개발자 모임터는 상당수의 여성 개발자들을 모이도록 할 수 있는 조직적 가능성을 가지고 있는 것으로 보인다.

여자 개발자 모임터의 활동은 크게 온라인과 오프라인 행사로 구분하여 볼 수 있지만, 두 영역은 공통의 담당자, 즉 J 대표와 L 부대표, 그리고 '스태프'로 불리는 소수의 자발적 봉사원들로 운영된다. 회원들에게 따로 회비를 받거나 기관이나 단체로부터 정기적인 후원을 받는 것도 아니고, 조직 차원에서 자체 수익 구조를 가지고 있는 것도 아니기 때문에 운영위원들은 모두 무보수로, 자발적으로 일한다. 이들은 각자 직장을 가지고 있는 노동자이기 때문에, 개인시간을 내어 조직 운영을 하고 있는 중이다. 온라인 커뮤니티 중심의 조직이라, 운영을 위한 장소가 따로 마련되어 있지 않고, 오프라인 행사가 있을 때만 행사를 위한 공간을 대여하는 식으로 운영된다.

온라인에서의 활동은 가입자를 받고 회원들이 서로 자유롭게 정보를 교환하고 대화를 나눌 수 있는 웹사이트 기반을 유지·정비하는 것이다. 회원들은 이 웹사이트에 모여서 소소한 일상을 나누면서 스트레스를 풀거나, 프로그램 개발과 관련된 다양한 노하우와 정보, 배움을 얻기도 하고 회원 간 교류를 통해 네트워크를 구축하기도 하고,

직장에서 겪는 어려움에 대해 토로하고 그 해결법에 대한 조언을 구한다. 이때 문제의 해결은 여자 개발자 모임터 안에서 조직적으로 수렴되어 제도적이나 집합적으로 제시되는 것이 아니라, 회원 개개인 간의 사이버 상의 대화, 조언에 그치지만, 회원들은 문제를 터놓고 이야기하는 것만으로도 일정한 만족을 얻는다.

오프라인에서의 활동은 크게 홍보와 행사가 있는데, 홍보는 IT 분야의 대규모 콘퍼런스나 행사장에서 부스로 참여하는 방법과 J 대표의 언론 인터뷰를 통해 알려지는 식으로 이뤄졌다. 여자 개발자 모임터의 조직적 차원에서 진행하는 홍보는 2008년 '마이크로소프트웨어 25주년 기념 RIA 세미나', 2011년 'Seoul Data Engineering Camp 2011'(2011년 6월)과 같은 IT 분야 대규모 행사의 부스에 참여하는 형태로 이뤄졌다. 이러한 대외 홍보는 커뮤니티에 보다 많은 사람들이 모이도록 하는 효과도 있지만, 여성 개발자의 사회적 존재감을 환기시키는 효과도 있다.

여자 개발자 모임터에서 진행하는 정기 행사로는 앞에서도 간략히 기술한 바 있는 BDRS와 릴레이세미나, 송년회 등이 있다. BDRS는 'Beautiful Developer Readership Seminar'의 약자로, "친목도모 외의 육체적/지적으로 재충전과 지친 일상에서 빠져 나와 공기 좋은 곳에서 1박 2일로 건강식을 만들어 먹으며, 책을 선정하여 책을 읽고 토론하는 세미나"(여자 개발자 모임터 소개글)이다. 2007년부터 연 1회씩 개최하고 있으며 적게는 8명, 많게는 40명이 참여하여 주로 IT 업계 관련 책을 읽으며 교류한다. 릴레이세미나는 IT 각 분야에서 활발한 활동을 하는 인사들을 초청하여 강연을 듣고 교류하는 행사다. 기념일이나 송년회는 회원 간 친목에 보다 중점을 두는 자리이면서도 다양한 주제로 토의를 진행하기도 한다. 또한 여자 개발자 모임터는 대규모 IT 업계 행사에 공동으로 참여하거나, 각 커뮤니티의 행사에

서로 공간을 제공해 주고 정보를 공유하는 식으로 다른 커뮤니티와 회원들을 서로 소개하고 만남의 장을 마련하기도 한다.

　이러한 교류와 활동의 저변에는 함께 모여 집단을 이루고자 하는 동기와 서로 협력하여 직업과 관련된 도움을 받고자 하는 동기가 자리하고 있지만, 이를 통해 직장에서의 근로조건을 개선하거나 부당한 노사관계에서의 문제를 해결하고자 하는 의식은 거의 발견되지 않고 있다. 또한 여자 개발자 모임터와 마찬가지로, 이들 단체도 조직화의 수준이 미미하여 조직운영의 재생산 구조 자체도 불안정한 상태다. IT 업계에 집단화에 대한 잠재적 수요가 상당히 존재하고 이를 바탕으로 온라인 커뮤니티들이 급속히 성장한 상태지만, 노동조합과 같이 안정된 조직 형태와 운영 노하우를 제공받지 못해 개인적 차원의 운영에서 오는 조직적 한계에 서서히 부딪히고 있는 것으로 보인다. 그리고 이러한 문제의식은 운영자들도 인식하고 있다.

2. 경남이주민센터

경상남도 창원에 위치한 경남이주민센터는 지난 1990년대 후반에 출범하여 현재까지 약 15년 이상 한국 사회에서 이주노동자들의 권익을 대변하기 위한 조직체로서 활동을 전개해 왔다. 이곳은 한국에 체류하고 있는 외국인 노동자들의 권익을 보호하는 작업과 그들이 한국 사회에 통합되어 원활히 생활해 가는 것을 돕는 활동을 전개한다. 대체로 고용허가제를 통해서 입국, 체류하고 있는 외국인 근로자들 및 현행 제도의 테두리를 벗어나 존재하는 불법체류자들까지도 활동의 주된 대상들이다. 이곳의 주된 활동은 이주민들의 안정적인 정착활동을 위한 각종 활동들과 다문화 사회의 비전을 고민하는 콘텐츠를 개발하고 문화교육활동을 하는 것이다. 구체적으로 이곳이 수행하는 사업은 주로 상담, 교육, 복지, 그리고 자치사업 등으로 나뉘질 수 있다.

1998년 설립 당시에는 이주노동자들의 법률구제활동을 중심으로 운영되면서 노동조합 지향의 활동을 하다가, 외국인 노동자의 노조 활동을 금기시하는 사회적 분위기와 한국인 노동자 중심의 기존 노조의 배타성으로 인해 그 방향을 전환하여 교민회를 중심으로 한 문화·복지 사업으로 활동 범위를 확장하였다. 현재는 이주민 노동자들의 산재 신청, 임금 체불과 같은 노동 관련 상담을 여전히 하면서도, 보건·의료 서비스와 한국어 교육 서비스 등 생활 서비스를 제공하고 교민회를 운영하며 다양한 문화 행사를 개최하고 있다.

경남이주민센터는 처음 출발 자체가 노동을 화두로 한 활동들 중심이었다. 소위 '외국인이주·노동운동협의회'의 초창기 활동가들이 주축이 되어, 이주민과 관련된 노동상담소를 개소하여 활동을 전개하였다. 그들은 대체로 종교에 기반을 두고 있었고, 대개는 한국 노동운동의 주변부에서 의식화 교육을 맡았던 이들이다. 그러다 1990년대 말에 민주노총이 출범을 하면서, 이들이 한국의 노동자들을 대상으로 한 교육이나 주변에서 지원하는 활동의 무게와 의미가 약화되었다. 그러한 역할은 이제 민주노총에서 주도적으로 하는 구조로 바뀐 것이다. 민주노총으로 국내 노동운동에 대한 지원역할이 넘어간 후, 자연스럽게 그 지리에 외국인 노동자의 의제가 차지하게 되었다. 기존에 노동자교육과 노동운동지원 활동에 몸을 담고 있던 대표나 상근 활동가들이 주축이 되어 자신들이 구축해 온 노하우와 네트워크를 기초로 하여, 외국인 노동자의 문제를 떠안게 되었다. 경남이주민센터의 주도 인물들은 애초부터 노동에 대한 관심이나 이해를 가지고 있는 이들이었고, 활동 역시 그러한 의식을 가지고 2001년 무렵까지 전개되었다.

2000년대 중반 이후부터는 노조 형태보다는 교민회 형태로, 공격적인 이슈파이팅보다는 문화·복지·자치활동 사업으로 외국인 노동자들의 이해를 대변하려 했다. 특히 노동운동이 강했던 지역적 기반을 바탕으로, 외국인 노동자들이 수혜 식으로 생활·복지 서비스를 받는 것이 아니라 주체적으로 활동을 꾸려나갈 수 있게 기반을 마련해 주었기 때문에 그 규모가 사회적으로 주목할 만한 수준으로 성장했다. 2005년과 2006년에는 각각 노동부장관 표창과 문화관광부 표창을 수상했고, 2007년에는 정보통신부 여성결혼이민자 정보화 교육기관으로 선정되어 역할하기도 했으며, 2009년부터는 '경남이주민한글학교'를 개설하고 '창원다문화어린이도서관'도 개관하여 이주민들의 생활과 복지를 도왔다.

이렇게 전환된 틀을 바탕으로 센터 조직의 사회적 안정화에도 성공을 거두었다. 2014년 현재 센터는 사단법인 형태를 취하고 있으며, 1인의 대표와 40인의 이사회로 구성되어 조직이 운영된다. 이사회에는 실무진이나 활동가들뿐 아니라 외국인들도 참여하고 있다는 점이 특징적이다. 실무진은 상담팀, 다문화팀, 행정팀, 기획팀, 쉼터관리팀 등 5개 팀으로 나뉘어서 각 사업을 진행한다. 일반회원은 125명으로 총 165명의 회원들이 조직을 구성하고 있으며, 여기에 경남이주노동자 연대회의, 다문화가정연대, 경남이주민한글학교, 자원봉사자회, 엔젤클리닉과 나눔한방진료소(의료단체)가 연관기관으로 참여하고 있다. 경남이주민센터의 상근자와 실무자들은 현재 과거와 같은 노동운동가적 성격을 지니고 있지는 않다. 자원봉사자들도 상대적으로 소박한 인도주의적 태도를 취하고 있는 편이다. 대개 그들은 센터에 합류하면서 일정하게 재교육을 받고, 자원활동가라는 자기 정체성을 강화하게 된다. 이주와 노동이라고 하는 두 가지의 굵은 화두가 센터의 방향성이라고 할 수 있기 때문에, 그에 대한 교육은 철저히 이루어지는 편이다.

경남이주민센터의 활동에 적극적으로 참여하는 이주노동자들이 어떤 견고한 노동운동 조직체와 같이 이념을 기초로 한 실천 활동을 전개하는 것은 아니다. 센터는 사회적 시민권이라고 하는 기본적인 권리를 이주민들도 누리도록 하게 도와주는 단순한 과제에 집중을 한다. 상담이 필요한 상황이 대두했을 때, 이제는 이주민 활동가들이 주축이 되어 그에 대한 대응활동을 전개하도록 이끈다. 누군가 찾아 왔을 때, 그냥 법률상담을 해주겠다는 것이 아니라, 그 이주민이 속한 나라의 교민회 회장을 찾아가서 그를 통해 센터에 요청을 하도록 이끈다. 이런 식으로 이주민 조직체 스스로 역할과 권위를 갖추도록 유도한다.

과거에 '상담'에 주안점을 많이 둔 편이었으나, 근래에 들어서는 가급적 상담은 줄이고 있다. 상담을 빈번히 받았던 때에는 상담 요원 10~20명이 매달려도 1인당 100건씩 처리해야 하는 힘든 상황에 빠지곤 했다. 근래에 들어서는 노동부가 외국인 근로자 지원센터를 창원을 포함, 전국적으로 7곳을 만들고 있기 때문에, 경남이주민센터는 그러한 역할을 자신들이 굳이 지속할 필요를 못 느끼게 되어, 이제는 상담을 받겠다고 찾아오는 이들을 그쪽으로 보내는 편이다. 다만, 임금체불과 같은 유의 단순하고 전형적인 상담이슈 말고, 산업재해와 관련한 배상의 문제 등 노하우를 필요로 하고 전문성이 요구되는 상담 쪽은 여전히 관여를 하는 편이다.

센터의 활동 가운데 주요한 것으로 정책활동도 존재한다. 센터는 대개 해마다 선거철이 다가오면, 이주민 정책과 관련한 어젠다를 구축해 그것을 주요 정당들에 보내 정책에 반영할 것을 요구한다. 기본적으로 '120만이 넘어가는 이주민 사회라고 하면 이주민 커뮤니티의 사회통합을 위해서라도 그분들을 대표할 수 있는 무언가가 책임성 있는 정당이라면 필요하다. 이것은 보수와 진보의 문제가 아니다'

라고 하는 인식을 지니고 있다. 센터의 정책활동과 관련하여 주요한 성취라고 내세울 수 있는 대표적인 것은 지방에 '인권 조례'를 제정케 한 것이다. 현재 우리나라 대부분의 지방자치단체들은 외국인주민인 권조례를 만들어 놓고 있는데, 이는 경남이주민센터가 최초로 제안을 해서 시도된 것이며 이후에 확산이 된 것이다.

센터의 또 다른 주요활동은 문화 활동이다. 대표적으로 '맘프(MAMF)'라고 불리는 이주민 문화 축제와 한국어 교육센터를 꼽을 수 있다. 맘프(MAMF)는 경남이주민센터 산하에 있는 다양한 국가의 교민회가 모여 함께 주최·참여하는 문화 축제로, 해마다 십만 명 단위의 규모로 이주 외국인들이 모여 참여한다. 이러한 규모는 여느 정부기관이나 복지단체에서도 동원하기 힘든 규모로, 경남이주민센터의 집합 역량과 이해대변의 폭을 상징적으로 보여준다. 또 다른 사업인 '경남이주민한글학교'에서는 한국인 봉사자들이 외국인에게 한글을 가르치는 식이 아니라, 외국인들이 스스로 동포들에게 한국어를 가르칠 수 있도록 경험과 지식을 쌓게 한다. 이들을 교사로 하여 한국어 수업을 운영함으로써 교육의 효과를 높이고 외국인들의 주체성을 향상하

사진 4 MAMF 홈페이지.
※ 출처: http://www.migrantsarirang.co.kr

는 이중의 효과를 거두고 있다.

　이런 식으로 이주노동자들은 경남이주민센터를 중심으로 자신들의 문화를 향유하고 동포들과 모여 교류할 수 있는 터를 제공받고, 그 속에서 한국과 본국에서 주체적 노동자로서 동료 노동자들을 위해 리더십을 발휘할 수 있는 역량을 교육받는다. 이렇게 센터의 활동 초점이 노동에서 벗어나 문화의 영역으로 분산된 것은, 외국인 노조활동에 대한 성숙하지 못한 한국 사회의 풍토 때문으로 볼 수 있다. 직접적인 노동의 이해대변을 이루지 못하는 상황에서, 이주노동자와 외국인에 대한 사회적 배제부터 해결하기 위한 노력에서 나온 전략 수정이라고 해석할 수 있다. 이러한 문화 활동이 노동의 이해대변과 관련하여 중요한 지점은 이를 통해 노동운동의 의식화 교육에 해당하는 활동을 진행한다는 점이다.

　이외에도 센터는 이주노동자가 본국에 돌아간 이후에도 제3국으로 다시 떠나 이주노동자 생활을 영위해야 하거나 본국에 정착하지 못하는 경우가 많은 현실에 대한 대안책으로 귀환·재통합 지원 프로그램을 운영하고 있으며, 의료기관에 대한 이주노동자의 접근이 쉽지 않은 현실에 대한 대책으로 창원시의사회 소속 66개 병원·의원으로 구성된 엔젤클리닉과 나눔 한방진료소 소속 15개 한의원과의 연계를 통해 의료서비스를 지원하고 있다. 이주노동자가 한국 사회에서 마주하고 있는 어려움이 비단 노동의 영역에만 국한된 것이 아니기 때문에, 이렇게 다각적이고 포괄적인 지원이 필요한 것이다. 경남이주민센터는 이러한 수요를 여러 활동을 통해 선도적으로 응집·해결해나가고 있다.

V. 사례 Ⅱ : 시민사회로 나아가려는 노동조합들

1. 서울남부노동자권리찾기사업단

서울남부노동자권리찾기사업단은 한마디로 노동조합과 사회운동 조직의 연합(coalition)과 같은 형식을 띠는 조직체로, 다양한 조직들이 '노동이해대변'을 위한 노력을 힘을 모아 전개하는 사례이다. 보다 구체적으로 이곳은 노동운동과 사회운동의 협력에 기초하여 서울남부지역, 구체적으로 구로공단지역에 적합한 노동의제를 발굴하여 지역투쟁을 전개하고 조직화 성과를 거두고자 한다.

이곳은 민주노총의 이른바 '전략조직화사업'으로 칭하여지는 적극적인 미조직노동자 조직화 이니셔티브의 일환으로 구축된 사례들 중 하나로, 중소영세업체 위주의 공단 조직화 사업을 오랫동안 벌여온 금속노조 남부지회의 주요 노조 활동가들의 문제의식에 기반해서 태동했다. 그들은 지역 사회운동과의 적극적인 연합을 통해 지역 조직화가 가능하다고 판단했다. 사업단에 참여한 사회운동단체들도 미조직 불안정 노동자들의 조직화가 한국 사회의 불평등 구조를 혁파하고 진보적 변화를 이끌어내는 데 매우 중요한 운동 영역이라는 문제의식을 지니고 있었다. 서울남부노동자권리찾기사업단은 이러한 양측의 문제의식의 접점에서 구축된 창의적인 시도였던 것이다.

2011년 2월 공식 출범시 노동조합과 시민운동 단체들을 아우르는 상당히 광범위한 여러 조직체들이 참여를 했다. 구체적으로 노동조합으로는 민주노총 서울본부, 민주노총 서울본부 남부지구협의회, 금속노조 서울지부 남부지역지회, 사무연대노조, 공공노조 서울본부, B노조, IT노조 등이 참여했다. 사회운동단체로는 사회진보연대, 전국

불안정노동철폐연대, 한국노동안전보건연구소, 노동자살리기 남부운동본부, 민주노동당 구로·금천구위원회, 진보신당 구로구당원협의회, 노동환경건강연구소, 산업재해노동자협의회, 노무법인 노동과삶, 전국학생행진 등이 참여했다.

사업단 최초의 단장은 민주노총 서울본부의 임원이 맡았고, 공동집행위원장은 민주노총 서울본부 조직화 담당자와 금속남부지회 임원이 맡았으며, 실무집행위원(교육팀, 조직팀, 정책기획팀)으로는 여기에 참여하는 여러 노동조합 및 사회단체의 활동가들이 역할을 수행했다. 사업단의 상설 집행체계는 민주노총 서울본부, 금속남부지회, 사회진보연대, 민주노총 남부지구협의 활동가 4~5명이 담당하였고, 2주에 한 번꼴로 집행위원 전원이 참여하는 전체회의가 열려왔다.

사업단의 활동이 출범 직후부터 활발히 전개되었던 것은 아니다. 참여조직들 간에 민주노총이 추구했던 이른바 '전략조직화사업'의 구체적인 방향과 수단에 대한 합의 정도가 높지 않았기 때문이다. 공동 사업의 경험이 일천한 상황에서 내부 갈등의 발생은 당연지사였다. 사업단 구성 준비단계까지 포함해 거의 일 년 동안 내부적으로 치열한 토론과 논쟁, 때로는 갈등 상황이 계속되다가 이러한 초기의 혼란과 갈등은 점차 수습되었다. 전략조직화사업의 성과를 별도의 공단노조나 지역일반노조 설립을 통해서가 아니라, 지역의 핵심 노조였던 금속남부지회로 담아내자는 데에 의견이 모아졌다. 지역 조직화 사업의 구체적인 상을 공동의 헌신적 실천을 통해 잡아 가며 초기 갈등은 극복될 수 있었다.

서울남부노동자권리찾기사업단은 노동자들을 노조원으로 조직화한다는 적극적인 목표의식 하에 앞서 언급한 주창형 준노조로서의 역할에 주로 치중을 했다. 그 일환으로 지역노동자 5대 의제를 선정해서 활동을 전개했는데, 그것은 △최저임금 인상, △인력공급업체를 통한 중간착취 철폐, △연봉제의 월급제로의 전환, △5인 미만 사업장 근로기준법 전면 적용, △다치지 않고 죽지 않고 일할 권리의 보장 등이다. 이러한 목표를 내걸고 지역 수준에서 노동조합과 사회운동 간의 항시적 연합을 구축하겠다는 의도 하에서 활동해 왔다. 창립 이후 사업단은 약 3년여 동안 내부토론, 정책수립, 실태조사 등을 기초로 지역의 노동자들이 대중적으로 호응할 수 있는 의제를 선택하고 이에 대한 대규모 선전과 상담을 통해 지역의 여론을 조금씩 움직여나갔다. 이 과정에서 만나게 된 수천 명의 노동자들의 연락처를 확보하고 이들에게 정기적인 선전 및 홍보 작업을 지속하였다. 특징적인 것은 일반 노동자들이 쉽게 위험부담 없이 참여할 수 있는 서명운동, 설문조사, 유인물 배포, 개별상담 등을 주요 조직화 전술로 배치하여 오랫동안 일관된 캠페인을 펼쳤다는 점이다. 더 나아가 그 캠페인의 성과를 초보적인 수준의 '지역협약' 형태로 구체화하여 지역사회에서 사업단이 공신력 있는 노동단체로 인정받게 되었다.

  초기에 공단조직화 전략을 구체화하기 위한 정책 사업의 일환으로 민주노총의 전략조직화사업 예산을 활용하여 공단 노동자에 대한 설문조사를 벌였다. 지역 노동자의 임금 및 노동조건에 대한 구체적인 현황을 분석하여 지역 노동자의 요구를 파악하고, 그 과정에서 설문조사에 응하는 노동자들과 관계를 맺거나 상담을 진행하며 이후의 후속사업을 위한 기반을 닦고자 했다. 2011년 4월과 5월에 지역 내 11개 거점에서 아침 출근시간과 저녁 퇴근시간에 총 15회 설문지를 배포·수거하였고, 이를 통해 총 3,070명의 노동자로부터 설문 응답을 수거하였다. 이에 더하여 총 221명의 노동자들을 상대로 주제별 실태조사를 추가로 진행하여, 노동조건과 노동시장, 사내복지, 지역 생활세계, 노동안전 등에 관한 조사를 진행하기도 했다. 설문조사들에 대한 분석 결과는 연말에 공개되었고, 이는 서울남부지역에 적합한 조직화 전략을 구축하는 데에 도움이 되었다. 당시의 설문조사 자료는 이후 계속해서 사업단 활동의 기초자료로 활용되었다.

사업단은 지역의 노동자들이 대중적으로 공감할 수 있고 큰 위험부담 없이 참여할 수 있는 이슈를 발굴하려는 노력을 기울였다. 그 일환으로 2011년 하반기부터 금속남부지회 소속 현장 조합원들과 토론을 벌이면서, 작더라도 현장의 변화를 이끌어낼 수 있는 의제를 찾고자 한 결과 '무료노동' 이슈를 택하였다. 공단의 사용자들이 근로계약서상의 근무시간과는 달리 업무시작 시간보다 일찍 출근시키거나 업무종료 이후에 부대업무를 시키는 관행을 부각시키고 척결하고자 한 것이었다. 그 해 10월과 11월 '무료노동 이제 그만'이라는 슬로건을 채택, 지역에서 대규모 선전전을 벌였다. 그러면서 사업단은 이 의제가 지역공단에서 노사 모두에게 중요한 이슈임을 확인하게 되었고, 이듬해 상반기에 이와 관련하여 총 32,000여 장의 선전물을 배포하고 30여 명의 노무사들과 함께 무료노동 관행에 대한 상담을 전개해 갔다. 그 결과 지역의 노동자들 사이에서 조금씩 변화의 움직임이 나타났고, 금속남부지회의 현장분회 노동자들을 중심으로 작업장 내부의 여론을 움직여 가게 되었다.

이 캠페인의 성공에 자신감을 갖게 된 사업단은 2012년 하반기에 구체적인 성과로 남을 수 있는 새로운 캠페인을 기획했는데, 그것은 바로 '근로기준법을 지켜라' 캠페인이었다. 이 캠페인은 노무사들로부터 직접 서명을 받아 고용노동부를 압박하려는 것이었다. 2012년 10월에 35,000부의 선전물을 배포했고, 현수막을 30곳에 게시하였으며, 200여 장의 포스터를 현장 곳곳에 부착했다. 이러한 대규모 선전전을 벌인 결과 10월 한 달에만 3,000여 명의 노동자들로부터 직접 서명을 받았고, 신고접수된 근로기준법 위반사례 30건을 진정 및 청원, 고발하였다. 이를 바탕으로 사업단은 고용노동부와 서울디지털산업단지의 사용자단체에 '근로기준법 준수 협약'을 요구했다. 고용노동부 관악지청은 '근로기준법 준수 실무협의'를 제안하였고, 그 협의체에 구로구청과 금천구청 등의 지방자치단체, 그리고 공단 사용자단체(서울디지털산업단지경영자협의회)도 참여하면서 지역 수준의 노사정 협의가 진행되었다. 5회에 걸친 실무협의 끝에 2013년 5월에 '일하기 좋은 서울디지털단지를 위한 공동선언'이 채택되었다. 그 주요 내용은 △근로계약서 미교부, 불법 시간외 근로 신고센터를 설치하여, 개인과 노동단체 등이 제기하는 신고사항에 적극 대처하고, △노동자·사용자를 대상으로 노동법 교육을 실시하기 위해 제 단위들이 적극 협력하며, △근로기준법 준수 사업장에 대해서는 구로구청과 금천구청이 인센티브를 부여한다는 것이었다. 여기에 참여한 단체는 민주노총 서울본부 남부지구협의회, 한국노총 구로-금천지부, 노동부 관악지청, 구로구청, 금천구청, 서울디지털단지경영자협의회, 경남밸리산업협회, 대한상공회의소(구로, 금천), 근로복지공단관악지사 등이었다. 공동선언에 참여한 지역 노사정은 서울디지털단지 내 근로자건강센터 유치를 위해서 노력하기로 하였고, 2013년 4월에 서울근로자건강센터가 단지 내에 개소하게 되었다.

창립 이후 사업단은 약 3년간 내부토론, 정책수립, 실태조사 등을 기초로 지역의 노동자들이 대중적으로 호응할 수 있는 의제를 선택하고 이에 대한 대규모 선전과 상담을 통해 지역의 여론을 조금씩 움직여나갔다. 이 과정에서 만나게 된 수천 명의 노동자들의 연락처를 확보하고 이들에게 정기적인 선전 및 홍보 작업을 지속하였다. 특징적인 것은 일반 노동자들이 쉽게 위험부담 없이 참여할 수 있는 서명운동, 설문조사, 유인물 배포, 개별상담 등을 주요 조직화 전술로 배치하여 오랫동안 일관된 캠페인을 펼쳤다는 점이다. 더 나아가 그 캠페인의 성과를 초보적인 수준의 '지역협약' 형태로 구체화하여 지역사회에서 사업단이 공신력 있는 노동단체로 인정받게 되었다.

2. 인천지역연대

인천지역에 기반을 둔 노동운동과 사회운동의 결합적 실천체인 '인천지역연대'를 다루고자 한다.[3] 이곳의 정식명칭은 "민주주의 확대, 신자유주의 반대, 반전평화를 위한 인천지역연대"이며, 민주노총 인천지역본부가 중심이 되어 구성한 조직체이다. 2010년 3월 3일 공식 출범식을 가진 이곳은 출범선언문에서 "민주주의의 부패를 목격하고 이제 더 이상 이를 묵과할 수는 없다"며 "민주주의에 역행하는 정부에 공동 대응해 나가는 연대체계가 절실히 필요하다"는 인식을 공유하면서 출범을 결행했다고 밝혔다. 출범 당시, 이 조직에는 진보정당들을 비롯해 인천연대, 인천빈민연합, 사회진보연대, 사람연대, 천주교교구노동사목, 여성노동자회, 한국민족예술인총연합 인천지회 등 이 지역에서 활동하는 41개의 단체들이 참여하였다.

    인천지역연대는 자신의 목적을 "신자유주의 세계화 정책을 철폐하고, 노동자·민중의 노동권·생존권을 지키며, 민주주의 실현을 위한 투쟁을 지속하는 것"으로 규정했다. 그러면서 이를 위해 ▷여성, 비정규직, 빈민, 장애인, 이주 노동자의 주체형성과 권리확대를 위해 투쟁할 것 ▷의료, 소득보장, 에너지 등의 공공서비스와 교육 공공성 확대를 위한 사회공공성 투쟁을 적극적으로 의제화할 것 ▷보수정부의 반통일정책에 반대하고, 한반도 평화정착을 위한 통일운동, 반전평화

---

3 인천은 노동조합과 시민사회단체가 항시적이고 안정적인 연대 조직을 형성하여 활동하고 있는 것으로 잘 알려져 있다.

운동을 전개할 것 ▷자연과 인간이 공존하는 친생태적 사회 구성을 위한 지역적 의제를 적극 발굴할 것 등을 핵심적인 사업 내용으로 제시하고 있다.

2014년 현재 인천지역연대에는 민주노총 지역본부를 포함해 산별노조 및 연맹의 지역본부[4]를 포함해 36개 단체가 참여하고 있다. 노동조합 지역조직을 뺀 참여 시민사회단체는 26~27개에 이른다. 이들 단체들이 주로 이슈로 삼고 있는 것은 환경, 사회복지 등 광범위한 이슈로부터 지자체 예산 감시 활동 등 구체적 이슈까지 매우 다양하다. 활동은 각 단체들이 제기하는 이슈에 대한 공동 활동 계획을 수립하여 전개하고 있다. 노동 이슈를 비롯하여 지역시민의 요구와 권리, 민주주의를 확대하기 위해 지자체에 대한 감시와 개입활동 등에 이르기까지 폭넓은 활동을 펼치는 점이 특징이다.

인천지역연대의 결성은 과거에 이 지역 시민사회단체들이 한 단체가 여러 곳에 "발을 걸치고" 있으면서 사안이 생길 때마다 조직을 새로 구성하고 움직여야 하는 비효율성을 극복하겠다는 배경을 지녔다. 이곳의 결성 이후에는 사안이 발생할 경우 대표자회의를 통해 공동 대응할 것인지를 안건화하여 상정하고 공동 대응의 필요성이 제기되면 인천지역연대의 내부조직들 차원에서 활동에 결합해 들어가는 식으로 연대활동이 손쉬워졌다. 그리고 만일 내부 이견으로 인해 공동 대응에 대한 합의가 이뤄지지 않을 경우에는 부결시키고 참여 단체들 자체적인 판단에 의해 개별적인 활동을 벌이면 되는 것이다.

---

4 '인천지역연대'에는 산별노조나 연맹의 지역본부들도 참석하고 있다. 금속, 건설, 공공, 보건의료, 전교조, 화섬, 공무원, 대학 등 지역본부가 참석하고 있고, 서비스연맹이나 교수노조 등 민주노총 산하 연맹 중 지역본부가 없는 조직에서만 참여하지 않고 있다.

이곳은 주로 지역 차원에서 공동으로 논의해야 할 것에 대한 합의에 입각하여 공동 대응하고 있다. 예컨대 '세월호 참사 국민대책회의'처럼 전국 차원에서 떠오르는 이슈가 있어서 공동대응 방안을 모색하는 경우가 있는가 하면, 각 참여조직에서 사안을 제기하여 대응하는 경우도 있다. 광범위한 연대 조직이 필요한 사안에는 인천지역연대의 이름으로 시민대책위에 참여한다. 참여조직이 공동대응의 필요성을 제기한 경우, 안건을 제기한 조직이 인천지역연대가 취해야 하는 입장이나 내용을 생산하고, 이후 수립된 활동에도 좀 더 적극적인 활동을 벌인다. 특정 사안에 대해 공동 대응할 것인지 내부 협의를 진행하고 합의되지 않으면 각 조직들의 자율적인 판단에 맡긴다.

조직체계는 대표자회의-집행위회의-사무처회의 등이다. 각 회의는 정기성을 가지는데 대표자회의는 한 달에 한 번 개최되고 집행위회의가 격주로 열린다. I지역에서 가장 큰 조직이라 할 수 있는 민주노총 지역본부의 본부장과 시민단체 중 인천연대의 대표가 인천지역연대의 공동 상임대표를 맡고 있다. 사무처장이 상근 또는 반상근 형태로 업무를 맡아 진행하고 있으며, 상근비는 조직에서 지불한다. 상근비와 사업비 등 재정 확보를 위해 각 단체들은 매달 회비를 내고 있다. 조직 규모에 따라 최저 3만 원부터 최고 20만 원까지 매달 회비를 걷고 있다. 참여 조직의 약 70% 정도가 회비를 내는 등 참여도는 높은 편이다.

특히 민주노총 인천지역본부는 인천지역연대에 참여하는 핵심 주체이다. 가장 많은 회비를 내는 것은 물론이거니와 1층 사무실을 별도로 제공하여 인천지역연대의 상근자나 반상근자의 사무실로 활용할 수 있도록 하였으며, 각종 회의 장소를 제공하고 있고, 집회나 선전전 등 조직원 동원 면에 있어서도 매우 큰 역할을 담당하고 있다. 노동조합 입장에서 봤을 때 노동계 이슈에 대한 시민사회단체의 지원과 여론의 지지를 얻기 위해 시작된 인천지역연대 활동은 공무원 연금 개혁 문제뿐 아니라 롯데의 골프장 설립 계획을 막아낸 계양산 살리기 운동, 미군부대 이전 부지 시민공원 만들기 사업, 인천시 인천 예산 감시 운동 등으로 확산되어 갔으며, 이러한 활동에 민주노총이 주요한 역할을 담당해 왔다는 점이 특이하다.

인천지역연대의 상설체화는 "따로 또 같이"의 전형으로 매우 실용적이다. 상설 조직이기는 하지만 참여 단체들의 성격이 다양해서 결합도가 높은 것은 아니다. 특정사안이 발생하면 집중하여 대응하지만 일상적으로는 독자적인 자기 조직 활동에 주력하고 있다. 전형적인 네트워크 조직의 특징이라 할 수 있다. 함께 움직여야 할 때 일상적이고 지속적인 연대 활동의 경험을 축적한 상시적인 연대 틀을 갖추고 있기 때문에 일사불란한 공동대응이 가능할 뿐 아니라, 각 단체들의 전문 분야를 살린 활동으로 인해 일방적으로 한 쪽에만 도움이 되는 방식이기보다는 서로에게 도움이 될 수 있는 구조인 것이다. 더욱이 함께하기 힘든 조건일 때는 독자적이고 자율적인 의사결정을 인정하고 있어 참여에 따른 부담을 줄여준다는 장점을 가지고 있기도 하다.

진숙경(2014)은 대부분 모든 지역이 처한 조건이 비슷함에도 불구하고 유독 이 지역에서만 상설적인 연대 네트워크 조직이 구성된 이유에 대해 "이 지역이 다른 지역에 비해 정치적 견해 차이에도 불구하고 함께 활동해 온 경험이 축적된 결과이며, 민주노총 지역본부에서 리더십을 잘 발휘해 왔기 때문으로 볼 수 있다"고 해석한다. 어느 지역에서나 민주노총 본부가 가장 큰 조직이기 때문에 대중조직으로서 노조가 중심을 잘 잡으면 정파 간의 갈등을 조정하는 역할을 할 수 있는 상황이라는 것이다.[5]

---

5 진숙경(2014)에 따르면, 다른 지역에 '인천지역연대'와 같은 노동조합을 포함한 시민사회단체들이 참여한 상설적인 연대 조직이 없는 것은 아니다.

VI. 맺는 말

애초에 역사적으로 민주주의의 성장은 시민사회의 성장과 노동운동의 성장의 병렬적 과정이었다고 할 수 있다. 노동운동의 결사체들은 노동조합으로 제도화되기 이전에 대체로 시민사회 조직체이자 사회운동 조직체로서의 성격을 띠었다. 노동조합이 제도화된 이후에도 노동조합은 전략적으로 시민사회를 적극 활용하기도 한다. 이른바 '사회운동노조주의(social movement unionism)'의 경우에는 노동조합 운동이 시민사회적 실천을 보다 적극적으로 벌이는 식으로 운동성의 강화와 의제의 확장 도모를 강조한다(Webster, 1988). 요컨대 노동운동은 시민사회와 교집합을 이루며, 자연스럽게 시민사회는 노동이해대변의 또 다른 장으로서 기능을 할 여지가 있다.

한국의 경험을 보아도 민주화는 시민운동과 노동운동의 쌍두마차가 적지 않은 역할을 했다. 대체로 1980년대 후반부터 약 10년의 시기가 두 활발했던 시기였다. 그 이전 과거 불법화되었던 노동단체들은 시민사회의 확장과 함께 합법화되었고, 자주적 노동조합의 결성역시 함께 보장이 되었다. 이후 정권교체 후에는 시민사회와 노동운동 모두 보다 정권에 더 가깝게 접근하면서 역할을 수행했다. 2000년대 초중반, 한국에 복지국가적 제도기제들이 한창 발전할 때에 노동조합은 시민사회와 연대하면서 그것을 가능케 하는 데에 일정하게 기

예를 들어 '민중의 힘'의 경우는 전국적 조직 위상을 가진 상설 연대체라 할 수 있는데, 지역지부가 존재하기도 하지만 특정한 정치적 성향의 조직들의 모임으로 인식되고 있으며, 정치적 입장을 뛰어넘어 지역의 광범위한 연대를 이끌어내는 데는 한계가 있어 보인다.

여를 했다. 시민사회 역시 노동문제를 시민권의 중요한 영역으로 삼으며 그것의 실현을 위해 매진했다.

오늘날처럼 양극화가 극심화되어 있는 상황에서 조직노동의 기업내부에서의 물질적 이해극대화 전략은 사회적으로 뿐 아니라 노동운동 내부에서도 설 자리가 없다. 노동조합을 기업 내부의 행위자로 호명하는 제도적 기제들도 그러한 협소한 노조의 이해추구활동을 부추기는 꼴이다. 노동조합이 기업 내부노동시장 가꾸기 전략에 몰입하여 정규직 조합원들이 '기업에서의 사회적 시민권(corporate social citizenship)'을 증진시키는 시도만으로는 이 시대가 요구하는 노동운동이라고 볼 수 없다. 적절한 사회적 시민권의 향유가 특정 대기업이나 공기업에 취업한 이들에게만 부여되는 기회가 되는 불평등한 사회구조는 문제가 있다. 노동운동은 스스로 이 체제 자체에 대해서 문제제기를 하고 그에 대결하고 그것을 지양하기 위해 나서야 한다.

그러는 사이 우리의 시민사회에는 다양한 단체들이 소외되고 주변화된 노동의 이해를 미약하게나마 대변하려는 노력들이 전개되고 있다. 노동조합은 기업 밖으로 나와서 그러한 시도들과 광범위하게 연대해야 할 뿐 아니라, 자신들의 기득권을 내려 놓는 한이 있어도 새로운 운동의 판과 초기업적인 포괄적 노사관계 틀을 적극적으로 가꾸어 가야 한다. 준노조들은 계속해서 조직노동에게 말을 걸며 운동정치의 심화와 확장이 궁극에 제도정치의 영역 확대로 나아갈 수 있도록 노력해야 한다. 그러한 시도의 중요한 매개고리가 바로 사회적 대화(social dialogue)이다.

최근 우리 사회의 노사정대표들은 지난 20년간 유지되어 왔던 노사정위원회를 없애고 새롭게 경제사회노동위원회를 출범시키는 데에 합의했다. 그러한 노력은 정치권의 호응을 얻어 5월 임시국회에서 곧장 법제화되었고, 이제 우리의 사회적 대화는 새로운 시대를 열어갈 수 있게 되었다. 경제사회노동위원회가 노사정위원회와 다른 결정적인 점은 여기에 참여하는 주체들이 조직노동이 아닌 미조직, 취약노동들까지도 확대되어 있다는 점이다. 심지어 비정규직, 청년, 여성들을 중심으로 해서 이른바 '계층별 위원회'를 구축하여 그들만의 의제 개발을 위한 공간을 별도로 운영하기로 했다.

이러한 시도는 다양한 준노조들로 하여금 사회적 대화에 참여할 수 있는 기회를 증진시킬 것으로 기대되며, 운동정치가 제도정치로 이어지는 소중한 매개고리 역할을 할 것으로 보인다. 앞으로 다양한 준노조들과 노조들이 함께 머리를 맞대고 우리의 척박한 시장주의 체제 안에서 인간성을 가꾸는 교두보 및 그 내용성들을 마련하고 구현해 간다면, 우리의 민주주의의 수준과 국민들의 삶의 질의 향상에 실질적인 기여를 할 것이며, 나아가 그러한 시스템의 안정화는 우리 경제가 포용성장과 혁신성장을 이루는 데에도 중요한 주춧돌이 될 것이다.

참고문헌

김동춘. 1995. 『한국사회 노동자연구-1987년 이후를 중심으로』, 서울: 역사비평사.

진숙경·유형근. 2014. "기존 노동조합 주도의 비노조적 방식의 이해대변 시도: 시민사회와의 연대와 네트워킹 강화." 박명준 외, 『노동이해대변의 다양화와 새로운 노사관계 형성과정』. 한국노동연구원, 172-200(제5장).

최장집. 2006. "노동 없는 민주주의로의 전환: 일본사회당의 실패에 관한 한 해석." 『아세안연구』 49(2)권 2호, 2006.

한국노동연구원. 2016. 『2016 KLI 노동통계』.

Ebbinghaus, Bernhard. 1995. "The Siamese Twins: Citizenship Rights, Cleavagd Formation, and Party-Union Relations in Western Europe." *International Review of Social History* 40(3), 51-89.

Streeck, W. 2000. "Verbände als Sozialkapital. Vom Nutzen des Korporatismus in einer Gesellschaft im Wandel." in: VerbändeReport, 4. Jg., Nr. 7, 2000, S. 32-40.

Webster, E. 1988. "The rise of social-movement unionism: the two faces of the black trade union movement in South Africa." 1976-86. In: Frankel P et al., (eds) *State, Resistance and Change in South Africa*. New York, NY: Croom Helm, 174-196.

웹사이트

MAMF 홈페이지. http://www.migrantsarirang.co.kr.

기사검색

김지현. 2017. "정규직에 버림받은 기아차 비정규직 노조, 하청·일용직 끌어 안아(사진: 박세인 기자)." 『한국일보』(6월 5일). http://www.hankookilbo.com/v/df6598a77c15498eb509606046633906.

이지현. 2014. "함께 얘기해요, 여성 개발자의 삶." 『블로터넷』(5월 26일). http://www.bloter.net/archives/193828.

/ 6장 /

주민과 시민 사이:
한국 사회적경제 활동의 약한 고리*

공석기 (서울대학교 아시아연구소)

I. 한국 사회적경제 활동의 부상 및 도전

저자는 지난 2012년 사회적기업 연구를 시작으로 한국 시민사회가 소위 신자유주의 세계화에 대한 대안 찾기 과정으로 한국의 사회적경제 활동에 적극적으로 참여하는 것을 주목하고 연구하기 시작하였다 (공석기, 2014b). 그동안 한국의 사회적경제 활동 노력은 이른바 정부 주도의 '추격모델'(catch-up)로서 다른 나라와 달리 위로부터 적극적으로 추진하였다는 점에서 성과를 빨리 확인할 수 있다는 점에서 희

---

* 이 장은 저자의 최근 저작 『주민과 시민 사이』(2017, 진인진)의 일부 내용과 사례를 활용하였음을 밝혀둔다.

망적으로 보이지만 동시에 사회 전반에 연결된 경제적 활동이기에 그 구체적인 열매를 풀뿌리 차원에서 찾기는 쉽지가 않다는 한계를 보이고 있다(공석기·임현진, 2015; 2017). 특히 시민사회 역시 사회적경제 활동에 적극적으로 참여하면서 지나치게 캠페인이나 운동의 방식으로 접근하는 한계를 보였다. 시민사회 운동처럼 사회적경제 목표도 헌신적으로 추진하면 달성할 수 있을 것이라는 순진한 생각을 가진 것도 사실이다.

한국 시민사회가 사회적경제 영역으로 깊숙이 개입하고 있는 현상에 대한 관심을 가지면서 그것을 구체적으로 구현하고 있는 경제조직, 즉 사회적 기업, 마을기업, 협동조합을 자연스럽게 연구하게 되었다. 사실 2012년 협동조합 관련법이 통과되면서 협동조합은 놀랄만할 정도로 증가하였다(김기섭, 2012; 김현대 외, 2012; 국토연구원, 2014; 충남연구원, 2014). 이는 정부주도의 성격이 강한 것이 사실이다. 최근에는 사회적기업과 협동조합을 통합하는 사회적경제법을 만들고자 노력하고 있지만 교착상태에 빠져있다. 하드웨어적인 제도적 환경이 조금씩 갖추어지고 있지만 문제는 현장에서 구체적으로 작동하는 소프트웨어에 대한 이해와 경험은 아직까지 턱없이 부족한 상황이다.

특별히 사회적기업, 협동조합, 마을기업 등의 가장 큰 문제는 복지와 사회적경제 활동 시스템을 연결하는 고리가 약하다는 점이다. 지금은 육아, 주거, 교육 등의 복지에 필요한 사회적 서비스를 협동의 방식으로 해결하면서 안정적인 복지공동체를 지역 주민들이 자발적으로 형성하고 있다. 그런데 이것이 단순한 사회적 서비스를 넘어서 사회 전반의 경제경역으로 나아갈 수 있느냐가 최대의 과제인 것이다. 이탈리아 볼로냐와 트렌티노는 협동조합의 성지로서 협동조합이 기존 자본주의 경제체제 속에서 경쟁력을 갖추면서 실제 시장모델을 능가하는 경우도 많으며 협동조합 방식으로 총수익의 40%까지 차지할

사진 1 지속가능한 사회적경제 생태계 사례(이탈리아 트렌티노) ⓒ공석기

정도로 시민의 삶 속에 배태되어 있는 상황이다(스테파노 자마니 외, 2012; Restakis, 2010). 서구와 같이 한국에서도 건강한 사회적경제 생태계를 구축하는 것이 무엇보다 중요한 과제로 부상하고 있다. 안타깝게도 그 동안 지역기반의 사회적경제 활동을 보면 자생적으로 생존할 수 있는 사회적경제 조직을 이루는 것을 너무 쉽게 생각한 경향이 두드러진다(구자인 외, 2011; 국토연구원, 2014). 마을기업, 협동조합, 사회적기업 등에 대한 정부정책은 물론 시민사회 스스로도 피상적인 이해에 머물고 있다. 이것이 바로 '한국 시민사회를 새롭게 하라'는 도전과제가 사회적경제 활동과 연결되는 부분이다.

사회적경제 조직의 설립 현황을 보면 정부와 시민사회가 얼마나 이 영역에 큰 관심을 가지고 있는지를 쉽게 확인할 수 있다. 중앙에서 인증을 받아야 하는 사회적기업은 2017년 5월 현재, 총 1,741개이며,

지방정부가 관리하는 예비적 사회적기업은 총 971개이다. 협동조합의 증가도 비슷한 상황이다. 2017년 5월 말 현재, 총 11,344개의 협동조합이 설립되었고, 그 중에 일반협동조합이 10,606개, 일반협동조합연합회 53개, 사회적협동조합 680개, 사회적협동조합협의회 5개가 설립되었다. 그러나 문제는 설립 이후 협동조합의 운영실태이다. 기획재정부가 3년마다 실태조사를 실시하고 있지만 그 결과를 일반 국민에게 자랑스럽게 알리지 못하는 속내가 있다. 그 이유는 바로 설립을 신고한 협동조합 중에 10%도 제대로 운영을 하지 못하고 있다는 것을 확인했기 때문이다.

본 장에서 소개할 사례는 전국에서 성공적으로 운영하고 있는 대표적인 사회적경제 조직이다. 각각의 특징을 분석하고 이들이 마주하는 장애물을 진단하는데 초점을 맞추고자 한다. 각 사례는 사회적경제가 내세우는 자주, 자립, 자조의 원칙 위에서 공생과 연대의 사회적 가치를 구현하기 위해 헌신과 혁신을 발휘할 수 있는 지역사회 생태계를 어느 정도 갖추고 있는지를 보여 줄 것이다. 사회적경제 생태계는 외부에서 만들어지는 것은 결코 아니다. 지역에 기반을 둔 주민 혹은 시민 스스로가 이러한 사회 생태계를 만들어가는 것이다. 한국의 경우 비록 사회적 경제활동 생태계를 아직 갖추고 있지는 못한 경우에도 그 열정과 비전을 갖고 있는 사람들이 많다는 것은 희망적이다 김현대 외, 2012; 유창복, 2014; 충남연구원, 2014).

그 동안 한국의 사회적경제 활동이 서구의 협동조합의 성공 경험을 베끼거나 조합하는 것에서 벗어나고자 애쓰고 있다. 그렇지만 이런 추격노력이 위로부터 주도된 경우, 풀뿌리 차원에서 지속가능성을 확보하기 어려울 정도로 많은 장애물이 존재하는 것을 발견하게 된다(하승우, 2014; 조지 수사·로저 허먼, 2015). 앞서 강조한 것처럼 서구의 경험을 보면 협동조합이 일반기업을 이기고 있다. 그 이유는 협동조합의 협동이고 연대체의 역할이 중요하기 때문이다. 이탈리아 볼로냐 지역의 경우는 협동조합에 참여하는 지역 주민들의 연 소득이 5만 불이며, 기술 수준도 높고, 협동조합이 삶의 구석구석까지 스며들어 있다. 즉 유치원에서부터 버스, 주거, 마트 등등 지역 경제활동의 상당 부분이 협동조합으로 운영되고 있다(Defourny et al., 2014; Restakis, 2010; Quarter et al., 2009; 2015). 과연 이러한 건강한 사회적경제 생태계를 어떻게 형성 및 유지할 수 있을까?

한국의 경우도 사회적경제 활동이 조금씩 성과를 보이면서 몇몇 지역이 부상하고 있다. 호남의 진안과 전주-완주 지역, 그리고 수도권의 성남과 안산 지역에서 사회적경제 활동이 성과를 보이고 있다. 그 이유는 무엇인가? 풀뿌리 지역 주민 스스로 그 답을 찾고자 노력하고 있다. 저자는 그 과정을 다섯 가지 연결고리-리더십, 신뢰, 혁신, 학습/민주주의, 거버넌스/지원제도-로서 진단하고자 한다. 더 나아가 향후 과제로서 연대체의 역할을 강조하고자 한다. 최근 사회적경제 활동을 활성화하기 위해 다양한 중간지원 조직이 지역 차원에서 설립되고 있다. 그러나 그 작동방식이 수평적이지 못하고 칸막이 형태의 수직적 연계에 머물고 있다. 이런 견지에서 협동조합의 협동을 견인하는 중간지원조직의 수평적 협력과 사회적경제 생태계 구축을 강조하는 것으로 결론을 대신하고자 한다.

II. 사회적경제 활동의 지속가능성 문제와 마주하다

급부상하고 있는 사회적경제 활동이 경제공동체로 전환이 왜 어려운가? 이 전환과정에서 마주하는 장애물은 무엇이며 이를 어떻게 극복할 수 있을까? 경기도의 따복공동체는 이러한 한계를 동시에 극복하고자 지역공동체와 사회적경제 활동을 결합하는 차원에서 따복공동체라는 개념을 만들어 야심적인 지원 사업을 추진하고 있다. 그러나 그 사업에 대한 평가는 시간을 두고 진행할 필요가 있다. 풀뿌리 지역주민들이 사업을 통해 어떠한 변화를 경험하고 있는지에 대한 충분한 사례연구가 진행되지 않았기 때문이다.

사회적경제 활동의 지속가능성 문제는 한국 사회적경제 활동의 가장 약한 고리이다. 그 지속가능성을 제고하기 위한 중요한 변수로 지역 주민간의 신뢰와 사회적경제 활동에 혁신의 균형적 결합이 중요하다. 신뢰만 강조하는 것에는 한계가 존재한다. 또한 혁신적인 사업 성공만을 강조하다 보면 주민 안에서 형성되는 신뢰와 협동이 사라질 위험이 존재한다.

일례로 전주 남부시장의 '청년몰' 사업의 부침을 주목하자. 전주시는 중앙정부의 프로젝트를 수행하기 위해 남부시장 옥상에 청년들에게 가게를 차릴 수 있는 공간을 조성해 주었다. 이 '청년몰' 사업은 전통시장 살리기 프로젝트의 대표 사례로 히트를 쳤다. 문제는 참여하는 젊은이들이 자발적으로 협력을 경험해야 하는데 그것 없이 사업부터 진행했던 것이다. 협동조합을 추후에 추진하고자 했지만 참여자들이 사회적 가치를 충분하게 합의하지 않은 상태에서는 어려움이 존재했다. 외부 지원이 끝나자 그 동력도 사라지고, 일자리, 청년, 사회적경제 등의 표어만 난무한 채 참여자들의 자발적 협동과 연대는 제대로 형성되지 못한 상태이다.

다음으로 대구 동구 안심마을 '땅 이야기2' 실패사례도 주목할 만하다. 전통적으로 대구 동구는 장애인, 보육 공동체가 잘 이루어진 곳이다. 이러한 협동경험을 토대로 지역주민들이 로컬푸드 사업으로 확장하였다. 우수 마을기업으로 선정되어 상금 5,000만원을 어떻게 사용할 것인가를 고민하였다. 몇 달 남지 않은 회계연도 안에 그 상금을 집행해야 하는 고충을 감안하다 하더라도, 주민들은 사전에 충분한 시장조사와 기술보유 등을 고민하지 않은 채 당시 트렌드인 빵 사업을 선택하고 값비싼 기계를 도입하는 무리한 사업 확장을 추진했다. 결국 마을기업 '땅 이야기2'를 새로 시작하는데 추가로 2억 원이 더 소요되는 무리한 결과로 이어졌고, 이 매장은 곧 문을 닫고 말았다. 이는 기존의 건강한 주민 복지공동체에서 출발하여 열정으로 사회적경제 활동에 참여하였지만 여러 가지 한계와 어려움을 마주한 대표적인 사례이다. 조직, 사람, 기술, 운영 등의 혁신이 수반되지 않았던 것이다. 지역 공동체 구성원의 충분한 사전 토론, 연구뿐만 아니라 구성원 간의 민주주의적 과정을 충분히 거치지 않은 것이 문제의 핵심이다. 지역 주민 간의 신뢰와 열정으로만 사회적경제 활동을 접근하는 것이 어떤 결과를 낳는지를 잘 보여주는 사례이다.

이처럼 지역공동체와 사회적경제 활동을 동일시하는 한계를 확인할 수 있다. 대부분의 지역에서 협동조합으로 시작하는 것은 교육, 보육 등을 중심으로 협동조합을 진행하고 이것이 조금 발전하면 주거와 의료서비스에 초점을 맞추어 지역공동체를 활성화한다. 이것을 토대로 도시락, 마을카페 등을 새롭게 시작하기도 한다. 그러나 어느 정도 수익을 올리고 있지만 몇 년 안에 성장의 한계를 경험하고 있다. 사회적경제 활동의 지속가능성을 제고하기 위해서는 리더십, 헌신, 신뢰만으로는 부족하다. 다양한 혁신, 구성원의 민주주의 학습, 물적 제도적 지원이 순환적으로 결합되어야 한다. 하나의 경제조직을 넘어서 지역 차원의 사회적경제 생태계의 차원에서 접근할 필요가 있는 것이다.

시민사회가 지역단위의 사회적경제 활동에 적극적으로 참여하기 위해서는 순환적 연결고리로 마을 단위의 사회적경제 활동을 접

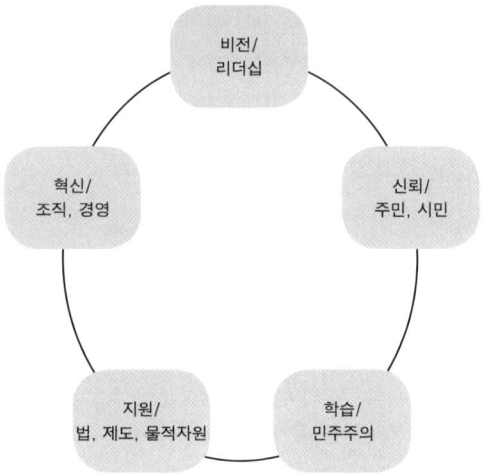

그림 1 마을단위 사회적경제 활동의 순환적 연결고리

근하는 것이 중요하다. 그 핵심 연결고리로는 비전(리더십), 신뢰, 혁신, 학습/민주주의 그리고 거버넌스/지원제도이다. 이 다섯 가지 순환적 연결고리가 어떻게 작동하고 있는가를 사례를 통해 살펴보고, 어느 것이 약한 고리이며, 이로 인해 야기되는 장애물은 무엇인가를 고찰하는 것이 중요하다.

〈그림 1〉에서 제시한 것처럼, 연결고리의 핵심 두 축은 신뢰와 혁신이다. 지금 많은 사회적경제 조직들의 지속가능성이 저하되는 것은 혁신의 부재 때문이다. 혁신의 실패가 사회적경제 활동의 피로감을 높여주고 구성원 간의 신뢰감을 저해하고 있다. 특히 사회적경제 활동 과정에서 참여자의 경계를 일정 지역으로 제한한 것이 혁신을 제고하는 데에 걸림돌이 되고 있다. 경계를 융통성 있게 확장하는 것이 혁신을 제고하는 하나의 단초가 될 수 있다. 이것이 지역 주민에게만 초점을 맞추는 것이 아니라 주민이 지역의 경계를 자연스럽게 넘나들며 사회적경제 활동의 포괄적 측면, 즉 협동의 협동을 강화하는 것이

중요하다. 이것이 주민이 시민으로 한 단계 뛰어 넘을 수 있는 중요한 계기가 된다(공석기, 2014a; Smith, 2008). 부연하면 혁신과 신뢰를 제고할 수 있는 것은 주민이 곧 시민의 영역으로 그 시각과 활동의 폭을 넓히는 것이다. 사실 신뢰는 단시일 내에 형성되는 것이 아니다. 장기적인 상호연계 활동을 공동으로 경험하는 것이 중요하다. 많은 성공한 복지공동체의 경우가 그 활동이 주민의 차원에만 머물고 있어 그 주민이 시민으로서 성장하는데 지렛대 및 채널이 부족하다. 사회적경제 활동이 그 공간이고 지렛대가 될 수 있는 것이다. 이 사회적경제 활동을 공동체의 공동의 기억으로 공유하는 것이 중요하며 그것이 축적될 때 주민 더 나아가 시민으로서 신뢰가 강화된다. 일회적인 로컬푸드 구매로는 결코 공동체 구성원이 될 수 없다. 농산물을 넘어 가공식품 및 공산품을 함께 고민하고 궁리하여 만들어서 유통하고 소비하고 그것을 재활용하는 것까지 주민과 시민들이 함께 나서야 한다. 이러한 포괄적인 과정을 고려한 정부의 제도 및 물적 지원이 절실하다. 이러한 외적 지원 및 제도가 없다면 지금 같은 대기업 중심의 유통시장에서 사회적경제 조직은 그 안으로 들어갈 수 없다. 이를 강화시킬 수 있는 것은 생산, 소비, 유통과정에 정부는 물론 시민사회 모두가 힘을 모아야 한다. 갈등이 존재하지만 동시에 상호 학습하고, 토론과 설득을 통해 동의를 이끌어내는 과정을 통해 시민들이 사회적 가치를 체화하는 것이 무엇보다 중요하다. 이것이 순환적으로 연결되지 않으면 사회적 경제활동의 지속가능성은 취약해질 수밖에 없다. 안타깝게도 최근 사회적경제 활동은 이러한 연결고리가 여전히 약한 상태라는 것을 보여주고 있다.

III. 주민과 시민 사이의 연결고리를 찾다

한국 사회는 신자유주의 세계화 영향으로 저성장, 혹은 무성장의 도전을 마주하고 있으며, 그 대안으로 사회적경제 활동의 급부상을 주목하고 있다. 풀뿌리 차원에서 진행되고 있는 다양한 사회적 경제활동을 중심으로 개인들이 협력, 결속, 공생, 연대의 경험을 통해 '주민과 시민 사이'를 오가는 모습을 보이고 있다. 풀뿌리 사회적경제 활동을 주도하는 새로운 경제조직 단위로는 마을기업, 사회적기업, 협동조합 그리고 중간지원조직이 있다. 지역 주민들은 이러한 새로운 경제조직을 적극적으로 활용하여 교육, 주거, 복지 등의 소소한 사회적 서비스를 해결하고 있으며, 이를 통해 상생, 연대, 나눔, 소통의 경험을 이어가면서 주민간의 신뢰를 쌓음으로써 공동체를 구축하고자 노력하고 있다.

그러나 이것이 단지 마을 경계 안에서만 머문다면 어떨까? 제한된 삶의 경계 안에서만 자신의 생각과 활동 범위를 제한한다면 그것 또한 사회변화를 가로막는 부작용을 일으킬 수 있다. 주민으로서의 건강한 마을공동체 구성원이 되는 것은 무엇보다 중요하다. 그런데 단순히 주민으로서의 삶에 안주한다면 그것 또한 지역 혹은 마을 이기주의로 전락할 수 있다. 주민이 시민으로 나아가는 것이 사회적경제 활동의 지속가능성을 제고하는 핵심과제이기 때문이다.

한국 사회는 이러한 주민을 넘어 시민으로의 변화 가능성을 보이고 있는가? 물론 서구사회의 오랜 경험에 비추어 볼 때, 아직까지 실천 경험이 부족한 상황에서 그것을 진단하고 전망하는 것은 시기상조일 수 있다. 최근 활성화되고 있는 사회적 경제활동의 출발점이자 원동력이라 할 수 있는 마을이 주목된다. 전지구적 차원의 사회적 양극화라는 거시 문제를 해결할 수 있는 실마리를 미시적 맥락에서 찾고자 하는 노력이 큰 흐름을 이루고 있다. 이것은 마을이라는 미시적 공간에서 진행되고 있는 사회적 경제활동이다(임현진·공석기, 2014). 마을을 중심으로 진행되고 있는 사회적 경제활동의 지속가능성의 요인을 밝혀내는 것은 매우 중요하다. 전통적으로 구성된 마을이 최근 초고령화로 인해 힘을 잃어 가는 상황에서는 마을을 어떻게 새롭게 할 수 있는가를 고민하게 된다. 한편 새롭게 형성된 마을은 어떻게 지속가능하게 만들 수 있는가를 고민하게 된다. 그러나 '마을만들기'라는 개념 자체가 많은 한계를 내포하고 있다. 외부에서 자원을 동원하여 인위적으로 만든다고 마을이 만들어지는 것은 아니기 때문이다. '마을만들기'가 아니라 '마을가꾸기'라는 표현이 더 적합할 수 있다.

이런 견지에서, 시민사회가 새롭게 주목하고 있는 풀뿌리 단위의 마을을 성찰하면서 이 공간을 중심으로 진행되는 다양한 사회적 경제활동에 대해 심층적으로 분석하는 것은 매우 중요하다. 마을 사람 간의 신뢰는 어떻게 형성되는가, 그리고 공생, 연대, 자립 등의 사회적 가치는 어떻게 체득되는가 등의 질문에 대한 올바른 답을 찾는 것은 한국 사회의 미래를 예측하고 이에 대한 적합한 대안을 마련할 수 있는 매우 중요한 이론적, 실천적 문제이다.

IV. 지역 마을에서 답을 찾다

1. 대구 동구 안심마을

대구는 시민사회가 약하고 사회적경제 활동도 다른 지역에 비해 활성화되지 않은 것으로 잘 알려져 있다. 그 동안 광역 및 기초자치단체장이 사회적경제 영역에 대해 큰 관심 및 지원을 보이지 않은 것이 하나의 이유가 될 수 있다. 다른 지역에 비해 상대적으로 닫힌 기회구조임에도 불구하고 대구 동구의 안심마을 지역은 사회적경제 활동이 매우 활발하여 주목된다. 안심마을은 아래로부터 다양한 주민모임이 이미 형성되었고, 이것이 사회적경제 활동과 만나면서 교육, 복지, 경제 등의 협동조합을 추진하고 있다. 사회적협동조합 〈동행〉이 추진하고 있는 도심형 텃밭 활용 프로그램과 사회적 약자의 고용기회 확대를 위한 도시락 사업은 주목할 만하다. 이외에도 안심마을에는 방과후 프로그램, 지역 도서관, 장애인을 위한 일자리 창출, 그리고 로컬푸드 활성화를 위한 안심협동조합이 운영 중에 있다.

대구 안심마을은 사회적경제 활동이라고 할 수 있는 교육, 복지 활동을 시작한 지 8년이 되었고, 본격적으로 협동조합이나 마을기업을 추진한 것은 2010년 이후이다. 대구 지역사회는 정치적으로 시민사회에 우호적인 공간은 분명 아니다. 아직 수평적 거버넌스도 제도로 성립되어 있지 못할 뿐만 아니라 사회적경제 생태계 구축을 위해 각 지역에서 설립하고 있는 중간지원센터에 해당하는 마을공동체지원센터도 2015년 가을에서야 어렵게 만들어졌다. 이런 상황에서 사회적경제 조직 간의 네트워크 조직을 구성하여 협력하는 것을 기대하기 어렵다. 대구 동구라는 기초단위 지역에서 이러한 협의체를 처음 만들어서 사회적경제 활동을 전개하려고 하지만 아직도 많은 한계가 존재한다.

대구 안심마을에서 주목할 만한 협동조합으로는 사회적협동조합 〈동행〉, 〈안심 로컬푸드협동조합〉 그리고 안심마을 주택협동조합 〈공터〉 등을 들 수 있다. 〈동행〉은 2010년부터 지속가능하고 좋은 일자리 창출, 지역사회와 함께하는 마을형사회적기업의 성공적인 모델 창출

그리고 공유와 협동을 통한 새로운 도시공동체의 모색을 비전으로 웰도시락 사업, 율하한마음축제, LH사와 공동으로 도심형 마을 텃밭사업을 수행하고 있다. 이후 2013년에는 사회적기업으로 인증받고 2014년에 사회적협동조합으로 전환하였다.

〈안심생활협동조합〉은 2011년 주민 45명이 마을기업의 형태로 기획하여 안심 주민생활커뮤니티를 설립하여 2012년에 마을기업매장 '땅 이야기'와 '사람이야기' 사업을 시작하였다. 2013년 최우수마을기업으로 선정되었고 이후 안심협동조합으로 발전하여 2014년 기준 400명의 조합원이 참여하고 있다. 주요 사업에는 협동 및 먹을거리 교육을 통한 공동체 사업과 친환경 로컬푸드 매장이 있다.

주택협동조합 〈공터〉는 대구 동구지역의 발달장애아동에 대한 지원활동과 긴밀한 연계를 맺고 있다. 공터에 자리 잡고 있는 한사랑 발달장애인 자립센터는 1992년에 저소득 중증장애 유아를 위한 한사랑어린이집으로 시작하여, 2000년에는 장애청소년학교 한사랑을 개교하였고, 2003년에는 사회복지법인 한사랑을 설립하였다. 2013년에는 발달장애인 자립지원센터 및 평생교육센터를 개소하였고, 2014년에는 주택협동조합 공터를 기반으로 현재의 공간을 마련하게 되었다. 이 센터의 핵심 활동은 발달장애 청년들의 교육과 취업 교육이다. 공터에서는 발달장애인의 권익옹호 및 자립생활 컨설팅, 장애인 마을공동체사업, 평생교육, 직업교육으로서 바리스타 프로그램을 진행하고 있으며, 이 교육이 실제 지역 사회적경제 영역과 긴밀하게 연결되고 있는 특징이 있다.

이처럼 다양한 사회적경제 활동이 추진되고 있지만 동구 안심마을 사회적경제 활동의 뿌리는 장애인복지 운동에서 비롯된다. 대구와 같은 도시에서 지역공동체가 지속가능한 사회적경제 공동체로 발전하는데 혁신의 한계를 경험하고 있다. 이러한 한계에도 불구하고 대구 동구의 도심형 텃밭의 협동 경험은 세대 간 소통의 장이며, 로컬푸드와 공공자산을 이해시키는 사회적 학습의 장이다. 안심마을 지역 주민간의 상호 신뢰는 높은 편이지만 아직까지 이것이 경제활동의 또 다른 핵심 축인 혁신으로 나아가지 못하고 있다. 특별히 '땅 이야기2' 사례가 보여주듯이 사회적 경제생태계를 장기적으로 구축하기 위해서는 기획, 사업확장을 꾀할 때 소비자 시민과의 협력이 중요하다. 주민에 머문 사회적 경제활동이 아니라 시민까지 확대되는 경제활동이 되기 위해서는 다양한 시민들이 소비자로서 구성원으로 참여해야 한다. 혁신과 더불어 민주주의가 중요한 과제로 부각되는 지점이다.

2. 서울 마포구 성미산마을

서울시 마포구 성미산마을은 마포구 성산동 일대의 특정 지명이 아니라, 성산동 성미산 일대에 위치한 여러 마을공동체들이 모인 지역을 아울러 말한다. 성미산 마을은 70개가 넘는 다양한 지역주민 모임이 활동하고 있다. 성미산 지역공동체 내 다양한 주민 모임이 운영되고 있으며 이것은 오프라인 및 온라인이 상호 결합되어 운영되고 있다. 성미산 지역 공동체는 1994년 20여 가구의 젊은 맞벌이 부부들이 모여 공동육아 어린이집을 운영한 것에서 시작해 점차 교육, 주거, 문화 등 다양한 분야에서의 공동생활을 지향하는 대표적인 도시형 지역공동체로 성장하였다. 지난 2001년 성미산 개발 계획에 환경 파괴를 우려한 주민들의 반대 활동 즉, 성미산지킴이 활동이 외부에 알려지면서 '성미산 마을'이라는 명칭이 생겨난 것이다.

현재 성미산 마을에서 다양한 사회적경제 조직들이 활동하고 있다. 사회적경제 활동으로는 공동육아 어린이집, 방과 후 어린이집, 대안학교인 성미산 학교, 반찬가게인 동네 부엌, 유기농카페 작은 나무, 성미산 밥상, 공동주거공간인 '소행주'(소통이 있어 행복한 주택), 성미산 마을 극장 등 주민들이 스스로의 필요에 의해 만들어 운영하는 커뮤니티 시설들이 운영되고 있다. 이 밖에도 음악이나 춤, 그림, 스포츠 등 주민이 함께 즐기는 70여 개의 문화·여가 관련 지역 주민모임이 활동하고 있다.

성미산 마을은 보육 문제를 해결하기 위한 협동의 전통이 아래로부터 자연스럽게 형성된 대표적인 사례이다. 성미산 마을의 지역공동체 활동을 10년째 하고 있는 한 주민모임 대표는 성미산 마을의 건강성은 아래로부터의 자발적 모임의 형성이라고 강조한다. 성미산 마을 지역 주민이 지역공동체에 속해 있다고 한다면 다양한 주민모임 혹은 협동조합에 가입하여 활동하는 것이 보통이다. 마포 성미산 마을에는 다양한 유형의 조직들이 성미산 지역의 사회적경제 생태계를 이루고 있다. 주민들이 다양한 협동조합에 중첩적으로 가입하여 활동하고 있으며, 그 외의 비등록 주민모임에도 다양하게 참여하고 있다. 이것은 얼마나 사회적경제 생태계가 성미산 마을에 얽혀져 있는지를 보여주는 것이다.

성미산 마을의 사회적경제 활동의 특징은 마을 주민의 자발적 주민모임이 복잡계처럼 관계망이 확대될 때 가능하다는 것이다. 성미산 지역 70개 주민모임의 성패 요인은 모임에 참여하는 사람들이 각각 자기가 참여하고 싶고, 활동하고 싶고, 하고 싶은 만큼만 활동하는 것을 보장 받고 그렇게 운영되고 있다는 데 있다. 물론 어떤 사람이라도 10개 정도의 모임을 열심히 할 수는 없다. 한두 개 정도만 열심히 하지만 그 중복참여 과정을 통해 그 주민들이 주민간 상호 신뢰의 연결고리 역할을 하면서 각자 다른 모임에 참여하고 있는 주민들 간에 관계망을 이루게 된다. 이 관계망이 계속적으로 중첩되고 이것이 확산될 때 주민 모임끼리의 관계가 복잡계 같은 모습을 띠게 된다. 이러한 복잡계 형태의 사회적경제 활동의 모습이 성미산 마을의 모습이고, 공동체 관계망인 것이다.

요컨대, 성미산 마을 주민은 보육문제를 해결하는 과정에서 협동조합의 전통을 이루었다. 그러나 사회적경제 활동은 주민 스스로 정말 하고 싶고, 즐거워서 할 때 그 지속가능성이 담보되는 것을 보여준다. 성미산 마을 사례는 지역 공동체의 신뢰를 강화하기 위해서 주민이 자발적 참여를 할 때까지 기다려주는 것이 중요하다는 것을 보여준다. 마포 성미산 마을의 사회적경제 활동 특징은 자발적 모임과 인내자본을 통한 상호 신뢰를 구축하고 있다는 점이다. 신뢰에 기반을 둔 공동체 활동이 오랫동안 지속될 때 주민 스스로 협동하고자 하는 마음이 저절로 생기기 때문이다. 그래서 주민을 억지로 조직 안으로 끌어들이기 보다는 참여하고픈 마음이 생길 때까지 기다린다. 수평적 관계 위에서 자발적 모임이 지속적으로 형성되고 그 모임이 상호 중첩될 때 협동의 기회와 공간이 확대될 것이다. 그런 자치와 자조 위에서 혁신이 나올 가능성이 훨씬 높아진다. 그러나 그 혁신을 촉진시키기 위해 외부지원에만 의존하는 것은 부작용의 위험이 증가한다.

3. 전북 완주 로컬푸드 일번지

전북 완주군은 로컬푸드 일번지로 잘 알려져 있다. 완주군이 2008년부터 도입한 로컬푸드 사업은 지역 중·소농들이 생산한 농산물을 공공형 물류시스템을 통해 소비자들에게 직접 공급하는 것이다. 농민들은 시장에 내다 파는 것보다 높은 값을 받고 소비자들은 싼값에 싱싱하고 믿을 수 있는 먹거리를 구입할 수 있어 높은 인기를 끌고 있

사진 2 완주로컬푸드협동조합의 혁신노력(두유제품) ⓒ공석기

다. 로컬푸드 사업에는 건강밥상꾸러미, 로컬푸드 직매장, 로컬푸드해 피스테이션, 로컬푸드 공공급식 등으로 나뉘어 추진되고 있다. 이 로컬푸드 사업은 일본 규슈의 고노하나 가르텐을 벤치마킹한 사례이다. 2012년에는 용진농협 공간을 이용하여 첫 로컬푸드직매장을 열었고, 이후 전주시 효자동에 2호 매장, 2013년에는 모악산 입구에 모악점을 개상하였고, 최근에는 선주 효자동 지점이 확대 이진하였다. 생산자 조합원 자격은 마을단위 공동체 소속 농가이고, 조합원은 3회 이상의 교육 ―기본교육, 심화교육, 출하교육― 을 받아야 하며, 믿을만한 생산물을 출하하기 위해서는 완주군에서 시행하는 246가지의 잔류농약 검사를 통과해야 한다. 완주 농가 수는 약 9,000농가이고, 실제 생산에 참여하는 농가 수는 7,000가구이며, 그 중에서 3,000농가가 1,500평 미만의 소농으로 이들만이 로컬푸드 사업에 참여할 수 있다.

큰 성공을 거두고 있는 완주 로컬푸드의 핵심 주역은 60세 이상 노인이며 그들은 돈 버는 재미를 넘어 삶의 활력을 느끼고 있다. 그렇지만 이러한 로컬푸드협동조합의 성공신화를 이어가기 위해서 주어진 시간은 20년 밖에 없다는 것이 현지 전문가의 진단이다. 지역 농업 생산을 담당한 생산자의 세대 간 계승이 이루어지지 않는다면 큰 위기를 맞이할 수밖에 없기 때문이다. 귀농, 귀촌, 귀향하는 청년들이 이들을 대체할 수 있을까? 은퇴자들이 이들을 대체할 것인가? 최근 농축산 부문에 급증하고 있는 외국인 노동자들이 대체할 것인가? 지역 로컬푸드에서 농촌, 농업 그리고 농민의 미래를 꿈꾸는 이들의 고민이 더욱 커지고 있다.

완주 로컬푸드 협동조합이 성공하고 있는 이유 중의 하나는 '혁신'을 꾸준히 진행하고 있다는 점이다. 완주 로컬푸드는 단기적인 사업 성공을 이룬 뒤에 참여자들의 만족감, 조직 및 경영혁신 그리고 조합원의 다양한 목소리를 반영하기 위해 조합원들이 민주적인 참여를 제고하기 위한 사람, 조직, 그리고 사업 혁신을 강화하고 있다. 그러나 이 과정이 결코 쉬운 것이 아니다. 완주로컬푸드 협동조합 사례는 한국과 일본을 비교할 때, 한국적 추격 전략의 전형을 확인할 수 있다. 한국과 일본의 로컬푸드 성장 배경 및 과정은 너무나도 다르다. 일본 규슈지역의 로컬푸드 성장과정을 보면 지역 주민들이 오랜 기간 참여 과정을 통해서 협동조합의 장점을 스스로 깨닫는 시간이 충분이 있었다. 그런데 완주의 경우는 주저하는 농촌 어르신들을 꾀어서 진행한 것이 현실이다. 그 결과 완주와 같은 추격전략을 추진한 사례는 부작용이 생길 수밖에 없다. 초기에 리더십이 중요했지만, 신뢰가 축적되지 않은 상태였기에 언제든지 사회적 가치와 공동체 위기가 올 수 있는 것이다(김영춘 외, 2016).

완주 로컬푸드협동조합은 이런 위기를 막기 위해 추가적인 노력이 필요했다. 지역주민들은 돈벌이로 시작한 사람에서부터 사회적 가치와 공동체를 생각하며 참여한 경우까지 그 스펙트럼이 꽤 넓은 것이 현실이다. 매출이 잘 되고 나니 지속가능성을 높이기 위해서는 가장 중요한 것이 조합원을 대상으로 한 민주적 교육과 상호 토론 및 학습과정이었다. 학습과정을 통해서 2~30년 동안 일본이 이루어낸 지역단위의 건강한 사회적경제 생태계를 한국의 경우는 거꾸로 합의해 가고 있는 형국인 것이다. 사실 완주 로컬푸드협동조합의 직매장과 매출액을 놓고 보면, 일본은 한국과 같은 높은 매출액을 내지 못하고 있다. 한국 로컬푸드 사업 전략은 경영측면에서 매우 효율적이며, 역동적이다. 그런데 문제는 참여하는 사람들의 마음을 하나로 모으는데 시간이 필요하다. 신뢰하고 협동하고 지역 사회를 함께 고민하고 궁리하기까지는 지역 주민들의 인내가 필요한 것이다. 일본은 장기적인 사회화 과정을 통해서 안정적인 사회적경제 활동 생태계를 구축할 수 있었다. 그런데 우리 경우는 거의 외부지원과 효율성에 초점을 맞추어 규모의 성장을 추동해 낸 것이 사실이다. 이런 차이를 성찰적으로 접근하면서 사회적경제 활동의 약한 고리를 보완하는 것이 필요한 것이다. 완주는 이러한 성찰을 통해서 생산자 중심의 로컬푸드에서 소비자, 금융의 영역까지 확대할 비전을 세우고 있다. 그런데 이를 위해 중요한 것은 주민을 넘어 시민의 참여가 결합되어야 한다는 것이다. 시민까지 그 신뢰관계가 확대되고 조직은 물론 경영 차원에서누 혁신 과정이 계속 이루어져야 한다. 조합원간의 민주적 운영 및 학습과정이 꾸준이 축적되어야 한다. 더 이상 리더 개인의 헌신에 의존하기보다는 지역 주민의 적극적인 참여가 절대적으로 중요하다.

4. 성남 주민신협

성남 주민신협이 꾸준히 성장할 수 있었던 원동력은 풀뿌리 지역에 기반을 두며 인내를 갖고 지역주민과의 신뢰를 구축하였다는 점이다. 주민신협은 도시빈민운동과 주민운동에 초점을 맞추면서 타 은행을 따라잡기 보다는 지역 마을을 신협을 통해 담아가고자 하였다. 주민신협 이름은 주민교회에서 따 온 것이며 주민과 함께하는 공동체 마을을 지향한다. 지난 35년의 주민신협의 성장과정의 핵심은 교회 울타리에서 어떻게 지역으로 나왔으며, 이후 학교와 시장을 중심으로 주민들과의 신뢰관계를 꾸준히 구축한 노력의 과정이었다. 초기에 주민교회에서 시작한 신협운동은 교인을 대상으로 한 소위 경제운동이다. 첫 구호가 '월세를 전세로 바꾸자'이었고 당시 몇몇 임원이 교육을 통해 헌신적으로 출자하여 신협을 간신히 꾸려 갈 수 있었다.

사진 3 성남 주민신협 옥상 다목적 활용공간 ⓒ공석기

주민신협은 1992년에 새로운 분기점을 맞는다. 바로 신협이 교회 울타리를 넘어서야 한다는 주장과 '왜 나가느냐'는 반대가 맞섰지만 설득과정을 거쳐 지역 전통시장-중앙시장과 현대시장-으로 나오게 된 것이다. 사실 주민신협의 활동 비전은 교육과 마을이었다. 초기 주민신협의 모습은 금융공간으로 말할 수 없을 정도로 초라한 공간이었다. 주민들에게 적금을 요구하기도 민망한 상황이어서 우선 아이들에게 눈을 돌렸다. 당시 아이를 잡으면 부모의 마음을 잡을 수 있을 것이라 생각했기 때문이다. 당시 전국적으로 확산되고 있는 재활용 캠페인에 부응하여 우유팩 재활운동을 학생들과 함께 하였다. 이러한 자그만 노력이 2년 후 1995년에 지역 초등학교 아이들에게 장학적금을 소개할 수 있게 되었고 그것이 20년이 넘게 이어지고 있다. 사실 스쿨뱅킹 선정도 학부모들의 투표를 통해서 정해지기 때문에 부모들의 마음을 돌리는 것은 주민신협의 진정성과 헌신적인 노력이 없이는 불가능했다. 1년 이상을 기다렸다가 학부모의 75% 지지로 학생저축을 사업으로 따게 되었다.

주민신협이 지역에서 주민들의 신뢰를 얻는 과정은 어떻게 진행되었는가? 주민들을 만날 수 있는 현장인 시장으로 나가는 전략을 택했다. 주민신협은 매일같이 성남 중앙시장으로 나가서 동전교환 카트를 끌고 다니면서 시장 상인과 주민들과의 친밀감을 높이는데 주력하였다. 사실 처음에는 동전교환 서비스만 하였는데 그 이유는 주민신협이 시장 상인들에 다가갈 수 있는 틈이 없었기 때문이다. 그런데 2002년에 중앙시장에 큰 화재사고가 발생하였는데 이것이 주민신협과 시장상인들이 강한 연대감과 신뢰를 구축하는 계기가 되었다. 주민신협은 시장상인을 대상으로 자활대출을 신용 보증 없이 최저 금리로 대출해 주었고 이것이 주민신협과 시장 주민을 하나의 가족으로 변화시키는 계기가 되었다. 2004년에 또 한 번의 화재가 발생하였는데 그 때는 전국 신협과 협력하여 모금과 대출을 진행하였다. 이 신뢰 구축으로 주민신협은 지역 공동체의 금융활동의 구심점으로 지속적으로 성장하게 된다.

그러나 그 성장을 더욱 가속화시킬 수 있는 계기는 현실 안주가 아니라 도전적 실험에서 찾을 수 있다. 주민신협은 2006년에 대로변으로 나오기로 결정한다. 이런 도전정신을 발휘하여 다른 금융기관처럼 큰 길로 나가야만 더 많은 시민을 만날 수 있기 때문이다. 이런 결정이 나자 시장 상인과 주민들이 자기들을 버리고 떠난다고 매우 섭섭해 했지만, 이것은 주민신협이 그 만큼 지역에서 신뢰감과 연대를 구축한 것을 보여주는 증거이기도 하다. 이제 주민 신협은 금융에서 지역 공동체의 허브로 거듭나고 있다. 주민신협의 현재 5층 건물은 2014년에 마련하였고, 신협의 꿈은 이 장소가 지역의 사회적경제 허브 공간이 될 수 있기를 기대하고 있다. 흥미로운 것은 1층 카페는 사회적기업으로 청년 발달장애인에게 일자리 및 직업훈련을 할 수 있는 기회를 제공하고 있다. 또한 옥상은 다목적 공간으로 지역 공동체의 만남과 소통의 장이 되고 있다. 230평의 공간을 풋살 인조 잔디 경기장으로 꾸몄지만, 이 공간은 야외영화제, 전통혼례, 콘서트 등의 행사공간으로도 활용된다. 나머지 각 층공간도 지역에서 새롭게 형성되는 협동조합과 사회적기업에게 저렴한 가격으로 임대하고 있다. 이처럼 주민신협은 금융부문을 넘어 다양한 사회적경제활동이 활성화되는 허브 역할을 하고 있다.

이처럼 지역 경제 공동체에서 사람, 환경, 이윤이 중요한데 여기서 이윤을 놓치면 공동체의 지속가능성이 약화된다. 금융이 살아 있어야 주민신협의 힘이 생기는 것이다. 주민신협이 시장 골목을 탈출하여 길 쪽으로 진출한 이후 출자금이 5백억에서 1천억으로 성장하였고, 현재 2천억이 넘어가고 있다. 주민신협은 이윤창출과 사회적 가치의 융합할 수 있는 비즈니스 모델이 되고자 국내외 선진 경험을 꾸준히 배우고 적용하고 있다. 다행히도 주민신협 직원 중에는 30년, 20년을 근속한 직원이 있을 정도로 충성심이 강한 편이다. 그렇지만 이것이 다음 세대로 자연스럽게 이어질 것이라고 생각하는 것은 위험하다. 세대 간 간극을 극복하기 위한 수평적 소통강화를 기획하고 있으나 여전히 극복해야 할 과제이다. 주민신협이 지역(마을)과 교육을 강조해 왔듯이 청소년 교육 사업을 함께 하고 있다. 또한 도시와 농촌 그리고 농업을 연결시키고 한 살림과의 협력에도 공을 들이고 있다. 이처럼 주민신협은 사업과 영역의 경계를 넘어서는 노력을 끊임없이 추진하고 있고 지역공동체의 허브로 거듭나고자 애쓰고 있다. 신앙, 경제, 교육 그리고 다양한 사회적경제 영역으로 확대하는 모습을 통해 주민신협은 머지않아 지역 사회적 경제활동의 허브가 될 것으로 기대한다.

요컨대, 주민신협은 성남지역의 이주와 빈곤이 결합한 원도심 지역에서 지역 주민의 신뢰를 얻기 위해 끈기 있게 노력한 결과 신뢰재를 쌓았고 건강한 풀뿌리 금융협동조합을 이룬 대표적인 사례이다. 이제는 금융에 기초하여 다양한 사회적 서비스를 제공하는 지역 커뮤니티 허브가 되고자 노력하고 있다. 또한 금융과 소비자의 만남을 강화하기 위해 한 살림과 협력 사업을 추진하고 있어 혁신과 신뢰의 두 마리 토끼를 잡고자 노력하고 있다.

5. 지속가능한 사회적경제 활동을 위한 시민사회의 새로운 과제

한국 시민사회의 사회적경제 활동 참여과정에서 마주하는 장애물은 다양하게 나타났다. 그 대표적인 도전과제로 우선 사회적경제 활동의 지속가능성을 고민하기보다는 사회적 서비스를 해결하는데 머물고 있다는 점을 들 수 있다. 이를 극복하기 위해서는 구성원이 사회적 경제 활동을 민주주의의 학습의 장으로 적극 활용하는 것이 필요하다. 참여자들의 자발적 참여는 민주주의를 체득하는 것이 전제되어야 한다. 내 의견이 의사결정 과정에 반영되고, 나의 혁신적 아이디어가 사업에 반영되어 성과를 내는 것을 구성원이 공동으로 경험하는 것이 상생과 연대를 제고할 수 있는 토대가 된다.

둘째, 지역 풀뿌리 현장으로 들어가는 시민들이 마주하는 대표적 장애물이 바로 지역 텃새이다. 지역 텃세와 지역 유지에 대한 편견이 지역공동체 활성화의 중요한 한계로 드러나고 있다. 그렇다고 그 텃새를 무조건 부정적으로 바라보는 것도 문제이다. 그 지역과 마을을 지켜온 주민들의 자부심과 자존심을 존중하고 그들의 헌신을 인정해야 한다. 귀촌, 귀농, 귀향인은 언제든지 떠날 수 있는 유목민으로 바라보는 편견을 없애는 노력도 동시에 진행되어야 한다.

셋째, 비슷한 맥락에서 지역 협동조합의 활력소인 청년의 참여를 가로 막는 장년층과의 세대갈등이 사회적경제 활동의 큰 장애물이다. 이를 극복하기 위해서는 세대간 상호 만남, 소통 그리고 이해의 장이 많아져야 한다.

넷째, 농촌지역의 공동체 활성화에 있어서 가장 큰 장애물로 농촌인구의 초고령화 현상을 들 수 있으며, 동시에 도시지역의 공동체 활성화에 있어서는 아파트 공동체의 과잉 정치화 및 부패문제가 큰 도전과제이다. 특히 지방선거는 사회적경제 활동에 정기적으로 등장하는 뿌리 깊은 장애물이다. 그 이유는 주민은 물론 시민들이 과잉정치화 되어 지방선거에 깊숙이 개입함으로써, 선거 후유증으로 인해 지역 주민들의 상호 협력을 약화시킴으로써 사회적경제 활동을 유지하는데 부정적 영향을 주기 때문이다.

이상의 장애물을 극복하기 위해 시민사회는 무엇을 해야 하는가?

사회적경제 생태계를 건강하게 유지시키기 위해 시민사회가 주목해야 할 부분으로 최근 급증하고 있는 중간지원조직에 대한 성찰적 접근이다. 사회적경제 활성화를 위한 거버넌스의 강화라는 장밋빛만 보기 때문에 시민사회의 무분별한 참여로 인한 시민사회 운동성과 책무성에 위기를 맞을 수 있다는 비판에도 귀를 기울일 필요가 있다. 최근 시민사회는 사회적경제 활동 강화를 위해 중간지원조직에 적극적으로 참여하고 있다. 그런데 최근 들어 지방정부는 중간지원조직을 집중적으로 만들고 있어 이곳으로 시민사회 중견 활동가들이 블랙홀처럼 빠져들고 있는 실정이다. 서울시의 예를 들면 최근에 세워진 중간지원조직으로 식생활종합지원센터, 직장맘지원센터, 인생이모작지원센터, 생활속민주주의학습지원센터, 청년활동지원센터, 성평등활동지원센터, 마을공동체교육지원센터, 에너지일자리플러스센터 등 이름도 생소할 정도이다. 문제는 이곳에 참여하고 있는 시민사회 활동가들이 풀뿌리 지역의 다양한 사회적욕구를 끌어내 협동과 연대의 가치 아래 주민들의 아래로부터의 참여를 꾸준히 유인하고 있는가이다. 혹시 지방정부의 정책을 수행하는 소위 '10급 공무원'의 역할로 전락하고 있지 않은지를 깊이 살펴볼 필요가 있다. 공무원의 일을 시민활동가가 대체하고 있으면서 활동에 대한 권한과 책임은 없이 사업만 수행하는 대리인으로 전락하고 있다는 비판이 커지고 있다.

　또한 중간지원조직간의 수평적 협력활동이 강화되고 있는가에 대한 비판도 존재한다. 시민사회 활동가가 사회적경제 영역에 적극적으로 참여하는 것은 이러한 칸막이적 사업을 극복하기 위한 것이다. 그러나 다음의 〈그림 2〉에서 보여주는 것처럼 많은 부분 중간지원조직 간의 수평적 연계활동보다는 위로부터 사업이 일방향적으로 전달되는 수직적 연계가 주를 이룬다는 비판을 받고 있다. 이것은 한국 사회적경제 활동의 가장 강한 고리인 거버넌스의 한계를 보여주는 것이

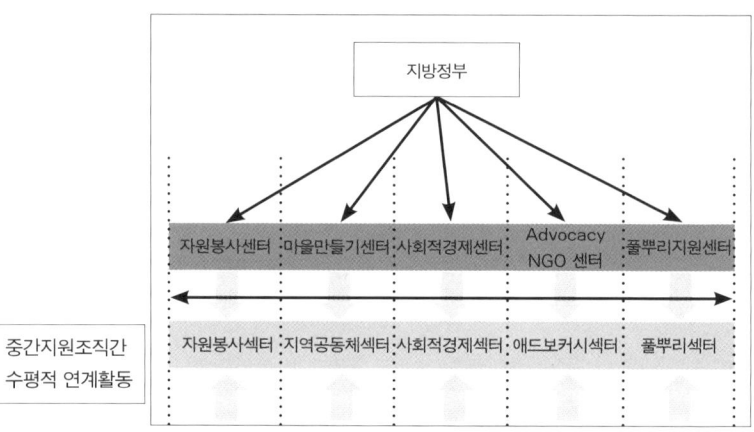

그림 2 중간지원조직의 수직에서 수평으로의 확대전략
※ 출처: 장수찬, 2016: 13 수정.

다. 한국은 추격모델 전략으로 법적 제도적 지원을 적극적으로 추진하여 풀뿌리 주민은 다양한 사회적경제 활동에 참여함으로써 쉽게 이익을 얻을 수 있을 것이라는 착각을 하게 만들었다. 일부 시민사회 활동가는 사회적경제 영역의 전문가를 자임하며 운동방식으로 다양한 경제활동을 조직한 것이 사실이기도 하다.

　　요컨대, 사회적경제활동 부분에서 거버넌스 운영방식이 중간지원 조직을 매개로 수직적으로만 진행될 때 주민 혹은 시민사회는 정부의 사회적경제 프로젝트를 수행하는 대행자(agent)로 전락할 위험에 처하게 된다. 이런 의미에서 그 동안 가장 강한 고리 역할을 해온 거버넌스 축이 오히려 시민사회가 사회적경제 활동에서 자신의 역할을 제대로 수행할 수 없는 걸림돌이 되고 있는 것이다. 시민사회 활동가가 이러한 수직적 거버넌스가 아니라 수평적 거버넌스를 구축하는 데 선도적 역할을 해야 한다. 문제는 그들에게 권한과 책임이 없다는 것이다. 또한 한국사회 전반에 뿌리깊이 자리 잡고 있는 정책 칸막이를 걷어내고 중간지원 조직 간에 정보, 자원, 인력 등을 소통하고 공유하는

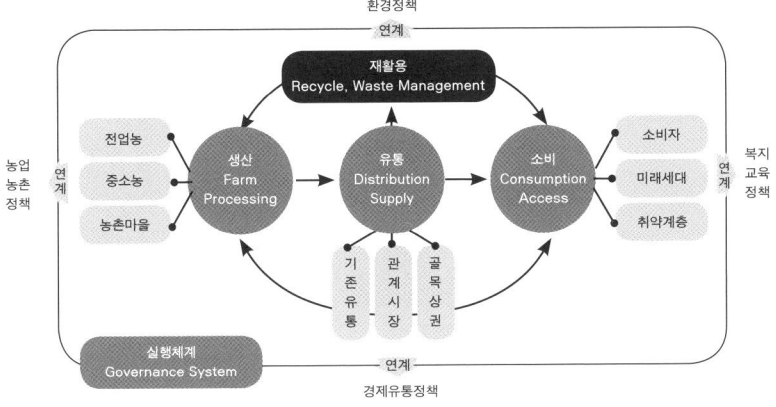

그림 3 시민연계 지역푸드 플랜: 포괄적 전략
※ 출처: 황영모 외, 2015: 16.

것이 무엇보다 중요하다. 중앙정부는 물론 지방정부도 중간지원 조직을 시민사회와 수평적 협치를 제대로 구현하기 위한 플랫폼으로 접근해야 한다.

또한 시민사회가 지속가능한 사회적경제를 강화하기 위해 주목해야 할 부분은 지역과 사업영역을 넘어선 포괄적 접근을 택하는 것이다. 그 동안 개별 사업의 성공을 위해서 지역 주민과 시민들은 헌신과 혁신의 노력을 해 왔다. 이제는 지역 주민을 넘어선 시민 전체가 지역 차원의 사회적경제 생태계를 구축하기 위한 포괄적 접근전략을 위해서 협력해야 한다. 그 대표적인 예가 '지역 푸드플랜(Local Food Plan)'을 이루기 위한 시민사회 전체의 연대활동이다. 푸드 플랜은 생산과 소비의 영역을 단순히 구분하는 것을 넘어 유통과 재활용 부문까지 포함하는 포괄적 전략이다. 이를 위해 다양한 영역의 연계망을 구성하며 이를 구현하기 위해 기술혁신 및 아이디어 활용이 매우 중요하다. 결과적으로 참여하는 지역 주민에게 새로운 일자리를 제공할 수 있다. 〈그림 3〉이 보여주는 것처럼 사회적경제 조직은 이제 시민사회 전체와의 협력이 절대적으로 필요하다. 협동조합은 생산자협동조합, 소비자협동조합으로 제한되는 것이 아니라 시민사회 전체와 협력 차원에서 생산, 유통, 소비 그리고 재활용 그것을 넘어 정책(농업, 경제유통, 환경, 복지교육영역)까지 확장해야 한다. 물론 사회적경제 영역에서 민간기업을 경쟁의 대상으로 볼 것인가 아니면 협력할 수 있는 파트너로 볼 것인가는 많은 논쟁의 여지가 있다. 풀뿌리 현장의 목소리는 아직까지 부정적 입장이다. 한국 대기업이 사회적경제 영역을 결코 간과하지 않을 것이며 혹 이익창출의 새로운 틈새로 인식하는 순간 대기업은 견제와 압력으로 사회적경제 조직들을 위협할 것이라는 것이 현장의 목소리다.

결국 답은 아래로부터 풀뿌리 주민과 시민사회의 변화노력에서 찾을 수밖에 없다. 임실군 중금마을의 기후변화에 대한 대응으로 에너지 전환과 자립을 위해 협동하는 모습은 주민에서 시민으로 성장하

사진 4 에너지 자립마을 비전(임실 중금마을) ⓒ공석기

는 하나의 가능성을 보여준다. 특히 임실 중금마을 사례는 지역에서 비전을 가진 리더십의 중요성을 보여준다. 농업, 농촌 그리고 농민의 위기를 목격하면서 큰 위기감을 목격한 지역 주민 스스로가 그 답을 소위 '기후정의' 마스터 프레임을 통해 찾은 것이다. 이 프레임에 기초하여 삶의 목적, 방향 그리고 지역사회 참여활동까지 완전히 새로운 길을 걷게 되었다. 또한 이러한 변화를 가속화시킨 것은 바로 후쿠시마 원전 사고였다. 임실 중금마을을 에너지 자립마을로 만들기 위한 미시적 실천을 기획하였다. "후쿠시마는 우리의 위대한 스승이다"라는 표어를 에너지 자립마을 모토로 삼았다. 쓰레기 분리수거, 마을도서관, 에너지자립 체험학습장, 태양광을 이용한 마을방앗간 운영 등을 통해 조그만 마을에서부터 기후정의를 구현하는 지구시민으로의 책무를 다하고자 앞장섰다.

 김대중 정부부터 진행된 각종 농촌지원 사업은 최근 마을만들기 사업으로 확장되고 있지만 아직도 풀뿌리 현장에서 체감하는 성과는 거의 없다. 오히려 지역 주민들은 마을만들기 사업을 통해서 자본주의 문화와 속성이 마을 깊숙이 침투하는 부작용을 더 크게 목격하기도 한다. 마을만들기 사업이 소득, 판매량, 관광객 수 등과 같은 단기적인 양적 기준으로 평가되는 것은 큰 문제로 지적되고 있다. 진정한 의미의 농촌지역 공동체가 다시 살아나는 근본적인 전략에 대한 합의가 부족하다. 안타깝게도 많은 협동조합 사업도 겉으로는 공동체, 공유경제, 사회적경제를 강조하고 있음에도 불구하고 풀뿌리 차원에서 협동조합의 가치의 씨를 뿌릴 수 있는 기반이 너무 약해서 결국은 쓰러지고 활성화하지 못하는 경우가 대부분이다.

 그렇다면 이를 극복하기 위한 시민사회의 대안은 무엇인가? 마을만들기 사업의 예에서 본다면 가치창출 운동으로부터 그 실마리를 찾아야 한다는 주장이 주목된다. 지역 혹은 마을공동체가 지속적으로 힘을 발휘하기 위해서는 그 안에 삶을 같이 나누는 주민들 간의 가치와 의미가 모아져야 한다. 돈에 초점을 맞춘 소득 창출사업보다는 주민들이 하나가 되는 잘 노는 마을, 전통에서 우리의 정체성을 찾아가는 운동이 우선되어야 한다는 주장이다. 이러한 사회적 가치를 공유할 때 사회적경제 활동도 지속가능하다는 것이다. 지금은 우선순위가 바뀐 채 사업 중심으로 진행되고 있는 형국이다. 사실 농촌이 갖고 있는 정체성은 잘 놀고 서로 존중하는 것이다. 미시적 차원의 가치 형성이 거시적 차원의 기후정의 마스터 프레임과 만날 때 시너지가 발생한다. 실례로 임실 중금마을은 후쿠시마 원전사고가 에너지 자립마을로 변화하는데 큰 원동력이었다.

이처럼 한국 시민사회는 사회정의와 기후정의를 이루기 위해 불의(不義)와 치열하게 갈등하고 경쟁하며 그 대안으로 사회적경제 활동을 주목하고 그 안에서 다양한 혁신적 실험을 견인해 나갈 수 있는 것이다. 이를 위해 미시적 차원에서 민주주의가 학습되고 구현되며 동시에 세대 간 소통과 이를 잇는 리더가 끊임없이 발굴되어야 사회적경제 활동의 지속가능성이 높아진다. 이런 견지에서 한국 사회적경제 활동의 강한 고리로 작동한 거버넌스는 이제 조금은 느슨해지면서 수직이 아닌 수평적 관계로 전환되어야 한다. 동시에 아래로부터 주민들이 권한과 책임을 가지고 상호협력 활동을 통해 신뢰를 구축하고 그 위에서 혁신의 과정을 끊임없이 이루어야 한다. 그런데 지역은 지금 스러지고 있다. 지역을 살리기 위해서는 지역과 청년이 만나야 한다. 청년은 혁신을 이루기 위해 끊임없이 도전하기 때문이다. 이 모든 과정에 시민사회가 적극적으로 참여하고 연대해야 한다.

참고문헌

공석기. 2014a. "밥과 인권의 만남: 한국 농민운동의 초국적 전략."『국제개발협력연구』6권 2호, 65~89.

공석기. 2014b. "한국형 사회적 기업 모델 개발을 위한 탐색적 연구-한국 시민사회의 사회적 기업 길 찾기."『신학과 사회』28권 1호, 77-106.

공석기·임현진. 2017.『주민과 시민 사이: 한국시민사회의 사회적경제 활동 톺아보기』. 진인진.

공석기·임현진. 2015.『지역기반 협동조합 활성화 방안연구』. 기획재정부.

구자인 외. 2011.『마을만들기, 진안군 10년의 경험과 시스템 : 창조적 도시재생 시리즈 20』. 안양: 국토연구원 도시재생자원센터.

국토연구원. 2014.『마을만들기 네트워크, 사이 넘어 결핍은 네트워크로 메운다』창조적 도시재생 시리즈 56. 안양: 국토연구원 도시재생지원센터.

김기섭. 2012.『깨어나라! 협동조합 : 더 좋은 세상을 만드는 정직한 노력』. 파주: 들녘.

김영춘·홍정표·공석기. 2016.『창의적 경제 생태계 구축을 위한 사회혁신 네트워크 촉진 및 플랫폼 개발 연구』. 미래창조과학부.

김현대 외. 2012.『협동조합, 참 좋다』. 푸른지식.

스테파노 자마니·베라 자마니 지음. 송성호 옮김. 2012[2009].『협동조합으로 기업하라 : 무한경쟁시대의 착한 대한, 협동조합 기업』. 한국협동조합연구소.

유창복. 2014.『도시에서 행복한 마을은 가능한가』. Humanist.

임현진·공석기. 2014.『뒤틀린 세계화: 한국의 대안 찾기』. 파주: 나남.

장수찬. 2016. "지방정부의 공익활동 지원시스템 분석."『한국의 NGO 중간지원조직 어디까지 왔나』. 경희사이버대학교 NGO학과.

조지 수사·로저 허먼 지음. 김창전·이현정 옮김. 2015[2012]. 『협동조합의 딜레마 : 협동조합과 주식회사의 조직형태 전환 사례연구』. 고양: 가을의아침.

충남연구원 엮음. 2014. 『사회적경제의 발견』. 옥천: 포도밭.

하승우. 2014. 『풀뿌리 민주주의와 아나키즘: 삶의 정치 그리고 살림살이의 재구성을 향해』. 서울: 이매진.

황영모·신동훈·배균기. 2015. "푸드플랜 시대, 지역단위 푸드플랜의 방향과 전략." 『전북연구원 이슈브리핑』 45권.

Defourny, Jacques, Lars Hulgard, and Victor Pestoff. 2014. *Social Enterprise and the Third Sector*. Toronto. Buffalo. London: Routledge.

Quarter, Jack, Ann Armstrong, and Laurie Mook. 2009. *Understanding the social economy: A Canadian perspective*. Toronto: University of Toronto Press.

Quarter, Jack, Sherida Ryan, and Andrea Chan. 2015. *Social Purpose Enterprises*. Toronto: University of Toronto Press.

Restakis, John. 2010. *Humanizing the economy: co-operatives in the age of capital*. Gabriola Island: New Society Publishers.

Smith, Jackie. 2008. *Social Movements for Global Democracy*. Baltimore. MD: Johns Hopkins University Press.

/ 7장 /

성주 사례로 본 한국 반기지운동의 현실과 쟁점:
현장성과 투쟁공동체의 진화

정영신(제주대학교 공동자원과 지속가능사회 연구센터)

I. 광장에서 다시 현장으로

광장의 운동이 끝났다. 2016년 말부터 2017년 초까지 지속된 '촛불혁명'은 한국사회의 많은 것들을 변화시키고 있다. 조기 대선으로 대통령선거가 실시되었고, 각 정당의 지지도를 비롯한 정치지형 역시 크게 변화했다. 청와대와 내각을 비롯한 정부부처에 개혁적인 인사들이 포진하면서, 각 부문 정책에서 개혁적인 정책이 뒤따를 것이라는 기대감도 높다. 그러나 대통령의 파격적인 행보와 인기몰이에 비해서 각 정부부처의 정책들은 과거의 것을 답습하는 행태를 보이고 있고, 특히 이전 정권에서부터 오랫동안 사회적 쟁점이 되었던 문제들 가운데 뚜렷하게 해결된 것이 눈에 띄지 않는 것도 사실이다. 2017년 11월 24일 국회 본회의에서 '사회적 참사의 진상규명 및 안전사회 건설 등

사진 1 성주 소성리 마을회관 광장, 그리고 투쟁의 현장, ⓒ정영신

을 위한 특별법'(이하 사회적참사특별법)이 통과된 것이 이전 정권에 비해 개선된 대표적인 사례라면, 9월 7일 성주 소성리에 고고도미사일방어체계인 사드(THAAD: Terminal High Altitude Area Defense)가 추가 배치된 것은 이전 정권에 비해서 더욱 사태가 악화된 사례라고 할 수 있을 것이다.

이러한 차이가 발생하는 이유에는 여러 가지가 있겠지만, 그 가운데 하나는 두 사안이 촛불 정국에서 차지한 위상에서 큰 차이를 보였다는 점에 있다. '세월호 문제'가 사실상 '박근혜-최순실 국정농단' 문제와 더불어 광장의 참여자들 모두에게 공유되었던 사안이라면, 사드 문제를 비롯한 다양한 정치사회적 이슈들은 주변화되었고 광장 참여자들 사이에서도 이견이 존재했던 문제들이었다고 할 수 있을 것이다. 국회에서 탄핵소추안이 통과된 2016년 12월 9일 이후에 진행된 촛불집회에서는 본집회의 제목에 '적폐청산'이라는 말이 들어갈 정도로 다양한 사회적 이슈들을 다루려고 시도했지만, 실제로 그런 구호들이 참여자들 모두에게 받아들여졌던 것은 아니었다. 특히 여성혐오의 문제나 양심수 석방과 같은 구호들은 광장의 한복판에서 쟁점이 되었고, 제주의 강정마을이나 성주의 주민들이 집단적으로 상경하여 촛불집회에 동참했지만 이들의 문제제기가 널리 공유되었다고 보기는 어려울 것 같다.

이런 문제들을 다루기 위해서 '광장의 정치와 운동'과 '현장의 정치와 운동'을 구분해서 살펴보는 것이 유익할 것으로 생각된다. 촛불집회의 공간처럼 다양한 사회적 문제들이 소통되고 수렴되어 공적인 의제로 형성되는 비제도적인 장을 '광장'이라고 한다면, 노동과 삶이 이루어지는 공간에서 누군가의 저항과 투쟁으로 정치적·사회적 문제들이 드러나고 의제로 생산되는 장을 '현장'이라고 부를 수 있을 것이다. 특히 국가기구나 국가정책에 저항하는 현장의 사회운동들은 자신들의 주장을 광장의 공적인 의제로 만들기 위해 노력한다는 점에서 양자의 관계는 사회운동의 중요한 분석대상이라고 할 수 있을 것이다. '광장의 정치' 혹은 '광장의 운동'이 끝나자마자, 광화문광장에 '천막'들이 들어서기 시작했고 아직까지 사라지지 않고 있다. 이 천막들은 광장이 열리기를 기다리던 사람들이 누구인지 광장 이후에도 여전히 그 자리를 떠날 수 없는 사람들이 누구인지를 보여준다.

그럼에도 불구하고 주변화된 사회적 의제들, 주변화된 현장의 운동들이 지니는 특징들에 관한 연구는 부족한 편이다. 사회운동론의 관심은 여전히 성공한 운동들, 현장의 운동들보다는 광장의 운동과 정치에 집중되어 있다. 따라서 이 글은 2000년대 이후에 진행된 사회운동들 가운데 특히 군사기지반대운동, 즉 반기지운동이 '현장의 운동'으로서 가지는 특징과 동학을 중심으로 다루어보면서 그 현실과 쟁점, 과제를 살펴보려고 한다.

II. 국책사업과 지역화된 사회운동

오늘날 한국 사회운동의 생태계는 매우 복합적인 양상을 보이고 있다. 우선, 이른바 구사회운동은 2천 년대 이후 규모나 영향력 측면에서 지속적으로 쇠퇴하고 있다. 1980~90년대에 한국 사회운동을 주도했던 학생운동은 대중소비사회의 진전과 신자유주의에 따른 학생사회의 변화에 적응하지 못한 채 자기재생산의 동력마저 상실한 상태이고, 노동운동 역시 10%의 노조조직률을 넘지 못한 채 다양한 노동주체들을 포섭하는데 실패하고 사회경제 개혁의 의제형성 기능을 수행하는데 장애를 드러낸 지 오래다. 반면, 이른바 신사회운동으로 거론되는 환경운동, 평화운동, 여성운동, 성소수자운동 등은 비약적인 발전을 거듭해 왔지만, 구사회운동의 전반적인 퇴조와 정체, 진보정당운동의 정체, 보수적 시민사회의 반격 등으로 인해 각 영역마다 고유한 어려움을 겪고 있는 것이 현실이다.

이와 같은 전반적인 흐름 속에서 지역(local) 차원에서 새로운 이슈의 발생, 지역에 근거한 사회운동의 발전을 한국 사회운동의 새로운 특징 가운데 하나로 거론할 수 있다. 이러한 '지역화된 사회운동'은 민주화 이후 대형 국책사업에 대한 지역 주민들의 저항이 빈발해졌다는 것을 말한다.[1] 군사기지를 세우고 유지하는 사업도 국가기구, 중앙

---

1 국책사업은 법률적으로 규정된 용어는 아니다. 일반적으로는 대규모 공공서비스를 공급함에 있어서 국가가 주도적으로 재원을 조달하여 시행하는 사업을 통상적으로 국책사업으로 부르거나(이춘희 외, 2007), 도로, 철도, 항만, 공항, 발전시설, 정보통신 등과 같은 사회간접자본이나 정부나 공공기관이 관장하는 대규모 공공투자사업을 국책사업이라고 칭하고 있다(김선희, 2005).

정부에서 계획을 세우고 실행한다는 점에서 전형적인 국책사업에 해당한다. 그리고 이 대형의 국책사업들은 한국사회 내에서 심각한 사회적 긴장과 갈등을 초래해 왔다. 특히 한국사회가 경험해 온 이 같은 갈등들은 한국사회의 역사적인 변동과정들이 지닌 고유한 특징들과 결부되어 있다. 즉, 짧은 시간 동안의 압축적 성장, 민주화의 진전에 따른 시민사회의 활성화, 국가와 시민사회의 권력관계의 변화, 지방자치의 발전, 경제적 풍요에 따른 가치관의 변화, 정당정치의 폐쇄성, 대통령 단임제 등이 갈등에 영향을 미쳐 온 것이다(서울대학교 사회과학연구원·한국정치연구소, 2014). 그리고 이 같은 갈등은 지역발전을 둘러싼 공공갈등에서 현저하게 나타나고 있다.

산업화 초기인 1960년대 후반부터 1980년대까지 과거의 국책사업들, 예컨대 경부고속도로건설사업(1968-1970), POSCO건설사업(1970-1973) 등은 주로 중앙정부에서 기획하고 실행한 사업이면서 동시에 중앙의 정치권과 언론이 중요한 반대세력으로 등장했었다. 그러나 민주화와 지방자치 이후에 시행된 국책사업의 사례들, 예컨대 경부고속철도 건설사업(1992-2014), 인천국제공항 건설사업(1992-2008), 시화호방조제 사업(1987-1994), 시화호간석지 개발사업(2002-2016), 새만금 개발사업(1991-2020), 서울외곽순환도로 건설사업(1988-2006), 4대강 개발사업(2008-2012) 등에서는 갈등의 양상이 변화했다는 점을 알 수 있다. 과거처럼 중앙정부의 부처에서 기획하고 실행하며 중앙의 정치권이나 언론이 행위자로 등장한다는 점에서는 동일한 측면이 있지만, 지역의 정치권과 지역 언론, 해당 국책사업이 진행되는 지역의 주민들이 핵심적인 행위자로 등장했다는 점은 중요한 차이점이라고 할 수 있다. 하지만 기존 연구들에서는 이러한 행위자의 다양성이 주로 국책사업에서의 갈등관리라는 측면에서만 다루어져 왔다.

이 글에서는 국책사업 갈등의 현장에서 주요 행위자로 등장하고 있는 '주민' 그리고 '지역화된 사회운동(localized social movement)'을 주체의 구성과 재구성 및 새로운 형식과 내용을 지닌 사회운동의 출현과 그 과제라는 관점에서 다루고자 한다. 사실 지역에서 벌어지는 국책사업과 지역의 현장에서 벌어지는 사회운동은 2000년대 이후 한국 시민사회에서 여러 차례 논쟁의 중심이 되었다. 평택에서, 강정에서, 밀양에서, 그리고 지금 성주의 소성리에서. 계급·계층이나 소수자들의 투쟁현장과 달리 지역의 현장들은 구체적인 장소를 의미하며, 그래서 장소와 연결된 사람들이 중요한 행위자로 등장한다. 경찰이나 군대와 싸우는 시골의 '할매'들, 그들의 곁에서 예배를 드리는 종교인들, 지역의 마을을 지키기 위해 들어와 '사는' 지킴이들, 마을을 오가는 도시의 시민들. 이들이 구성하는 지역의 현장들은 어느덧 익숙한 풍경이 된 것이다.

그 배경으로는, 대도시 중심의 산업화 이후에 국책사업의 장소로서 지방이 훨씬 중요해졌고 국가 역시 대도시 시민들의 반발을 우려하여 여러 시설들을 지방으로 이전하거나 신설했다는 점을 거론할 수 있다. 군사기지의 측면에서 말하자면, 한국전쟁 이후에 어느 정도 체계를 갖추고 있던 군사기지 네트워크는 탈냉전, 2000년대의 해외주둔 미군재배치계획(Global Posture Review), 국방현대화계획에 따라 기존의 낡은 기지들을 일부 폐쇄하고 현대화된 새로운 군사기지를 늘리고 있다. 다른 한편, 민주화와 지방자치 흐름에 따라 대도시 지역에서는 대규모 군사기지에 대한 강력한 반대운동이 일어났다. 두 요인이 맞물려 용산 미군기지를 비롯한 대도시의 군사기지는 축소되거나 폐쇄되었고, 지역의 중소도시나 마을 단위에 새로운 군사기지가 건설되고 있는 것이다(정영신, 2012).

국책사업 반대운동, 그 가운데 반기지운동이 벌어지는 장으로서 지역은 국가-시민사회, 초국적-전국적-지역적 시민사회운동, 광역-기초 지자체, 지역의 주민 등 다양한 행위자들이 찬성과 반대의 자격 및 공공성의 근거를 두고 벌이는 물리적·상징적 투쟁의 공간이 되었다. 그럼에도 불구하고 지역화된 사회운동, 지역의 현장에 기반한 사회운동의 특징에 대한 본격적인 연구가 진행되어 왔다고 말하기는 어렵다. 현장의 반기지운동에 관한 연구는 한편으로는 사회운동론의 개념을 통해 무미건조하게 추상화되거나 혹은 현장성을 상실한 정책연구·안보연구가 되어 왔으며, 다른 한편으로는 현장성을 살리기 위해 수필이나 르포 등 저널리즘의 형식을 띠어 왔다. 그것은 무엇보다 운동 현장의 생생한 모습들을 개념화할 학술적 언어가 여전히 불충분하다는 것을 보여준다. 따라서 이 글에서는 지역화된 현장의 사회운동으로서 반기지운동이 지니는 특징에 주목하면서, 성주의 (그리고 비교대상으로서 제주 강정마을의) 반기지운동에 관해 서술해 보고자 한다.

III. 현장의 구성: 전장이 된 마을

앞에서 언급한 것처럼, 현장이라는 개념은 노동과 삶이 이루어지는 공간이라는 역사적 맥락을 배경으로 하고 있다. 그러한 공간이나 장소를 사회운동의 현장으로 구성하는 것은 역사적으로 지속되어 온 일상으로부터의 갑작스런 단절을 통해서라고 할 수 있을 것이다. 단절은 국가나 권력기구로부터의 돌발적인 침입에 의해서 이루어지며, 여러 차례에 걸쳐 반복적으로 이루어진다. 성주의 경우에, 그 첫 번째 계기는 2016년 7월 11일, 언론을 통해 성주가 사드 배치 후보지로 거론된 것이었고 유사한 계기들이 뒤를 이었다. 이처럼 현장의 주민들과 정책결정권자들 사이의 정보의 단절 혹은 비민주적인 정책'결정'은 현장에서 운동을 촉발시키는, 그럼으로써 현장을 구성하는 결정적인 요인이다. 더 나아가 정책결정에서의 비민주성과 정보의 단절은 비민주적이며 폭력적인 방식의 정책'수행'을 초래한다. 그리고 이 연속적인 과정들을 통해서 일상의 주체들은 '투쟁현장'의 주체들로 도약한다. 그 가운데 결정적인 장면은 2017년 4월 26일, 성주 소성리로 사드 장비가 배치된 새벽이었을 것이다. 그날 새벽의 여러 장면들은 국책사업을 통해 만들어지는 현장의 본질이 무엇인지를 잘 보여준다. 우선, 그 현장으로 들어가 보자.[2]

사진 2 경찰에게 항의하는 소성리의 '할매'들, ⓒ정영신

---

2   이하의 내용은 정영신(2017)의 글에서 재인용한 것이다.

2017년 4월 26일 오전 0시 50분. 사드원천무효공동상황실의 SNS 게시판에 긴급공지가 올라왔다. "〔비상〕 지금 소성리로 와주세요. 밤새 달려서라도." 곧이어 "〔비상〕 소성리로 오실 분들은 최대한 일출 전에 와주세요"라는 후속공지가 이어졌다. 이미 전날 저녁부터 주변의 움직임이 심상치 않다는 소식이 전해졌지만, 잠시 눈을 붙이고 오라는 지킴이들의 배려에 마을 어르신들이 자리를 비운 시간이었다.

　　새벽 1시. 마을회관과 길 하나를 마주한 경찰병력 숙소에서 시작된 움직임은 마을 전체를 긴장감으로 짓눌렀다. 사이렌 불빛과 군홧발 소리는 점점 커져갔다. 마을회관 주변을 지키던 지킴이들에게도 비상 사이렌이 울렸다. 마을회관에 달린 스피커에서는 "주민 여러분, 지금 사드 장비가 들어오고 있답니다. 빨리 나와 주십시오"라는 다급한 목소리가 울려퍼졌다. 비상연락망을 통해 마을 주민들과 성주·김천의 지킴이들에게도 소식이 전해졌다. 1시 50분. 쏟아져 나온 경찰들은 몇 분 사이에 모든 도로를 점령했다. 마을회관 바로 옆에 있던 주민들이 곧바로 뛰어나왔지만, 도로에서 법회를 열고 있던 원불교 교무들과의 사이에는 방패로 만든 인(人)의 장벽이 세워진 뒤였다.

　　멀리 떨어진 집에서 선잠이 들었던 소성리 '할매'들이 긴급연락을 받고 방문을 나섰다. 하지만 마을의 좁은 골목길은 벌써 방패, 헬멧, 곤봉으로 무장한 경찰들로 가득 차 있었다. 대문 앞에는 서너 명의 경찰들이 지키고 시시 "못 나기니까 들어가세요"라며 주민들을 위협했다. 겨우 집을 나선 '할매'들은 어둑한 산길을 돌아서 마을회관으로 향했다. "따라붙어!"라는 명령에 몇몇 경찰이 플래시를 들고 따라왔다. 몇몇 주민들은 평생을 다니던 마을에서 길을 잃고 방황했다. 조금 먼저 나선 임순분 부녀회장은 지인에게 "내가 회관으로 나가고 있는데 만약 5분 안에 도착하지 않으면, 무슨 일이 난 줄 알고 조치를 취해달라"는 말을 남겼다.

마을회관 앞. 사드 반입 직전인 4시. 미리 나와서 앉아 있던 몇몇 할머니들과 주민들을 경찰들이 방패로 밀어내고, 사지를 잡고 들어내기 시작했다. 주민들은 "제발 민주경찰이라면 우리나라 백성을 보호해달라", "미군의 편이 아닌 제발 우리 주민들의 편을 들어달라"고 애원했다. 울고불고 매달리기도 했고 악을 쓰고 욕설도 했지만 경찰들은 방패 너머 헬멧 속에서 노려볼 뿐이었다. 4시 40분. 주민들은 난생 처음 보는 차량에 괴상한 장비가 운송되는 걸 지켜보았다. 사드 장비가 반입된 것이다. 경찰들은 6시가 지나서까지 고착된 병력을 풀지 않았다. 그사이에 모여든 주민들에게 다시 폭력이 가해졌다. 6시 50분. 추가 장비가 산 위로 올라갔다. 그제야 탈진하고 부상당한 주민들이 병원으로 실려가기 시작했다. 이날 경찰은 100여 명이 살고 있는 작은 마을의 주민과 지킴이들을 진압하기 위해 80개 중대 8천여 명의 병력을 투입했다. 소성리 아래 초전면의 모든 도로 역시 통제되어 군용차와 경찰차만 통과할 수 있었고, 마을은 철저하게 고립되었다.

국방부는 입장발표를 통해서 "한미 양국은 고도화되고 있는 북핵·미사일 위협에 대비해 사드체계의 조속한 작전운용 능력을 확보하기 위해 노력해왔다"며 "환경영향평가와 시설공사 등 관련 절차는 앞으로도 정상적으로 진행할 것"이라고 강조했다. 그러나 실상은 아무런 기반시설도 준비되지 않은 골프장 한가운데 발사대를 가져다놓은 것에 불과했고, 환경영향평가 이전에 시설공사와 장비설치를 한 것은 명백한 불법이었다.[3]

---

3 한국환경회의는 환경영향평가법 제47조 '사전공사 금지조항'을 근거로 한민구 국방장관과 한철기 국방부시설본부장을 고발했다. 한국환경회의는 "국방부는 환경영향평가를 받지 않은 현 상태에서 사드체계가 배치된 것에 대해 '시설공사 없이 배치됐다', '현재 진행 중인 환경영향평가와는 관련 없이

사진 3 사드장비 추가반입을 위해 거리를 점거한 경찰과 포위된 종교인들. ⓒ 정영신

아침 9시, 주민들과 지킴이들이 다시 모였다. 곧이어 사드 장비 반입 강행을 규탄하는 기자회견이 진행되었다. 성주투쟁위는 사드 장비 반입 자체를 "합의서도 없이, 주민 동의, 국회 논의조차 없이 강행된 불법"이라고 규정하고 "이를 인정하거나 묵과하지 않겠다"며 "즉각 철거할 것을 요구"했다. 그날 저녁 JTBC뉴스룸에 출연한 임 부녀회장은 "사드가 들어갔다고 해서 끝난 게 아니"라는 점을 분명히 했다. 언론에서는 "계엄령"이나 "군사작전"이라는 용어를 사용하며 이날의 사

야전운용이 가능하다', '(사드 레이더) 전자파를 검증하려면 실제 장비가 운용돼야 한다'는 답변을 했는데, 장비를 반입·가동(야전운용)하면서 사후적으로 환경영향평가를 진행하는 것은 환경영향평가법 제47조 제1항 '사전공사 금지' 조항의 명백한 위반"이라고 지적했다(『경향신문』 2017/05/05).

태를 비판했다. 이후에 벌어진 집회에서 주민들은 "아마도 광주에서 이랬을 것"이라며 분노했고, "이제야 강정마을의 마음을 알 것 같다"며 눈물을 흘렸다.

이날의 사태를 어떻게 이해할 수 있을까? 우선, 이 장면들은 한국의 국책사업 현장에서 수없이 반복되어 왔다는 점을 지적해야 할 것이다. 2006년 5월 4일 새벽 5시. 정부가 평택 대추리의 들판과 대추분교에 대한 행정대집행을 위해 경찰 110개 중대 1만 1,500명, 수도군단 및 700특공연대 소속 2개 연대 2,800여 명, 용역업체 직원 600명을 동원하여 주민들과 시위대를 폭력적으로 진압했던 이른바 '여명의 황새울' 작전의 시간을 떠올릴 수 있다.[4] 또한 2012년 3월 7일 오전 11시 20분. 강정마을에서 구럼비 발파를 막기 위해 철조망과 펜스를 넘어서 혹은 카약을 타고 바다 위에서 저항하던 강정마을의 주민들과 지킴이들이 제압되고 연행된 시간을 기억할 수 있다.[5]

위의 장면들은 국가와 지역공동체가 부딪치는 현장마다 반복되었던 것들이라고 할 수 있을 것이다. 국가기구는 '군사작전'에 준하는 군사주의적 행정으로 자신의 의지를 관철시켰고, 그 결과 마을은 '전장'이 되었다. 이 '전장'이라는 표현은 단순히 비유적인 묘사라고만 볼 수 없다. 오히려 '전장'이라는 감각은 공권력에 의해 일상의 공간과 시간을 점령당한 현장의 주민들과 현장 바깥의 시민들을 구분하는 핵심적인 요소라고 할 수 있다. 시민사회 내의 고립된 시공간으로서 '현장'이란 이처럼 공권력에 의한 갑작스런 침입, 공간과 시간의 갑작스런 단절과 파괴에 의해 인위적으로 구성되며, 이에 저항하는 '운동'을 통

---

4 『한겨레21』 2016/05/11; 『한겨레』 인터넷판 2006/05/04.

5 『한겨레21』 2012/03/14; 『한겨레』 2007/03/06; 『제주의소리』 인터넷판 2017/04/27.

해 운동주체들에 의해 재구성된다고 할 수 있다.

시민사회와 현장 사이의 분단과 분절의 배후에는 국가관료제에 의한 주민배제의 행정, 반대 주민들에 대한 국가의 보복수단으로서의 사법체계, 주류언론에 의한 프레임 씌우기가 존재한다. 국가기구의 폭력적 개입과 침입은 한국사회의 지역 현장들을 형성하는 지배적인 요인이라고 할 수 있다. 그렇지만 이런 폭력적 관행만 존재한다면 현장은 지속성을 띠지 못할 것이다. 이러한 폭력에 대항하는 지역공동체의 지속적인 저항과 실천은 현장에 내재한 폭력성을 드러내면서 지속적인 투쟁이 벌어지는 장으로서 현장을 구성하는 또 다른 행위양식이다. 특히, 군사기지에 저항하는 지역운동의 현장들은 장소와 공간의 파괴/상실에 저항하는 지역 단위의 '공동체적' 투쟁이 전개된다는 점에서 고유한 특징을 가지고 있다.

IV. 국가에 대항하는 공동체의 투쟁

성주에서 전개된 반기지운동의 특징과 동학을 살펴보기 위해서는 운동의 국면들을 나누어 볼 필요가 있다.[6] 〈표 1〉은 천용길(2017)의 논의에 따라서 운동의 국면을 5개의 시기로 구분하고, 각 시기의 중요한 사건들을 언론보도를 참조하여 정리한 것이다. 1기는 국방부와 주한미군이 사드배치 결정을 공식적으로 발표한 2016년 7월부터 9월까

---

[6] 성주 반기지운동의 경과에 관해서는 김충환(2017)과 천용길(2016; 2017)의 글을 참조.

지의 시기다. 국방부의 일방적인 결정에 대해 범군민적인 항의운동이 일어나서 '사드성주배치저지 투쟁위원회'가 결성되었다가, 이른바 '제3부지론'이 나오면서 성주투쟁위 1기가 해산되고 성주투쟁위 2기가 결성되는 시기였다. 2기는 9월 30일에 국방부가 사드배치 후보지를 성주포대에서 롯데골프장으로 변경하면서 성주군수가 성주군청 앞 광장을 폐쇄하여 성주투쟁위가 투쟁의 환경을 정비하는 한편, 사드배치반대 김천시민대책위원회(이하 김천대책위)와 원불교성주성지수호 비상대책위원회(이하 원불교비대위) 등이 결성되면서 투쟁의 동력이 외부로 확산되는 시기였다. 3기는 '박근혜-최순실 국정농단사건'에 항의하는 촛불시위가 전개되던 시기였으며, 동시에 성주투쟁위, 김천대책위, 원불교대책위를 비롯해 사드한국배치저지 전국행동(이하 전국행동), 사드배치저지 부산울산경남대책위원회, 사드배치반대 대구경북대책위원회 등 6주체가 연대운동을 본격화한 시기였다. 4기는 2017년 3월부터 8월까지의 시기로 투쟁의 주요 현장이 성주의 평화나비광장과 소성리로 이원화되고, '소성리 범국민 평화행동'을 통해 전국적인 항의행동이 조직된 시기였다. 마지막으로 5기는 2017년 9월부터 현재까지의 시기로 9월 7일의 사드 추가배치 이후에 장기적인 투쟁을 모색하는 시기라고 할 수 있을 것이다.

    성주의 반기지운동이 지닌 특징을 살펴보기 위해서는 성주의 지역적 상황과 운동 전개양상 사이의 관계를 살펴볼 필요가 있다. 우선, 이때 '지역'이라는 공간은 주민들의 삶의 터전이고, 주민들의 삶의 역사가 누적된 곳이며, 현장의 주민들이 인근 지역의 주민들과 조밀한 사회적 연결망을 형성하고 있는 곳이라는 점을 지적할 수 있다. 따라서 직전까지 주민들이 긴밀한 대면접촉이나 상호작용을 통해서 주거공동체, 생활공동체를 형성하고 있었다는 점이 자연스럽게 동원(mobilization)의 가장 강력한 자원이 된다.

표 1 성주 반기지운동의 시기 구분, 사건, 쟁점

구분	주요 사건	특징과 쟁점
1기 2016.07~ 2016.09	07.08 국방부와 주한미군, 사드배치 결정 공식 발표 07.11 언론에서 사드배치 후보지로 성주 거론 07.12 사드 성주배치반대 범군민비상대책위원회 발족 07.13 범군민궐기대회, 국방부 항의방문 07.13 국방부 성주포대 사드배치 최적 부지라고 답변 07.13 사드배치반대 성주 촛불집회 시작 07.15 황교안 총리 성주 방문 07.16 사드성주배치저지투쟁위원회로 확대 개편 08.04 대통령과 대구경북초선의원 간담회에서 제3부지론 거론 08.18 사드한국배치저지 전국행동 발족 08.21 사드배치 반대 김천 촛불집회 시작 08.22 성주군수 제3부지 요청 기자회견, 광장 폐쇄 08.27 3천여 명 인간띠잇기 09.11 성주투쟁위 해산 결정, 2기 성주투쟁위 구성 09.22 투쟁위 '성주사드배치철회투쟁위원회'에서 '사드배치철회 성주투쟁위원회'로 개명	·사드 문제 초기에 엑스밴드 레이더 유해성 문제 부각 ·외부세력 개입을 둘러싼 논쟁 ·황교안 총리 방문에 대해 언론에서 '총리감금', '외부세력 개입된 폭력' 보도 이후 언론 항의운동 전개 ·8월 하순부터 성주사드배치반대에서 한반도 사드배치반대로 프레임 이동 ·제3부지를 둘러싸고 논쟁, 관변단체 중심의 투쟁위 해산 ·제3부지 거론 이후부터 김천으로 반대운동 확산
2기 2016.10	09.30 국방부 사드배치 롯데골프장으로 이전 발표 10.02 성주군수 광장 폐쇄 10.06 집회장소 (구)성주경찰서 주차장으로 이전 합의 10.08 플리마켓 행사 10.11 성주,김천,원불교 대책위 연대로 서울집회	·군청 앞 광장 폐쇄, 안정적인 집회공간 확보가 쟁점으로 부상 ·김천, 원불교 등으로 연대의 확장
3기 2016.11~ 2017.02	11.01 평화나비광장에서 월동 준비 11.02 투쟁기록팀 결성 11.12 서울의 제6차 민중총궐기 집회에 참석 11.24 6개 대책위 공동기자회견 11.26 성주와 소성리를 잇는 '평화발걸음 도보순례' 행사 11.30 소성리에서 매주 수요일 반대집회 시작 12 6주체 연대회의 구성 01 경제공동체에 관한 논의 시작 02.17 사드반대 패션쇼 개최 02.27 롯데골프장과 사드부지 교환 승인	·박근혜-최순실 국정농단 ·투쟁 이슈의 다양화 ·6주체 연대회의 가동

구분	주요 사건	특징과 쟁점
4기 2017.03~ 2017.08	03 소성리 마을회관 앞 도로에서 저지투쟁 시작 03.02 6주체 소성리 종합상황실 운영 03.10 헌법재판소에서 박근혜 탄핵 결정 03.18 제1차 소성리 범국민 평화행동 04.08 제2차 소성리 범국민 평화행동 04.26 사드 발사대 2기 반입 04.28 주민들 소성리 회관 앞 도로감시 시작 05.09 대선에서 문재인 후보 당선 05.13 제3차 소성리 범국민 평화행동 06.18 보수단체들의 사드배치 찬성 집회 08.08 성주투쟁위 6주체 회의에서 탈퇴 결정 08.17 성주투쟁위 지도부 재신임 투표 08.19 제4차 소성리 범국민 평화행동 08.27 성주투쟁위 3기 집행부 구성	·소성리와 성주로 집회 이분화 ·사드장비 반입 ·대선 결과를 둘러싼 논쟁 ·투쟁방식을 둘러싼 논쟁
5기 2017.09~ 2017.12	09.05 파란나비 원정대 출범 09.07 사드 발사대 4기 추가 배치 09.15 사드배치철회 성주초천투쟁위 '소성리 사드 배치철회 성주주민대책위'로 확대 개편 09.16 제5차 소성리 범국민 평화행동 12.02 제6차 소성리 범국민 평화행동	·사드 추가 배치 ·파란나비 원정대 활동 ·별마을 공동체 운동

성주의 경우에는 세 가지 요소가 중요했다. 첫째, '성주참외'로 대표되는 시설투자형 농업이 성주에는 일반화되어 있다. 따라서 농민들은 자연스럽게 이주보다는 농업을 지키는 것, 생산하고 생활하면서 투쟁하는 길을 선택했고, 초기 운동의 발생국면이 농한기였다는 점도 중요했다. 둘째, '가톨릭농민회'의 발상지라는 데서 알 수 있는 것처럼 성주는 농민운동의 강력한 전통을 가지고 있었다. 또한 대구를 중심으로 문화운동에 종사했던 많은 예술인, 작가 들이 성주와 그 주변지역으로 귀농하고 있었다. 이들은 제2기 성주투쟁위원회가 출범한 이래로 이전의 운동경험을 전하면서 강력한 구심점을 형성하는 한편, 성주군청 앞에서 열리는 집회를 촛불 문화제로 발전시켰다. 물론, 이

들이 이전부터 촘촘한 연결망을 형성하고 있던 것은 아니지만, 투쟁의 과정에서 비공식적 연결망이 강화되었다고 할 수 있다. 마지막으로, 사드 전자파로 인한 아이들의 피해를 우려하는 여성들의 참여가 두드러졌다. 성주투쟁위원회 산하 여성위원회는 자발적인 헌신과 강력한 실행력을 바탕으로 촛불집회를 지속하는 든든한 버팀목이 되었다. 특히 이들이 형성한 비공식적인 네트워크는 아이들의 양육과 어르신들의 돌봄, 현장 살림의 유지 등에 많은 역할을 함으로써 주거와 투쟁의 공동체적 성격을 결합하는 데 주요한 요인이었다.[7]

이전까지 거주, 생활, 생산을 중심으로 형성되어 있던 연결망은 투쟁의 과정에서 질적인 변화를 경험했다. 예컨대, 약 200여 명이 지역 내 먹거리 정보를 교류하던 카카오톡 채팅방은 반기지투쟁이 전개되는 과정에서 성주 시민들이 사드와 관련한 정보를 교환하는 채팅방으로 변모했다. 사드 문제가 부각된 지 이틀만에 채팅방은 최대인원인 1,316명까지 늘어났고, '1316단톡방'은 집단지성의 힘이 발휘되는 공간이 되었다. '815삭발식', '2.5km인간띠잇기', '성주노래자랑', '사드반대 패션쇼', '플리마켓', '미용봉사', '새누리당 장례식', '이완용 의원 고소', '토크콘서트', '평화음악제', '대형걸개 제작', '가정용 현수막 제작', '글쓰기 모임' 등 다양한 형식의 투쟁 레퍼토리들은 시민들의 자발적이며 능동적인 참여를 통해 제시되었고, 동의하는 이웃들에 의해 즉각 실행에 옮겨졌다. 성주투쟁위는 예산을 지원하고 시점을 조율하는 역할만 맡았다고 한다(천용길, 2017: 75). 이 이외에도 세월호 참사 이후 결성한 '함께하는 성주사람들', 성주군농민회 등도 중요한 역할을 담당했다. 이처럼 '거주'공동체, '생활'공동체는 갑작스럽게 '투

---

[7] 올 5월 25일에 개봉한 영화 〈파란나비효과〉는 바로 이 여성들의 이야기를 다루고 있다(『뉴스민』 2017/05/03).

쟁'공동체로 도약했다. 반기지운동의 주체를 투쟁'공동체'로 규정할 수 있는 것은 '주민'들이 거주의 인접성, 생활과 생산의 공동성에 근거한 유대의식을 강하게 가지고 있으며, 또한 이들이 맺고 있는 지연·학연·혈연 같은 요소들이 사람들을 연결하고 참여시키는 중요한 자원이 되기 때문이다. 하지만 참여자들이 관료제적 조직 하에서의 통제·명령·당위보다는 자발성과 헌신에 기초하여 운동에 참여한다는 점에서 투쟁공동체는 민주적이며 개방적인 특성을 지닌다. 무엇보다 이러한 투쟁'공동체'가 이전의 비공식적 연결망을 자원으로 삼지만, 그 내부의 유대감이나 연대의식이 운동의 과정에서 형성되고 강화되었다는 점을 지적하는 것이 중요하다. 요컨대, '투쟁공동체'는 특정한 목적(사드배치의 철회나 생명평화마을의 건설 등)을 달성하기 위한 운동의 지속성에 의해 임시적으로 형성·재형성되는 긴밀한 연결망이라고 할 수 있다. 그것은 투쟁조직이나 사회운동조직(social movement organization)의 한 유형이라고 할 수 있지만, 지역의 역사문화적 맥락 속에서 출현하며 또 그것과 더불어 진화한다는 점에서 합리성에 기반을 둔 결사체형 조직과는 성격을 달리 한다. 바로 이런 이유에서 이 글에서는 의도적으로 '투쟁공동체'라는 용어를 사용하고자 한다.

투쟁이 공동체적 성격을 띤다는 점은 지역 현장의 자원을 총동원할 수 있는 유리한 조건이지만, '공동체적 성격' 자체는 민감한 문제적 현상이기도 하다. 평택 대추리나 제주 강정마을의 사례가 유용한 참조점을 제공한다. 평택 대추리와 도두리 투쟁의 경우, 투쟁의 공동체적 성격이 전형적으로 나타났다. 평택 미군기지를 확장한다는 계획이 나왔을 때, 안정리의 상인들과 대추리·도두리 농민들의 선택은 극명하게 갈라졌다. 안정리의 상인집단이 미군기지 확장을 찬성했다면, 대추리와 도두리의 경우에 토지매수에 응했던 일부 농민들은 일찍 마을을 떠났고 남아 있던 마을사람들은 하나가 되어 기지확장에 저항했다.

오랫동안 한마을에 살면서 형성된 튼튼한 사회적 연결망을 토대로 내부분열을 피하면서 투쟁공동체를 형성할 수 있었고, 주민들의 '미군기지확장반대 팽성대책위'는 평택시대책위와 범국민대책위라는 다층적인 연대망에서 중심적인 역할을 할 수 있었다.

반면, 강정마을의 경우에는 이 같은 순환구조를 형성할 수 없었다. 이미 제주의 화순과 위미에서 해군기지의 건설을 추진했다가 주민들의 저항으로 인해 포기한 경험을 가지고 있던 국방부와 해군은 제주도와 서귀포시 양해 속에서 마을 이장을 비롯한 일부 주민들을 개별적으로 만났다. 그리고 마을회장과 어촌계를 중심으로 한 인사들은 2007년 4월 26일 저녁에 마을주민 1,900여 명 중에서 단 86명만 모인 자리에서 해군기지 유치 찬성 결의를 만장일치로 통과시켰다. 이 임시총회는 비공개로 진행되었고, 회의의 과정과 결과도 비밀에 부쳐졌다. 기다렸다는 듯이 국방부는 4월 30일에 "강정마을에 군항건설이 가능하다"며 이미 "검토가 끝났다"고 밝혔다. 그리고 5월 14일 당시 김태환 도지사는 "강정마을을 해군기지 최우선 대상지로 선정했다"고 발표했다. 강정마을 주민들은 2007년 5월 18일 해군기지유치반대위원회를 구성하고 해군기지 반대 입장을 분명히 했다. 그리고 강정마을회는 2007년 8월 10일 마을총회를 열어 해군기지 찬반투표를 추진했다. 유권자 1,100여 명 가운데 725명이 참여했고 이 중 93.8%인 680명이 반대표를 던졌다. 이것은 해군기지에 대한 강정마을 주민 최초의 총의이며 아직까지 유효한 것이다. 강정마을은 이날의 총의를 바탕으로 주민대책위를 중심으로 10년 동안 반기지평화운동을 벌여오고 있다.

강정마을 해군기지의 유치와 건설 과정은 철저하게 비밀스런 협잡, 비공개적이며 비민주적인 논의, 주민을 배제한 결정, 그리고 폭력적인 추진 과정으로 점철되었다. 강정의 마을공동체는 이 충격에서 쉽게 벗어날 수 없었다. 투쟁의 시작부터 공동체는 분열되었고 주거와 생활의 영역 역시 분열의 영향을 받았다. 마을 사람들이 명절마다 함께 진행하던 마을의 합동제례는 중단되었고 100여 개에 이르던 계를 비롯한 각종 모임 역시 중단되거나 와해되었다. 심지어 찬성 측과 반대 측은 편의점도 다른 곳을 이용했다. 조상의 제삿날은 친척끼리 분쟁이 일어나는 날이 되었다. 2012년 3월 7일 구럼비가 파괴되고 해군기지 건설공사가 본격적으로 진행되면서, 마을 주민들이 다시 일상의 삶을 꾸리려고 했을 때 거기에는 이미 공동체가 존재하지 않았다.

　마을공동체에 대한 국가와 공권력의 공격은 위협과 폭력을 통해 공동체의 거주기반을 붕괴시킴으로써 공동체 자체를 와해하는 방향으로 나타나기도 하고, 다른 한편으로 개발이나 발전 정책, 정부지원금 등을 수단으로 해서 공동체 내부에 군사기지 찬성파를 육성하는 방향으로도 나타난다. 이런 국가의 전략에 대해, 평택의 대추리와 도두리가 주거와 생활의 공동체를 '성공적으로' 투쟁공동체로 전환시킨 사례에 해당한다면, 제주의 강정마을은 국가기구의 직접적인 개입과 기지찬성파의 비민주적 전횡으로 인해 주거와 생활의 공동체성이 극단적인 대립으로 전환된 사례라고 할 수 있을 것이다. 두 사례와 비교해서, 성주의 경우에는 여러 번의 위기를 겪으면서도 주민들의 자발적인 참여와 헌신성으로 이전에 비해 더욱 조밀한 공동체성을 (재)형성한 사례라고 할 수 있을 것이다. 그렇다면 성주의 투쟁공동체가 보인 이러한 특징은 어떻게 형성될 수 있었을까?

V. 현장의 운동에 가해지는 이중의 압력과 경계의 재구성

현장의 주민들이 국가의 폭력적인 정책집행에 대항하기 위해서는 투쟁의 범위와 경계를 확장하지 않을 수 없다. 국가가 현장에 폭력을 소환하는 것처럼, 주민들은 '외부의 시민'들을 소환한다.[8] 지역에 근거를 둔 반기지운동은 지역공동체에서 출발하면서도 시민사회의 다양한 집단들과 연결됨으로써 경계가 모호하고 유동적인 형태의 투쟁공동체로 진화한다.[9]

경계를 어떻게 해체하고 재구성할 것인가의 문제는 지역화된 사회운동에 가해지는 모순적인 이중의 압력과도 관련되어 있다. 이 압력은 주류언론에 의해 프레임 씌우기의 형태로 드러난다. 첫 번째 압력은 반대운동을 전개하는 사람들이 이른바 '외부세력'의 개입 없이 지역에 뿌리를 둔 '순수한 주민'들의 운동으로 전개할 것을 요구받는다는 점이다. 이때 '외부세력'은 '종북세력' '좌파' '빨갱이' 등과 호환

---

[8] 지역 주민들의 공동체적 결집과 연결된 이 흐름은 1990년대에 '지역으로 내려가자'라는 구호 아래 중앙의 정치투쟁이 아니라 지역의 구체적인 사안 혹은 생활의 문제로 운동의 관심을 돌리려 했던 '사회운동의 지역화'와는 분명한 차이가 있다. 현재의 흐름은 문제의 발생지점이 지방정치의 영역이 아니라 여전히 중앙의 정치권력에 있으며, 중앙권력과 지역공동체의 직접적인 대결 양상으로 전개되면서 지자체나 지방정치의 영역이 거의 존재하지 않는다는 점에 그 특징이 있다.

[9] 과거에 이 투쟁공동체는 '조직의 측면'에서만 보면, 주민대책위를 최소 규모로 하고 범국민대책위원회(National Committee)를 최대 규모로 하는 참여와 연대의 망을 형성했다.

사진 4 성소수자들이 보낸 연대의 메시지, ⓒ정영신

되는 용어이며, '외부'는 지리적인 것이라기보다는 정치적인 것이다.

초기에 '사드배치철회 성주투쟁위원회'는 성주군수를 비롯한 보수인사들의 주도로 이른바 '외부세력'의 개입을 거부했다. 2016년 7월 20일 성주군민들이 최초로 상경하여 서울역 앞에서 벌인 집회에서, 군민들은 각 행정구역별로 이름표를 달고 집회에 참석하여 외부세력의 개입을 원천적으로 막으려 했다. 보수언론은 이를 대대적으로 보도하면서 시위꾼, 선동꾼을 잘 막아낸 합법적 평화시위였다고 평가했다.[10] 1기 투쟁위의 주도로 구성된 성주 투쟁공동체의 최대 특징은 주민들의 자발적 참여와 기존의 행정권력에 의한 동원을 결합하여 행정적 경계 내의 동원을 최대화 하면서도 행정적 경계 외부로는 동원을 최소화 했다는 점이다.

그러나 성주군수의 제3부지 요청을 계기로 성주투쟁위원회의 보수적 인사들이 위원회의 해산을 선언하면서 상황은 반전되었다. 군민

---

10 『오마이뉴스』 2016/07/22.

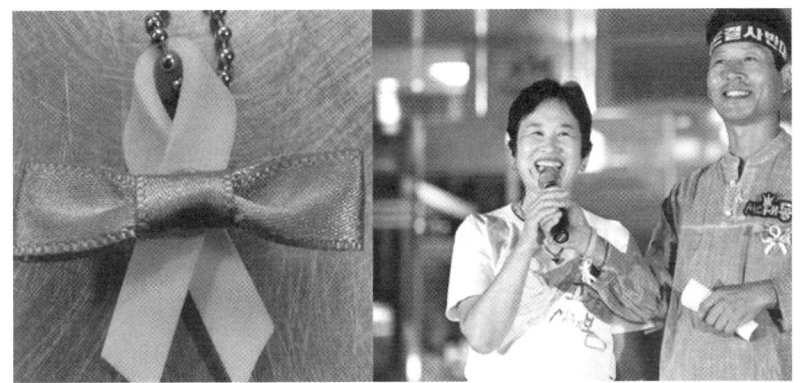

사진 5 성주투쟁의 상징인 파란리본과 세월호 노란리본의 결합

들은 광장의 지킴이를 자처하면서 2기 투쟁위원회를 구성하고 오히려 "성주가 대한민국이다" "대한민국 어디에도 사드배치 최적지는 없다"라는 구호를 내세우면서 성주투쟁을 '국민적' 운동으로 발전시키려 했다. 1기 투쟁위가 '외부세력'을 차단하기 위해 설정했던 경계는 허물어졌다. 여기에는 농민운동에 종사하면서 연대운동의 경험을 가지고 있던 활동가들, 지역 사회운동의 연대망 속에 있던 작가를 비롯한 예술인들, 그리고 아이들의 생명과 건강에 지대한 관심을 가질 뿐만 아니라 세월호 참사를 기억하고 있던 여성들이 중요한 역할을 담당했다. 경계 와해의 가장 극적인 상징은 성주의 군민들이 성주투쟁을 상징하는 파란 리본과 세월호의 노란 리본을 결합해 달기 시작한 일이 있다.[11] 주민들은 투쟁의 주체를 '국민'으로 호명했고, 반대운동의 프레임은 지역 주민들의 건강권 문제에서 평화의 문제로 옮겨갔다. 요컨대, 2기 투쟁위의 주도로 구성된 성주의 투쟁공동체는 기존 공동체 내에서 '강요된 고립'을 '경계의 개방과 확장'으로 전환했다고 할 수 있다.

---

11 『뉴스민』 2016/07/25.

지역운동에 강요되는 두 번째 요구는 사실상 첫 번째와 모순되는 것으로, 자신만의 이익을 위해 싸우는 '님비 현상'이 아닐 것을 요구받는다는 것이다. 이러한 요구가 발생하는 이유 가운데 하나는 과거의 국책사업에서 주요 쟁점이 '보상 문제'를 둘러싸고 전개되어 왔기 때문이다. 그것은 경제적 이익의 확보가 중요한 문제라는 점 때문이기도 하지만, 동시에 정책의 결정이나 수행과정에서의 정당성과 관련한 질문이 제기되기 힘든 정치적 구조 때문이기도 했다. 하지만 국책사업과 관련한 현대의 사회적 갈등들은 경제적 보상의 문제뿐만 아니라, 정책의 결정과 수행과정에서 민주주의의 문제나 환경과 평화와 같은 이념과 가치의 문제들이 결합되어 있다는 특징을 지니고 있다(김선희, 2005). 특히 정당성과 관련한 문제들은 현장에서 가장 중요한 쟁점으로 제기됨에도 불구하고 대중매체에 의해서 잘 부각되지 않는 문제이기도 하며, 따라서 기존 언론에 대한 불신이 제기되는 지점이기도 하다.

첫 번째 요구가 해당 사안에 대한 발언권을 '당사자'들에게만 부여하는 지역적이며 특수한 것이라면, 두 번째는 그러면서도 당사자들이 공익성과 공공성의 기준에 따라 행동할 것을 요구하는 것이다. 두 가지 담론구조 내에서 반대운동을 전개하는 주민들은 '외부세력'에 의해 오염되고 세뇌된 불온한 주체로서 '법치'의 틀 내에서 추방되어야 할 자들이거나, 국방사업이라는 공익 앞에서 경제적 이익만을 추구하는 사적 주체로 나타난다.[12] 전자가 장소에 결박된 특수주의적 주체에 대한 호명이라면, 후자는 탈장소적인 보편주의적 주체에 대한 호명이다. 이 속에서 지역과 장소에 연결된 주체이면서 보편적일 수 있는 주체의 가능성은 봉쇄된다. 특히 국방, 안보, 외교 등의 사안에서

---

12 국방부는 성주군에 대구-성주간 고속도로 및 경전철의 개통과 국도의 확장 등과 같은 보상책을 제시했다(『한겨레』 2017/04/18).

말하고 판단할 수 있는 유일한 주체는 국가로 상정되어왔고 이것이 중앙 관료사회의 오래된 관행이었다. 따라서 지역에서 전개되는 반기지운동이 감당해야 할 일차적인 과제는 군사기지 문제와 관련한 논쟁에서 주민들 스스로 자신을 주체로 드러내는 일이다. 이 '불온한 행위'에 대해 국가는 적대적이며 강압적인 방식으로 대처해 왔고, 주민들은 연대의 망을 넓히고 투쟁공동체의 경계를 재편하는 방식으로 대응해 왔다.

지역화된 사회운동의 전개과정에서, 두 주체가 경계의 재구성에 중요한 역할을 담당해 왔다. 첫 번째는 '지킴이'의 존재다. 지킴이의 존재와 그 역할에 관한 학술적인 논의는 아직 제시되지 않았다. 또 지킴이가 누구이며 어떤 존재인가에 대해, 지킴이들 내부에서도 어떤 합의가 존재하는 것 같지는 않다. 그래서 지역화된 사회운동의 여러 현장에서 발견되지는 지킴이들에 대해 이 글에서는 잠정적으로 다음

사진 6 주민, 지킴이, 종교인들이 함께 벌이는 거리미사, ⓒ정영신

과 같이 규정하고자 한다. 우선, 지킴이라는 존재는 운동의 '동원' 국면에서 투쟁공동체의 중요한 성원으로 등장한다. 다시 말해서, 그들은 운동 이전의 일상 속에서는 발견되지 않던 이들이다. 둘째, 일회적인 방문자나 지지자들과 달리, 지킴이들은 일정한 기간 동안 혹은 그 이상의 시간 동안 현장을 지키는 주민들과 함께 투쟁하며 함께 생활하는 존재다. 현장에서 혹은 그 지역에서 함께 생활한다거나 함께 살아간다는 감각은 지킴이들 내부의 정체성 형성에서 중요한 요소라고 할 수 있다. 그러나 함께 살아가는 기간의 문제나 투쟁과 생활의 조합방식과 같은 문제들은 논쟁적인 것이며 쉽게 합의될 수 없는 성질의 것이다. 셋째, 지킴이라는 존재는 몇 가지 지표들에 의해서 객관적으로 규정될 수 있는 범주라기보다는, 운동의 현장성에 의해 구성·재구성되는 임시적이며 가변적인 정치적 주체를 지칭하는 것이다.

'누가 지킴이인가?'를 질문하는 것은 매우 정치적인 행위이며 그에 대한 답변 역시 마찬가지다. 오히려, 위와 같은 다양한 '모호성'은 지킴이라는 존재의 규정에서 핵심적인 것이라고 할 수 있다. '지킴이'라는 표상은 '외부인'을 가리키기도 하며, 지역에서의 거주와 생활을 지속하면서 '주민되기'를 실천하는 (그럼으로써 '내부인'이 되고자 하는) 이들을 가리키기도 한다. 그런 의미에서 이들은 경계 위에 선 이들이며, 동시에 경계를 교란하는 이들이다. 이들의 존재는 두 가지 측면에서 투쟁공동체의 진화에서 매우 중요하다. 첫째, 주민(대책위)가 지킴이라는 존재를 수용하는 것은 투쟁공동체가 이른바 '외부세력'을 포함한 형태로 재구성된다는 것을 의미한다. 외부세력과의 단순한 '연대행위'와 달리, 지킴이들과의 공존은 현장을 둘러싼 일상의 공간들을 함께 공유하는 것이기 때문에 주민들과 지킴이들은 일상의 생활방식, 이념, 가치관 등에서 상호 침투와 변화를 초래한다. 둘째, 방문하는 외부의 지지자들, 혹은 현장의 운동에 연대하고자 하는 시민들은 스스로를 지킴이로 호명함으로써 손쉽게 투쟁공동체의 일원으로 스스로를 자리매김하게 된다. 시민들 혹은 '외부인'들은 현장에 머무는 행위를 통해 지킴이의 일원이 되고 그럼으로써 현장에서 공유되는 가치, 이념, 정체성, 목표, 전략 등을 함께 공유하게 되며 무엇보다 현장성 자체를 체득하게 되는 것이다. 이러한 특징들은 평택, 강정마을, 성주의 현장에서 모두 발견되는 것들이다. 다만, 성주 소성리 현장의 지킴이들은 주로 성주의 여러 지역에서 오랫동안 거주하면서 수시로 방문하는 이들이 많았는데, 그것은 초기부터 사드배치 문제가 성주군 전체의 문제로 인식되었다는 점과 관련이 있다.

두 번째는 '종교인'의 존재라고 할 수 있다. 평택, 강정, 밀양, 성주 등 지역화된 사회운동의 현장에서 가톨릭, 개신교, 불교, 원불교 등 다양한 배경의 종교인들은 투쟁 레퍼토리의 확장과 투쟁공동체의 확장에서 중요한 역할을 담당해 왔다. 성주투쟁의 경우에, 특히 사드배치 부지에 성지(聖地)를 두고 있던 원불교가 중요한 역할을 수행했다.

사진 7 평화교당에서 방문자들과 법회를 열고 있는 모습, ⓒ정영신

기존 연구는 이들의 역할을 크게 두 가지 측면에서 정리하고 있다(조성윤 외, 2017). 첫째, 원불교는 반대운동의 의례화(ritualization)를 주도했다. 소성리 마을회관 앞의 광장에는 다양한 종교단체들이 천막을 치고 현장을 찾아오는 여러 단체와 개인들에게 교류와 연대의 기회를 제공해 왔다. 특히 원불교는 성주골프장 입구인 '진밭교'에 '평화교당'을 설치하여, 그곳까지 찾아오는 방문자들에게 원불교의 평화의 교리(원불교의 사무여한(死無餘恨) 정신이나 정산종사의 '삼동윤리' 등)를 설파하고 있다. 원불교를 비롯한 종교인들은 매일매일의 미사와 의례행위를 통해 주민들과 지킴이들에게 일상적인 투쟁의 양식을 제공하는 한편, 주민·지킴이들의 항의행동을 경찰의 공권력 행사로부터 보호하는 역할까지 담당하고 있다. 둘째, 원불교를 비롯한 종교단체들은 지지자들과 자금을 현장으로 동원하는 창구의 역할을 담당한다. 강정마을에서 천주교가 그랬던 것처럼, 성주에서 원불교는 교단의 힘을 통하여 교인들을 의례의 장소로 조직적으로 동원하였고, 교단조직을 통해 후원금을 마련함으로써 현장운동을 지속시키는데 중요한 역할을 했던 것이다. 그런데 이 글의 관점에서 보자면, 이러한 종교적 개입은 투쟁공동체의 이념적·가치적 기반을 강화하면서 '외부세력'과의 경계를 해체하는 효과를 발휘하는 것이라고 할 수 있다.

VI. 연대하기와 경계짓기의 이중운동과 현장성을 둘러싼 논쟁

과거에 한국의 반기지운동은 주민이 중심이 된 주민대책위, 주변 지역 사회운동이 결집한 시(市)대책위나 도(道)대책위, 그리고 범국민대책위원회(범대위)와 같은 다층적인 연대체를 형성함으로써, 주민들이 지닌 상징성과 학생운동이나 노동운동이 지닌 동원력을 결합하는 이른바 '범대위체제'를 형성해왔다.[13] 그것이 가장 전형적으로 나타났던 사례가 평택투쟁이었다. 그러나 이 '범대위체제'는 변화하지 않을 수 없었는데, 학생·노동·청년운동 등의 동원력 약화와 지역 현장으로의 동원의 어려움이 주요 요인이었다. 제주의 강정마을 투쟁에서는 섬이라는 지리적 조건이 또 한번의 제한을 가했다.

성주투쟁의 특징은 사드배치 지역이 이른바 '제3부지'로 소성리의 롯데골프장으로 정해진 뒤에 성주읍과 소성리로 운동의 현장이 이원화 되었다는 점에 있다. 이 때문에 투쟁공동체의 경계와 연대는 다소 복잡한 방식으로 구성되었다.

초기에 현장의 이원화 현상이나 다층적으로 구성된 대책위들은 운동의 강점이 되었다. 지역 주민들의 대책위는 소성리의 주민들뿐만 아니라 성주투쟁위나 김천대책위처럼 인근 지역의 주민들을 중심으로 상당히 폭넓게 꾸려졌다. 이처럼 지역 사회운동의 역량을 총동원하는 투쟁의 방식은 소성리 지킴이 활동에 필요한 인적자원을 확보하는 데 큰 도움이 되었다. 그뿐 아니라, 일반 시민을 현장으로 동원하기 위한 프로그램의 기획과 실행에도 보탬이 되었다. 예컨대, 성주투쟁위와 김천대책위를 비롯한 연대체들은 사드 장비가 1차로 배치된 4월 26일부터 대봉령선서가 끝나는 5월 9일까지를 성주투쟁의 최대 분수령으로 보고 소성리 현장으로 시민과 조직운동, 지킴이 등을 최대한 동원하려 했으며 항의집회와 사드 장비 운송 감시활동을 지속적으

---

13   한국 반기지운동의 역사에 대한 개략적인 소개글로는 정영신(2012)을 참조할 것. 여기에는 한국의 사례뿐만 아니라 일본, 오키나와를 비롯한 동아시아 지역의 반기지운동이 간략하게 소개되어 있다.

로 벌였다. 사드한국배치저지 전국행동은 5월 4일에 전국의 시민사회 운동 대표들을 초청하여 '소성리 평화회의'를 개최했고, 5월 초의 연휴기간에는 1박2일로 평화캠핑촌을 열어 일반시민들을 초청했으며, 매일 밤 인권·평화와 관련한 영화를 상영하는 '별빛영화제'를 열었다. 특히 전국행동은 서울을 비롯한 대도시 지역에서 '평화버스'를 운용하여 현재까지 6차례에 걸쳐 '소성리 범국민 평화행동'을 성사시켰다. 요컨대, 소성리의 주민과 시군 단위의 대책위가 결합하여 지역 차원에서 폭넓게 인적 자원을 결집시키는 한편, 전국행동을 통해 소성리 지역으로 전국의 시민들을 동원하는 방식은 성주투쟁의 강점이 되었던 것이다.

그런데 4월 26일에 일부 사드장비가 배치되는 것을 계기로 소성리 현장의 투쟁은 물리력을 동원하여 추가배치를 저지하는 쪽으로 집중되었다. 이러한 투쟁방식은 연대체 내부에서, 특히 성주투쟁위 내부에서 쟁점으로 부각되었으며, 투쟁공동체의 경계와 연대가 재구성되는 계기가 되었다. 그러므로 현재까지 3기에 걸친 성주투쟁위의 진화 과정에서 중요했던 쟁점들을 재구성해 볼 필요가 있다.

1기 성주투쟁위 시기의 쟁점은 이른바 '외부세력'과의 연대 및 '제3부지론'을 둘러싼 논란이었고, 두 가지 쟁점은 서로 연결되어 있었다. 관변단체 중심의 성주투쟁위 지도부는 '외부세력'과의 단절을 추구하면서 주민 피해를 최소화할 수 있는 '제3부지'를 요구했다. 1기 성주투쟁위의 지도부가 제3부지를 수용하면서 투쟁위를 해체하자, 곧바로 2기 성주투쟁위가 구성되었는데, 이들은 "한반도 어디에도 사드배치 최적지는 없다"는 구호를 내세우면서 제3부지를 거부하고 세월호를 비롯한 다양한 투쟁 현장들과 연대하기 시작했다. 이들은 과거에 사회운동의 경험이 있는 인사들, 성주에서 나고 자란 20대, 성주로 귀농·귀촌한 3~40대가 주축을 이루었다. 이들은 기존에 성주에서 형성되어 있던 혈연관계에 얽매이지 않았고, 관으로부터 받는 지원금으로부터 크게 영향을 받지 않는 소규모 자영업자들이 많았다(천용길, 2017: 68). 특히 제3부지로 거론된 소성리의 롯데골프장이 김천시에 인접하고 원불교의 성지를 포함하고 있어서 김천대책위와 원불교비대위는 곧장 연대의 대상이 되었다. 외부로의 연대는 대구경북대책위와 부산경남대책위 및 전국행동으로 확장되어 6개 대책위는 6주체 연대회의를 구성하고 소성리에 종합상황실을 운영하는 등 공동투쟁을 성공적으로 벌여왔다.

그런데 이와 같은 경계의 확장과 연대운동은 2017년 8월을 전후하여 위기를 맞았다. 표면적인 쟁점은 4월 26일 사드장비가 배치된 이후 소성리 종합상황실을 중심으로 한 지역 주민들과 지킴이들이 소성리 마을회관 앞에서 국방부와 주한미군의 차량을 감시하고 검문한 일이었다. 또 보수단체들의 집회와 도발에 대한 대처 방식도 문제가 되었다. 성주투쟁위의 다수가 합법적인 투쟁방식을 선호했지만, 소성리 종합상황실 측은 "환경영향평가를 거치지 않고 사드를 배치해 가동하는 건 명백한 불법"이라며 "이런 상황에서 주민들은 스스로의 안전과 생존을 위한 최소한의 자경활동을 하는 것"이라는 입장이었다. 실제로 소성리 주민들과 지킴이들은 4월 30일에 소성리 마을회관 앞에서 주한미군의 유조차 2대가 롯데골프장으로 진입하는 것을 저지하는 데 성공하기도 했다. 그런데 이와 같은 '불법적' 시위활동은 주로 성주투쟁위의 이름으로 신고 되었고, 성주투쟁위의 우려는 6주체 회의에서 잘 수용되지 않았다고 한다. 이런 상황을 배경으로 성주투쟁위는 8월 8일 6주체 회의에서 탈퇴를 선언하고 11일에는 집행부 전원이 사퇴 의사를 밝히기에 이른다. 성주투쟁위는 소성리 종합상황실과 성주투쟁위 사이의 소통의 문제와 민주적 절차를 이유로 제시했다. 소성리 주민들과 나머지 단체들의 일부에서는 성주투쟁위 일부 인사들이 신임 정부와의 우호적인 관계를 배경으로 '출구전략'을 짠 것 아니냐는 의심의 눈초리를 보냈고 "전쟁 중에 아군에게 총부리를 겨누는 모양새"라는 비판도 나왔다.[14] 이 사태에 대해 보수언론에서는 "외부세력과 결별", "주민들은 들러리" 등의 제목으로 이를 보도했다.[15] 결국, 6주체에서 이탈한 사람들은 3기 성주투쟁위를 구성했고, 소성리 주민들과 성주투쟁위에서 이탈한 사람들은 '소성리 사드철회 성주주민대책위'(이하 주민대책위)를 결성했다.

주민대책위와 3기 성주투쟁위는 소성리의 현장 투쟁 방식에 관해, "물리력으로 사드 추가배치를 기필코 막아야 한다"는 입장과 "물리적으로 사드를 막는 것은 불가능하며, 반대여론 확산에 주력해야 한다"는 입장으로 차이를 보이고 있다. 성주 반기지운동의 과정과 특징을 잘 정리한 천용길(2017)은 표면적으로 드러난 투쟁방향에 대한 입장 차이의 배후에 '운동(Movement)'에 대한 규정에서 차이가 존재한다고 주장한다. 즉, 5주체처럼 "사드를 하나의 중심으로 모든 것을 흡수해 버리는 것이야 말로 폭력적일 뿐"이며, "전쟁과 평화와 같은 거대담론 만으로 모든 것을 포획하는 것이 아니라 미시적인 사안에 천착해서 사드의 문제를 다양화시키고 다양한 사람들의 삶에 사드가 엮어 들어가는 것에 대해 고민해야 한다"는 것이 3기 성주투쟁위의 입장이라는 것이다. 더 나아가 그는 "지난 번 투쟁의 방향에 대한 토론에서 끝까지 한 명이 남더라도 투쟁할 것이라는 분의 이야기를 들었다. 투쟁이 고착화 되면서 이런 배타성과 보수성이 우리 내부에서 키워지고 있는 것은 아닌지 걱정이 되었다. 사안이 정치적이고 구호가 투

---

14 『경향신문』 2017/08/14; 『한겨레』 2017/08/22.

15 『조선일보』 2017/08/15; 『중앙일보』 2017/08/15.

쟁적이라고 진보성이 담보되는 것은 아니다. 열혈투사 중에도 수많은 보수꼴통들이 있음을 경계해야 한다"는 성주투쟁위 대변인의 말로 결론을 맺고 있다(천용길, 2017: 79).

확실히 4월 26일의 사드장비 배치 이후로 소성리 현장의 운동은 보다 전투적인 방식으로 이동해 갔다. 또한 3기 성주투쟁위와 나머지 단체들 사이에 '운동'에 대한 규정에서 차이를 보이는 것도 사실이라고 생각된다. 그러나 이 차이들에 대한 해명에는 주의를 기울여야 할 점들이 존재한다. 우선, 소성리 현장의 운동이 반드시 물리력에만 의지하는 것은 아니었다는 점을 지적할 필요가 있다. 앞에서 서술한 것처럼, 소성리 현장의 투쟁 역시 다양한 문화제의 형식을 띠었고, '소성리 범국민 평화행동'처럼 국민적 공감대를 확산하고 외부의 시민들을 동원하기 위한 실천과 병행되었다고 할 수 있다.

다음으로, 양자의 입장 차이를 설명하기 위해 전국행동을 비롯한 5주체의 실천을 '전체주의적 발상'이라거나 '거대담론'에 의해 지배된 것이라고 비판하는 것은 사태를 오도할 여지가 있다. 필자는 두 가지 문제에 주목할 필요가 있다고 생각한다. 첫째는 연대의 역사성에 관한 것이다. 앞에서 언급한 것처럼, 지역을 대상으로 하는 국책사업의 실행과 이에 대한 지역화된 사회운동의 전개과정에서 한국의 시민사회운동진영은 이른바 '범대위체제'를 형성하는 것으로 대응해 왔다. 이 '범대위체제'는 주민내책위, 시·군대책위, 도 단위의 대책위, 그리고 범국민대책위라는 다층적인 연대체를 건설함으로써 특정 사안에 대해 한국의 시민사회운동진영이 최대한의 동원력을 발휘하는 형태로 건설되어 왔다. 그리고 최대한의 동원력을 발휘하기 위한 전제로서 '범대위체제'는 단일한 목표를 내걸어 왔다. 예컨대, 평택에서는 평택미군기지의 확장을 저지하는 것이었고, 제주의 강정마을에서는 해군기지의 건설을 저지하는 것이었다. 물론, 이러한 단일 목표를 달성하기 위한 구호는 국면에 따라 다양하게 제시되었다. 6주체의 연대회의는 이러한 '범대위체제'의 경험을 답습한 실용적이며 전략적인 선택이라고 할 수 있다.

두 번째 주목해야 할 문제는 두 개의 현장이 가진 현장성의 차이가 투쟁공동체의 경계와 구성원리에서 차이를 만들었다는 점이다. 우선, 소성리의 현장은 사드배치 부지가 확정된 이후에, 그리고 경찰병력을 동원한 사드배치에 저항하는 과정에서 구성되었다. 또한 소성리와 원불교 성지는 사드배치와 군사기지화에 따라 실질적인 제약을 받는 곳에 위치하고 있다. 따라서 소성리의 '할매'들과 지킴이들에 의해 구성되는 협의의 투쟁공동체와 전국행동이나 '소성리 범국민 평화행동'에 참여하는 광의의 투쟁공동체의 목표들은 모두 '사드배치의 저지'라는 실용적이며 전략적인 목표에 수렴(혹은 환원)된다. 반면, 평화나비광장을 중심으로 구성된 성주군 혹은 성주 읍내 현장의 운동은 각 시기를 경과하면서 변화해 왔다.

성주 읍내에 인접한 성주포대가 후보지로 거론되던 1기, 그리고 제3후보지로 소성리 롯데골프장 부지가 거론된 2016년 9월 30일부터 국방부와 롯데가 사드부지 교환에 합의하는 2017년 2월 27일까지 이어진 2기와 3기의 국면에서 성주투쟁의 중심은 성주 읍내의 평화나비광장이었다. 그리고 소성리 마을회관 앞에서 저지투쟁을 시작한 2017년 3월부터 시작되는 4기와 5기의 국면으로 갈수록 성주 읍내의 현장투쟁은 점차 주변화 되었다. 이러한 점진적인 변화 과정에서 성주투쟁위는 성주군내 보수단체의 이탈, 투쟁의 장기화에 따른 동력의 축소와 생계 문제, 공동체 내부의 분열과 갈등, '님비' 현상 및 대선 결과에 대한 외부의 비판 등에 대응해야 했다. 다시 말해서, 성주투쟁위는 사드배치의 실력저지뿐만 아니라 지역사회의 재편 역시 염두에 두지 않을 수 없었다. 2017년 1월부터 시작된 경제공동체 발굴에 대한 논의, 예컨대 플리마켓, 로컬푸드, 협동조합, 사회적 기업에 관한 논의들은 소성리의 현장과 구별되는 현장성에서 나온 의제들이었다. 또한 성주투쟁위에서 '파란나비 원정대'를 구성하여 전국의 여러 투쟁 현장들을 방문하여 지속적인 연대의 망을 형성하려 한 것이나, 성주투쟁위에 함께 한 시민들이 최근 '별마을공동체'를 구성하여 지역권력 견제 및 감시, 로컬푸드, 지역 경제공동체, 문화나눔, 2018년 지방선거 대응 등의 활동을 준비하고 있던 것도 마찬가지 맥락에서 이해할 수 있다. 특히 이러한 전망들은 성주투쟁위의 여러 활동들이 시민들(특히 젊은 세대와 여성들)의 자발적인 참여와 능동적인 활동을 통해 이루어져 왔다는 점과 연결되어 있다. 요컨대, 운동의 탈동원 국면까지 내다보는 지역사회 재편의 장기적인 전망의 수립 및 준비활동들과 결합되었다는 점에서 평화나비광장이 지니는 현장성은 소성리의 현장성보다 포괄적이며 장기적인 것이었고, 그런 점에서 양자는 차이를 보였던 것이다. 하지만 이러한 차이는 기존의 연구에서도 지적되지 않았고, 운동 주체들 내부의 논쟁에서도 제기되지 않은 것 같다. 이른바 제3부지론의 부상과 제3부지가 성주 내부의 주변 지역으로 설정되는 과정 속에서 성주투쟁위는 자체로 독자적인 현장의 투쟁공동체로 구성되었지만, 소성리의 현장에 연대하면서 지킴이로 활동하거나 광의의 투쟁공동체에 포함되는 등 다소 복합적인 위상을 가졌다고 할 수 있다.

따라서 현장성의 차이로부터 파생된 투쟁공동체 진화 과정에서의 차이를 깊이 고려하지 않고, 운동세력의 분화를 '신뢰의 부족'이나 '소통의 문제'로 치부하는 것은 오히려 장기적인 운동 전망의 형성이라는 소통을 방해할 가능성이 크다고 할 수 있다.

VII. 운동 이후의 운동의 과제들

사회운동을 하나의 주기(cycle)를 가진 현상으로 볼 때, 사회운동은 사람과 자원이 결집하여 높은 수준의 열정으로 충만한 '동원' 국면과, 사람과 자원이 분산되고 열정이 후퇴하는 '탈동원' 국면으로 구분할 수 있다. '동원' 국면에서 이루어지는 사람과 자원의 결집이 지역의 독특한 역사문화적 맥락 속에서 이루어진다는 점을 강조하기 위해서 이 글에서는 투쟁공동체라는 용어를 사용했다. 그렇다면 일상으로부터의 단절 혹은 도약을 통해 형성된 투쟁공동체가 '탈동원' 국면을 통해 일상의 공동체로 다시 복귀하는 과정을 어떻게 사고할 것인가? 더 나아가 이 국면에서 당연하게 생각되어 온 '운동의 소멸'을 어떻게 거부할 것인가? 예컨대 평택에서는 핵심적인 활동가들을 중심으로 '평택평화센터'를 조직하여 지속적이며 일상적인 반기지운동을 전개하고 있다. 평택평화센터는 평택투쟁의 과정에서 형성한 국제적이며 전국적인 연대망을 유지하면서 상호 방문과 지지·지원투쟁을 하고, 평택시민들이 미군기지와 공존하면서 경험하는 다양한 문제들을 해결하기 위해 노력하고 있다. 반면, 강정마을은 일상적 활동으로의 전환을 모색하면서도 완전한 전환을 유예하는 모호한 상태에 놓여 있다. 그것은 평택에서 대추리·도두리 주민들이 집단적 이주를 했던 반면, 강정마을에서는 해군기지가 여전히 주민들의 생활·주거영역을 잠식해 들어오고 있다는 사정과 관련되어 있다.

　　평택과 강정마을에서 군사기지가 확장되고 건설되었다고 해서 군사기지 문제가 종식되었다고 볼 수는 없다. 최근에 부각되고 있는 평택미군기지의 탄저균 실험 문제나 강정 해군기지의 핵잠수함 기항 문제는 다양한 군사기지 문제의 한 사례일 뿐이다. 성주의 군사기지 문제는 평택이나 강정마을의 군사기지 문제보다 더 현재진행형의 문제이면서, 동시에 투쟁 현장의 복합성을 안고 있다고 할 수 있다. 성주의 반기지운동 과정에서 투쟁공동체가 마주했던 문제들에서 알 수 있는 것처럼, 지역 현장의 사회운동들에 고유한 특징과 동학에 관한 쟁점들은 여전히 더 많은 연구와 논의를 필요로 하는 주제들이다.

우선, 저항운동의 과정에서 드러난 현장의 폭력성에 대한 지속적인 문제제기가 필요하다. 국가는 초기 의사결정 과정에서 주민들을 배제했을 뿐만 아니라 군사기지의 건설 과정에서 군대와 경찰 병력을 동원하여 강압적으로 주민들을 진압해왔다. 보수언론에 의해 강요되는 이데올로기적 압력, 국가관료제가 실행하는 주민배제의 행정은 주민에 대한 군·경의 군사주의적 진압과 적대행동에 의해 완성되어왔다. 이 삼위일체의 권력이 지탱하는 군사기지 건설, 국책사업 수행 과정은 본질적으로 국가에 대한 시민·주민의 절대적인 순종 여부를 심문한다. 순종하지 않는 주체들은 군대와 경찰력을 동원한 폭력, 법과 제도를 동원한 폭력, 그리고 이데올로기적 폭력을 대면해야 한다. 이러한 폭력의 구조와 계기들에 대한 비판과 해체작업을 보다 면밀하게 진행할 필요가 있을 것이다.

둘째, 군사기지 건설을 비롯한 국책사업에 의해 파괴되는 것들을 학술적 및 사회운동의 언어로 가시화하는 작업이 필요하다. 사람들이 삶의 터진에서 추방되어 흩어지거나 떠도는 모습, 그리고 삶의 터전에 뿌리를 내린 채 완강하게 저항하는 모습은 점점 더 일상적인 풍경이 되고 있다. 국가는 국책사업을 수행하는 과정에서 법의 이름으로 주민들을 추방하고, 공권력을 통해 저항을 분쇄하고 마을을 점령하며, 개발과 발전을 통해 사람들을 유혹하여 공동체를 분열시킨다. 평택, 밀양, 제주의 작은 마을들이 바로 그런 현장이 되었고, 2017년에는 성주 소성리가 그 현장이었다. 한편에서는 주거와 생활의 공동체가 분열되거나 파괴되고 이웃 사이의 대립과 갈등이 폭발하고, 다른 한편에서는 경계의 재편과 연대망의 확장을 통해 투쟁의 공동체가 새롭게 구축되는 것이 현장의 일상이다.

셋째, 성주의 반기지운동을 둘러싼 논쟁들은 지역의 현장을 기반으로 하는 다층적인 연대운동에서 연대망의 차별적 구성에 대한 관심과 이해가 필요하다는 점을 보여준다. 매향리투쟁에서 시작되어 평택과 강정마을을 거쳐 소성리에까지 이어지고 있는 다층적인 연대망의 구조, 즉 '범대위체제'는 기존 사회운동이 형성해 온 공식적·비공식적 연결망과 연대의 경험을 활용하여 단일 과제의 해결을 위한 최대동원을 실현해 왔다는 점에서 여러 가지 강점을 지니고 있다. 그럼에도 불구하고 현장의 상황은 늘 변화해 왔고, 따라서 연대의 방식 역시 변화하지 않을 수 없다. 또한 연결망과 연대를 통해 구성되는 투쟁공동체 역시 상이한 특징을 지닐 수밖에 없다. 그 대표적인 사례 가운데 하나가 '지킴이'들의 구성의 변화라고 할 수 있을 것이다. '지킴이'는 지역의 현장에서 주민들과 주거와 생활을 함께 하면서 '주민되기'와 운동을 병행하는 존재였다. 이들의 존재는 기존 공동체의 경계를 허물고 연대망을 확장하는 중요한 기능을 수행해 왔다. 하지만 평택투쟁에서 지킴이들이 주로 기존 사회운동 단체의 활동가들 가운데서 파견되었고 일부가 자발적인 개인 시민들로 구성되었다면, 강정마을의 지킴이들은 대부분 자발적인 시민 참여자이거나 소규모 평화운동단체의 회원들로 구성되어 있다. 반면, 성주투쟁에서는 소성리 주변 지역의 주민들과 일시적인 거주자들이 그 역할을 대신하고 있다. 이러한 변화나 복합성들은 다층적인 연대망의 구성 과정에서 반드시 고려되어야 할 부분이다.

마지막으로, 운동 이후의 운동, 즉 동원 국면 이후에 진행되는 지속가능한 평화운동을 위해서는 운동의 후속세대들이 충원될 수 있는 평화문화의 확산과 교육활동이 중요하다. 현재 이러한 활동들은 지역의 평화운동 단체들이나 지킴이들에게 맡겨지고 있다. 평택평화센터나 강정마을의 지킴이들은 평화학교나 평화기행 등을 정기적으로 기획하고 있지만, 전체 시민사회운동 진영의 지원이나 경험의 공유는 매우 부족한 실정이다. 성주의 반기지운동은 평화운동의 경험이 거의 없는 토양 속에서 국가의 일방적인 결정과 폭력적인 침입에 저항하는 과정을 통해 성장했다. 이러한 경험을 기록하고 축적하며 공유하는 활동, 지킴이 활동의 안정적인 재생산을 위한 지원, 지역의 평화 유산들을 발굴하고 재해석하는 노력, 그리고 이러한 자원들은 교육현장에서 활용하는 방식들이 개발되고 공유되어야 할 것이다.

현장의 시각에서 볼 때, '운동 이후의 운동'은 투쟁을 지속하면서 삶의 공동체를 재건하고 재구성하는 문제일 수밖에 없을 것이다. 투쟁공동체의 경험을 통해 연결된 다양한 구성원들이 함께 살아갈 수 있는 일상을 구성하는 한편, 투쟁의 경험 속에서 획득된 가치와 이념을 일상 속에서 지속할 수 있는 방법들이 창안될 필요가 있다. 다른 한편으로, '운동 이후의 운동'은 안보나 발전과 같은 체제의 문제를 해결하기 위해 마을을 군홧발로 점령하고 주민들을 삶의 현장에서 추방하는 형태의 국가를 해체하고 새로운 정치공동체를 창출하는 것, 그것을 자신의 과제로 떠맡음으로써 시민사회 스스로가 평화를 위한 투쟁공동체로 진화하는 기나긴 과정일 것이다.

참고문헌

김선희. 2005. "국책사업 갈등관리 사례분석." 『국토』. 2005.

김충환. 2017. 『사드배치 철회 성주투쟁 365일의 기록, 성주촛불일기』. 문예미학사.

서울대학교 사회과학연구원·한국정치연구소. 2014. "한국형 사회 갈등 실태 진단 연구." 국민대통합위원회 용역 보고서.

이춘희·김규현·유광흠·문정호. 2007. "국책사업 입지결정에 대한 갈등관리 모형 구축 연구." 『국토계획』 42권 6호.

정영신. 2012. "동아시아의 안보분업구조와 반(反)기지운동에 관한 연구." 서울대학교 사회학과 박사학위논문.

정영신. 2017. "국가와 군사기지에 대항하는 공동체의 투쟁: 성주의 반기지운동에 관한 시론." 『창작과 비평』 45권 2호.

조성윤·김선필. 2017. "성주 소성리의 사드배치반대운동과 원불교의 미래." 『종교연구』 77권 3호.

천용길. 2016. "성주 주민은 사드 배치 반대운동을 어떻게 전개했나?" 『내일을 여는 역사』 65.

천용길. 2017. "성주 사드배치 반대 운동을 통해 본 지역운동: 성주와 대구경북 다른 지역과 비교." 『지역의 위기, 지역의 기회』. 2017년 후기 비교사회학대회 자료집.

기사자료

권광순. 2017. "불법행위 싫다"...성주투쟁위, 反사드 외부세력과 결별." 『조선일보』(8월 15일).

길윤형. 2016. "영원히 돌이킬 수 없으리 작전명 '여명의 황새울'." 『한겨레21』 (5월 11일).

김일우. 2017. "사드 반대 성주 주민들끼리 싸우는 이유는?" 『한겨레』(8월 22일).

김일우. 2017. "사드로 찢긴 성주·김천 민심 또 찢는 '악마의 속삭임'." 『한겨레』(4월 18일).

김정석. 2017. "성주투쟁위원회 "주민들은 들러리" 사드 반대 활동 중단." 『중앙일보』(8월 15일).

문준영. 2017. "산산이 부서진 1.2km 구럼비, 강정의 피눈물." 『제주의소리』 인터넷판(4월 27일).

배나은. 2016. "성주 군민 상경집회, 외부세력 거부만 부각한 〈동아〉: 민언련 오늘의 신문보도(7월 22일)." 『오마이뉴스』(7월 22일).

백경열. 2017. "'사드배치철회 성주투쟁위' 집행부는 왜 사퇴 의사를 밝혔나." 『경향신문』(8월 14일).

송윤경. 2017. "환경회의, "사드배치 환경영향평가법 위반"… 한민구·조경규 장관 고발." 『경향신문』(5월 5일).

우미애. 2016. "성주 파란리본이 세월호 노란리본과 만나다." 『뉴스민』(7월 25일).

처용길. 2017. "〔인터뷰〕 사드와 싸우는 성주 사람들 이야기, 영화 '파란나비 효과' 박문칠 감독." 『뉴스민』(5월 3일).

한겨레. 2012. "강정마을서 '쿵' 발파소리…'화약냄새' 진동." 『한겨레』(3월 6일).

한겨레 인터넷판. 2006. "경찰 대추분교 진입…시위대 진압, 연행." 『한겨레』 인터넷판(5월 4일).

한겨레21. 2012. "강정, 끊어진 길 앞에서." 『한겨레21』(3월 14일).

/ 8장 /

인권운동은 수렴되고 있는가?:
운동 프레임과 실제 사이*

공석기(서울대학교 아시아연구소)

I. 인권운동의 경험적 수렴

인권운동은 다양한 영역과 더욱 빈번하게 만나고 있다. 단순한 연대 활동을 넘어 이론적으로나 실천적으로 수렴하고 있음을 주목할 필요가 있다. 이런 견지에서 저자는 한국 인권운동의 변화발전 과정을 운동 프레임과 실제 사이의 수렴현상에 조점을 맞추고자 한다. 구체적 사례연구를 통해 다양한 운동영역이 '정의(justice)' 마스터 프레임으로 수렴하는 과정에서 마주하는 다양한 장애물을 분석하며, 이를 극복하기 위한 이론 및 실천 과제를 제시하는 것으로 결론을 대신하고자 한다.

---

* 본 장은 저자가 2017년 12월 2일, 한국인권학회의 하반기 학술대회에서 발표한 원고를 수정 보완한 것이다.

인권운동은 과거 민주화운동의 우산 아래 한 부문으로 자리하면서 주로 시민, 정치적 권리를 개선하는데 초점을 맞추었다. 절차적 민주화를 이루면서 인권운동은 다양한 분야로 분화하였다. 최근에는 '정의'프레임 하에 다양한 이슈와 영역이 다시금 수렴하여 거대 모집단으로 부상하고 있다. 인권운동의 이념, 전략과 전술 그리고 조직형태 등은 국가 경계를 넘나들며 그 영역의 폭을 확대하고 있다. 실례로 최근 인권운동은 사회, 경제, 문화적 권리까지 확장하면서 미시에서 거시까지 모든 층위를 넘나들며 다른 운동부문과 빈번하게 교차하는 데서 확인할 수 있다. 국가와의 관계에서도 인권운동은 국가를 더 이상 변혁의 대상으로 보기보다는 다양해진 인권 이슈를 정책적으로 해결하기 위해 국가를 인권운동의 협력적 파트너 혹은 정책경쟁의 대상으로 인식하기 시작하였다.

또한 인권운동은 과거 개인의 권리를 확보하는 법률적 차원을 넘어서 정치, 발전, 분쟁, 민주화 그리고 사회복지까지를 포함하는 광의의 거대 모집단 운동으로 그 지평을 넓히고 있다. 물론 사회문화적 차원의 인권 문제를 당위적인 목표로 여기며 정책차원의 프로그램 성격으로 간주하는 것이 현실이다. 인권운동의 대상이 사회, 경제, 문화적 요소까지를 포함하는 인간으로서 누려야 할 당연한 권리로서 요구하며 국가와 사회는 이를 구현하기 위해 책임을 다할 것을 요구하는 책무성 운동의 과제를 안고 있다.

이처럼 인권운동 영역의 외연적 확대를 주목하는 것도 중요하지만 동시에 인권개선을 위한 주체로서의 시민들의 노력도 주목할 필요가 있다. 인권의 주체로서 시민들이 닫힌 정치기회구조로 인해 침해받는 인권상황에 대해 문제의식을 갖고 개선을 주장하는 과정 즉, '인권의 사회화 과정'을 통해 저항운동으로서 인권운동이 확산되고 있다. 민주주의라는 마스터 프레임 속에서 국가 정책결정과정에서 소외받던 소수자들이 자신의 권리를 확보해가는 서구의 민권운동이나, 대통령 직접선거 제도를 쟁취하여 절차적 민주주의 서막을 열게 된 80년대 말 한국의 민주화운동, 그리고 이후 진행된 아시아 지역 저개발 국가들의 민주화운동의 승리는 주체로서의 시민들의 노력으로 인권지평을 확장하는 소중한 경험이다.

한편, 인권의 객관적 조건이 단순히 일국의 정치, 경제, 사회적 맥락에 국한되지 않고 전지구적으로 확대된 것은 바로 세계화라는 거대한 사회변동의 힘이 초국적 기업을 중심으로 추동되면서 세계자본주의 경제체제라는 전지구적 조건이 구축되었기 때문이다. 이제 일국의 인권을 제약하는 요인이 풀뿌리 지방에서 출발하여 일국의 경계를 넘어 지역과 세계로 연결된 중층적 정치기회구조로 확장되었다. 이는 인권 지평이 확산되는 동시에 인권을 옥죄는 요인 또한 전지구적으로 확산되었다는 역설적 상황을 의미한다. 세계화로 인한 객관적 조건의 변화 상황에서 인권운동은 일국 내에서 해답을 찾기도 하지만, 동시에 경계를 넘어선 협력과 연대활동을 통해서 해답을 공동으로 찾고 있다(Tarrow, 2005; Smith, 2008; Kong et al., 2011; 임현진 외, 2006). 이것이 인권운동의 수렴을 촉진하는 요인으로 작동한다.

요컨대 산업화와 세계화라는 거대한 사회변동 과정은 인권운동의 지평을 일국의 경계를 넘어 수평적으로나 수직적으로 확대시켰다. 동시에 인권 개념이 시민, 정치적 권리와 사회, 경제, 문화적 권리의 상호 긴밀하게 연결됨으로써 인권운동 역시 과거의 부분집단에서 모집단으로 집중되는 새로운 변환 과정을 겪고 있다. 다양한 운동 부문이 '정의'라는 마스터 프레임 안에서 빈번하게 만나게 되면서 때때로 광의의 인권운동으로 수렴되고 있다.

II. 인권운동의 이론적 수렴

급속적인 전지구화 과정으로 인해 인권, 환경, 대안정책, 국제협력, 반신자유주의, 여성, 농민 등의 다양한 운동 부문 간 만남이 더욱 빈번해지는 소위 '이슈의 수렴'(issue convergence)이 강화되고 있다. 이것을 정의 마스터 프레임의 인권운동으로 수렴하는 것으로 설명할 수 있다. 동시에 운동의 수렴현상을 이론적으로도 설명하는 과정에서도 수렴 과정을 보이고 있다(Moghadam, 2008; Benford et al., 2000).

대표적인 것이 국제정치론과 사회운동론의 수렴이다. 국제정치학계에서는 초국적 정치공간에서 사회적으로 구성되는 국제규범 및 원칙의 중요성을 주목하고, 이 국제규범이 각국의 정책결정 및 구현 과정을 안내하는 길라잡이가 됨을 강조한다(Keohane et al., 1971; Wendt, 1992; Stern, 2000). 사회운동학계에서도 초국적 운동의 강화 과정을 주목하면서, 과거 일국의 운동에 적용된 자원동원 및 프레임 과정을 초국적 영역으로의 확장(scale shift)을 시도하고 있다(Tarrow, 2005; Smith, 2008). 먼저 이 두 이론진영은 국제비정부조직(INGO)의 급성장과 이들의 국제정책결정 과정에 대한 영향력 증대현상을 공동으로 주목하고 있다. INGO는 국제정책결정 과정에 필요한 정보, 지식, 규범과 원칙을 창출하고 제공하는 능동적 공급자로 자리매김하고 있다. 볼라이와 토마스는 INGO의 성장과정을 경험적으로 분석하면서 INGO가 국제규범을 명문화하고 확산시키는 매개체 역할을 담당하고 있음을 강조한다(Boli et al., 1999). 켁과 식킹크도 INGO가 국제규범 및 원칙을 동원하여 초국적 옹호망을 구축하여 대상국가의 정책결정에 영향을 주고 있음을 부메랑 모델로 설명한다(Keck et al., 1998).

비슷한 맥락에서 사회운동론도 최근 국가의 경계를 넘어 형성되는 초국적 네트워크와 지구적 프레임 과정(global framing)을 강조한다(Tarrow, 2005). 초국적 네트워크는 국가경계를 넘어 다양한 물적, 인적 자원을 동원하는 형식과 통로이다. 이 초국적 네트워크를 캐그램(S. Khagram)은 지속성과 자원의 종류에 따라 크게 세 가지로 구분하였다. 첫째, 사안에 따라 일시적으로 형성되었다가 사라지는 담론 네트워크에 의존한 초국적옹호망(transnational advocacy networks)이다. 인터넷을 통한 지지나 성명서, 청원서를 전달하는 경우가 주요활동이다. 둘째, 특정 사안을 중심으로 활동가들이 직접 전개하는 초국적 연합 혹은 캠페인 활동이다. 이 경우는 인적, 물적 자원의 교류라는 차별성이 존재하지만, 지속성의 측면에서 보면 담론 네트워크처럼 연대활동이 안정적으로 유지되지 못한다. 셋째, 지속적인 네트워크에 기초한 초국적 사회운동이다(Khagram, 2002). 전 세계에 지부를 두고 있는 INGO는 정보, 운동전략 및 프레임, 그리고 인적 교류 프로그램을 통하여 안정적인 네트워크를 구축하여 지속적인 초국적 옹호, 캠페인, 사회운동 등을 전개한다.

둘째, 인권관련 초국적 활동의 중요한 이론적 자원으로 의미창출 기제(meaning work)를 주목한다. 국제정치에서 최근 주목하고 있는 사회화 개념과 사회운동론의 글로벌 프레임 과정이 대표적인 개념이다. 이는 일국의 사회적 이슈를 어떻게 전지구적 자원으로 이해하고, 해석하고 적용하는 것에 관한 문제이다(della Porta et al., 2006; Schmitz, 2000). 지역의 인권운동은 글로벌 프레임과정을 통하여 시민들의 정체성 확립을 도울 뿐만 아니라 정체성에 기초한 다양한 초국적 자원을 동원하고 있다(Ayres, 2004). 그러나 의미창출과정은 결코 위로부터 주어진 의미나 개념을 수용하는 수동적인 과정이 아니다. 하나의 의미나 개념 그리고 원칙을 둘러싸고 지역 시민사회 구성원

사이에서는 투쟁과 갈등이 빈번하게 일어나며 이것을 창조적으로 응용하는 변환과정이 동반되기도 한다. 문제는 과연 지역시민사회가 창조적 변환과정을 능동적으로 이루어낼 수 있는 역량을 갖추고 있는가의 문제이다. 이러한 변환과정을 이루기 위해서는 시민사회의 다양한 부문이 서로 만나 소통하는 것이 우선적으로 이루어져야 한다. 이러한 소통 위에서 마스터 프레임이 자연스럽게 부상하고 이것이 운동영역의 수렴을 추동할 수 있는 힘을 갖게 된다.

 셋째, 마스터 프레임으로의 수렴현상을 주목한다. 앞서 인권운동의 수렴 과정을 '정의' 마스터 프레임을 중심으로 진행되고 있음을 강조한 것처럼 초국적 차원에서는 이것이 지구정의 운동으로 나타나고 있다. 지구정의운동(global justice movement)은 신자유주의 세계화를 주도하는 국가나 국제기구의 정책을 비판하고 이에 저항하는 활동가와 운동단체간의 초국적 네트워크를 의미한다(Moghadam, 2008). 인권, 환경, 여성, 개발복지, 농민 운동은 신자유주의 경제 세계화의 공세에 수동적으로 있기 보다는 '아래로부터의 세계화'(globalization from below) 혹은 '민주적 세계화(democratic globalization)'의 기치 아래 보다 능동적으로 정의라는 마스터 프레임 하에 연대하고 있다(della Porta et al., 2006; Smith, 2008). 환경운동은 환경정의와 기후정의를, 인권운동은 사회정의를, 반신자유주의 운동은 지구적 불평등을 촉발한 금융세계화를 반대하며 외채탕감 및 국제금융기구의 개혁을 주창하고 있다. 여성운동은 신자유주의 세계화를 통해 이중 삼중의 착취와 차별을 경험하는 여성의 빈곤과 불평등 문제를 넘어선 경제정의를 강조하며, 농민운동은 거대곡물기업의 지역농업 잠식현상으로 인해 위협받는 식량주권의 회복을 주장한다. 이처럼 다양한 영역이 지구정의라는 마스터 프레임으로 수렴하고 있으며 자신의 운동대상을 일국의 경계를 넘어 국제금융 기구, 초국적 기업, 그리고 G8 등과 같이 전지구적으로 확대하고 있다(공석기 외, 2010).

마지막으로 이론적으로 주목하는 것은 초국적 공공영역(transnational public sphere)의 증대와 그 안에서 작동하는 운동기제이다. 1990년대 초부터 유엔이 조직한 일련의 국제회의는 대표적인 초국적 공공영역이 되었다. 이 공간을 통해 NGO간의 정보, 지식, 규범과 원칙들이 상호 공유되고, 학습되고, 적용 및 응용되었다. 그런데 대부분의 정부 간 국제회의는 선진국의 INGO가 의제를 독점하는 문제를 야기하고 말았다. 이를 극복하고자 개발도상국의 시민사회의 목소리가 대변될 수 있는 또 다른 형태의 초국적 공공영역을 창출하였는데 그것이 2001년 브라질 포루트 알레그레(Porto Alegre)에서 시작된 '세계사회포럼'(World Social Forum)이다(Smith et al., 2007). 세계사회포럼은 이후 초국적 차원의 저항운동을 조직할 수 있는 자양분이 되어, 2001년 첫 회의 이후 방콕, 워싱턴 DC, 뉴욕, 멜버른, 프라하, 퀘벡, 괴텐베르그, 제노아, 바르셀로나, 캔쿤, 에비앙, 제네바, 그리고 홍콩 등에서 초국적 저항운동이 계속되었다. 실제로 저항운동을 통해 다양한 영역의 운동단체들은 지구정의 운동으로 수렴할 수 유의미한 경험을 공유하게 되었다(Juris, 2008). 실례로 2011년 가을, 지구정의운동으로의 수렴은 마침내 세계자본주의 심장부인 뉴욕 월가에서 이른바 '월가를 점령하라'(Occupy Wall Street)라는 시위로 폭발했고 이것은 미국을 넘어 전 세계로 확산되었다. 이처럼 그 동안 각개전투식 저항운동들이 지구정의라는 마스터 프레임으로 수렴되어 보다 민주적이고 정의로운 대안 세계화를 모색하고 있다.

요컨대, 국제정치학계와 사회운동학계는 전지구적 차원에서 지속적으로 진행되고 있는 다양한 운동영역과 이슈들이 온-오프라인에서 다양한 만나고 상호 수렴하고 있음을 주목하였다. 특별히 이 두 이론은 '지구정의'라는 국제 규범 혹은 마스터 프레임이 각 운동영역에서 어떻게 의미창출 기제로서 작동하는지를 유사한 방식으로 설명하고 있다. 예컨대, 사회운동론은 글로벌 프레임의 개념으로 국경을 넘어선 프레임의 확산과정을 주목하고 있으며, 국제정치론에서는 다양한 행위자들의 국제규범의 사회화로 접근한다. 인권운동은 정의라는 마스터 프레임 하에 경험적으로 이론적으로 수렴하고 있어 이를 어떻게 동원, 적용 및 응용해야 할 과제를 마주하고 있는 것이다.

III. 한국의 인권운동 발전과정 돌아보기[1]

1. 민주화 운동에서 출발한 인권운동

한국 시민사회운동의 뿌리는 시민권 확보라는 운동 프레임 위에서 민주화 운동으로 확대되었고, 그것은 반(反)군부독재 민주화운동의 불길로 이어졌다. 또한 군수사업을 비롯한 초국적 기업의 약탈적 경제관계가 강화되면서 반제국주의와 반신자유주의 운동이 확대되기 시작하였다. 과거에 개별적으로 진행된 지역운동은 점차적으로 초국적 네트워크를 활용한 옹호 및 연대활동으로 구축되기 시작하였다. 이것은 1990년대 들어 시작된 냉전체제의 붕괴와 더불어 강화된 자본주의 세계경제체제에 대한 아래로부터의 반작용으로 이해할 수 있다. 사회, 경제적 양극화 현상이 전지구적으로 확대되면서 사회, 경제, 문화적

---

1 여기서 인권운동 약사 부분은 공석기(2013)의 일부 내용을 수정 보완한 것임.

권리에 대한 요구가 더욱 강화되고 있다. 한국사회의 경우 신자유주의 광풍 아래 급격한 사회변화를 겪으면서 과거 시민, 정치적 권리 확보를 넘어 이제는 북한의 핵 위협으로 인한 한반도의 평화위기, 국가주도의 돌진적 개발정책으로 야기된 주민들의 배제 현상은 한국 사회운동의 지평을 또 다른 차원으로 확대시켰다. 그것은 초국적 자본과 연결된 전지구적 개발이익에 대한 저항이며 이를 뒷받침하는 정의 프레임은 환경권과 발전권까지 포함하게 되었다.

한편, 거시적인 사회구조적 문제로 야기된 각종 인권 침해에 대한 저항으로서의 민주화 운동의 뿌리는 이제 미시적 차원의 차별 및 인권 침해 현상으로 확대되고 있다. 돌진적 산업화 그리고 신자유주의 세계화의 광풍은 동등한 인간으로서 당연히 누려야 할 인간의 존엄성을 그 기초부터 깨트렸다. 최근의 인권운동은 각종 차별을 문제제기하며 반차별 운동을 적극적으로 전개하고 있으며 대표적인 것이 인정투쟁이다. 그들의 문화를 인정하는 정치, 다문화주의와 소수자의 권리를 보장하는 사회문화적 토양을 갖추는 것은 인권 선진국으로 나아가는 핵심 척도이다. 안타깝게도 한국 사회의 차별은 줄어들기는커녕 오히려 인권의 이름으로 이해관계를 주장하는 이권(利權)운동을 강화하는 반(反)운동 세력도 증가하고 있다. 한국의 국가인권위원회의 '국가인권정책기본계획'(2012~2016)에 제시한 사회적 약자 및 취약계층의 인권보호에는 장애인, 비정규직 근로자, 이주민, 난민, 여성, 아동/청소년, 노인, 병력자, 군인/전·의경, 시설생활인, 성적 소수자, 재외동포, 범죄피해자, 그리고 북한 인권과 새터민을 포함하고 있다. 과거 민주화 운동시절 민주화 마스터 프레임 속에 녹아 있던 소수자 인권 문제가 미시적 영역으로 더욱 분화 발전하고 있음을 보여주는 것이다. 그럼 민주화 운동의 역사적 흐름을 인권이슈 및 프레임의 분화발전의 측면에서 간략히 살펴보고자 한다.

한국 인권운동의 전사(前史)는 다양한 운동단체들이 민주화 마스터 프레임 하에 모여 반인권적인 국가보안법으로 무장한 군사독재정권에 대해 지속적으로 저항한 투쟁의 역사라고 요약할 수 있다. 제어장치 없이 달린 독재정권은 산업화를 이유로 국민의 기본적 권리를 무참히 유린하였다. 그러나 이 억압 통치는 인권운동을 영원히 잠재울 수는 없었다. 인권운동은 학생운동, 노동운동 및 종교단체가 중심이 된 민주화운동 속에 녹아 있었다. 정치적 암흑기라 할 수 있는 유신정권의 출범을 걱정스럽게 지켜보던 소수의 지식인들이 중심이 되어, 1972년에 국제앰네스티 한국지부를 결성한 것이 한국의 인권운동단체의 효시가 된다. 이후 1980년대 말 절차적 민주화 달성은 인권운동이 보다 전문적이고 대중적인 운동영역으로 나아가는 정치적 기회구조가 되었다.

그렇다면 한국 인권운동의 전사 속에서 INGO와 마주한 경험은 어떤 것이 있었는가? 사실 민주화운동 시기에 한국의 인권운동은 몇몇 외국단체로부터 재정적 지원을 받은 경우를 제외하고는 조직 차원에서의 국제연대활동을 전개하기 매우 어려운 상황이었다. 그 나마 박정희 유신 독재의 막이 내린 이후에 조금씩 INGO와의 만남의 기회가 열리기 시작하였다. 1985년에 결성된 민주화실천가족협의회나 1988년에 결성된 민주화실천변호사협의회가 1980년대 중반 이후부터 국제연대활동의 초기적 형태, 즉 초국적 옹호망을 통한 정부의 인권탄압을 비판하는 전략을 동원하였다. 한국 인권운동이 초국적 공공영역에 대해 관심을 갖기 시작한 것은 닫혀 있던 정치기회구조가 조금씩 열리면서 정부를 직간접적으로 압박할 수 있는 제도적 통로를 확보하게 되면서부터이다. 예를 들어 1987년 6월 항쟁을 통해 절차적 민주주의의 형식적 틀을 갖추면서 시민사회의 다양한 요구가 봇물 터지듯 쏟아졌다. 1991년 남북한 유엔 동시가입은 국제정치 공간에서 시민사회가 더 많은 정치적 압력을 넣을 수 있는 새로운 제도적 공간이 되었다. 한국 정부는 1990년에 시민, 정치적 권리와 사회, 경제, 문화적 권리라는 양대 국제 인권규약을 비준함으로써 유엔은 물론 국제 인권정치에 영향력 높은 INGO의 비판에 민감하게 반응하지 않을 수 없게 되었다. 동시에 냉전체제의 붕괴는 유엔을 중심으로 한 다자간 협상체제가 새롭게 구축되면서 유엔의 위상과 영향력은 한층 강화되었다.

국내외적으로 보다 유리한 정치기회구조 환경 속에서 한국 인권운동은 국제연대 경험들을 체계화 할 수 있는 중요한 기회를 만나게 되는데 그것이 바로 1993년 6월에 개최된 비엔나 유엔 세계인권회의다. 그러나 안타깝게도 인권단체는 비엔나회의의 연대활동 경험을 조직적으로 충분히 계승하지 못하였다. 물론 국가보안법 철폐와 국가인권위원회 설립 문제처럼 중요한 이슈가 생겼을 때에는 인권단체들이 강한 연대활동을 전개하였지만 소위 인권영역에 있어서는 캠페인 중심의 느슨한 연합체의 틀을 벗어나지 못하였다. 이러한 한계에도 불구하고 한국의 인권운동 발전 경험에서 비엔나 세계인권회의 참가는 인권지평 및 운동발전에 아주 중요한 기폭제가 되었다. 비엔나 인권회의에 참석한 한국 인권활동가들은 INGO와의 만남을 통해서 연대감을 확인하는 동시에 타국의 인권침해에 대한 지원과 옹호활동의 필요성을 절감하였다. 특히 일본군 위안부 문제 해결을 위해 여성 및 인권단체들이 전개한 연대활동은 초국적 옹호망의 모범 사례가 되었다(공석기, 2012).

비엔나 회의 참여 이후 한국 인권운동의 전지구적 연대활동의 결과로 2002년 국가인권위원회를 출범하는 성과를 거두었다. 이외에도 1998년 이후 사형집행이 중단되었고, 인권침해의 온상이 되었던 국가보안법 적용에 신중을 기하게 되었으며, 의문사 진상 규명에 관한 특별법이 제정되었고, 교원노조 인가, 여성부의 설립 그리고 유엔난민고등판무관 서울사무소 설치 등을 들 수 있다. 이처럼 한국 인권운동은 이슈와 운동주제의 전문화, 다양화를 경험하게 되었다. 이는 새로운 인권이슈와 프레임을 국내에 적용하는 활동이었고, 대표적으로 인권교육, 정보인권, 양심적 병역거부, 동성애자 권리 그리고 사회권 구현 등을 들 수 있다. 특히 IMF 구제 금융체제 이후, 사회적 양극화가 심화되면서 지구정의의 문제는 사회운동 진영의 공동의 운동과제가 되었다.

더 나아가 한국 인권운동은 지구정의 운동과의 수렴을 경험하게 되었다. 지구정의 운동이 하나의 우산으로서 역할하기 위해서는 운동 참여자들 스스로 초국적 수준의 운동대상이 되는 '그들'에 대한 분명한 인식, 동시에 '우리는 하나'라는 정체성과 담론을 개발하며, 초국적 저항운동에 참여함으로써 안정적인 지구적 정체성을 구축하는 것이 무엇보다 중요하다(Moghadam, 2008). 앞 절에서 강조한 것처럼 한국의 인권운동도 환경, 반신자유주의, 여성, 농민운동 등과 함께 아래로부터의 세계화 즉, 민주적 세계화 네트워크를 주창하며 지역운동의 전지구화를 지향하며 보다 능동적으로 대처하고자 노력하기 시작하였다.

2. 지구정의 운동으로 확장한 인권운동

2008년대 말 뉴욕발로 시작된 세계적인 경제 위기 국면에서 한국 시민사회는 지구정의 마스터 프레임을 주목하며 실천적으로는 사회적 가치와 기업을 결합한 사회적경제를 실천대안으로 주목한다. 사회적 기업은 본질적으로 시민사회의 실천영역이며, 지역 공동체를 지속가능하게 유지할 수 있도록 기여하는 것, 즉 사회적 공공성을 증대하는 것을 궁극적인 목표로 삼고 있기 때문이다. 물론 운동으로서의 영역과 구체적 실천으로서의 영역을 구분할 필요가 있지만 이 둘을 연결하고자 NGO가 노력하기 시작하였다. 그 과정에서 다양한 NGO가 상호 만남이 빈번해지게 되었다. 그러나 안타깝게도 한국 시민사회는 투명한 방식의 상호소통보다는 떼쓰기 식 직접행동이 만연하고 이상적 거대담론에 매몰되거나 인권을 가장한 이권투쟁이 강화되는 악순환을 경험하고 있다. 많은 운동단체들이 긴 호흡을 통한 장기 비전 발굴보다는 단기적 성과에 초점을 두었다. 그 결과 인내, 느림, 여백, 배려와 같은 사회적 가치보다는 정책 지원에 의존한 캠페인 혹은 운동방식으로 각종 사업을 전개하는 한계를 노출하고 있다. 이런 견지에서 한국 인권운동이 지구정의를 목표로 진행되는 다양한 사회적경제 활동에 적극적으로 참여하기 위한 과제를 한두 가지 강조하고자 한다.

우선 다양한 운동 영역 및 조직의 사람들과 만나야 한다. 주부, 농민, 여성, 청년, 기업, 정부 공무원, 연구기관, NGO 활동가 등이 지속적으로 만나야 한다. 소비, 환경, 인권, 여성, 농업, 사회적 약자/소수자, 노동, 복지, 개발협력 등의 영역들이 대안마련을 위해 끊임없이 만나야 한다. 지구정의라는 마스터 프레임을 받아들이고 있음에도 불구하고 구체적 실천 대안을 마련하기 위해 하위 영역들이 함께 만나 상호 궁리하고 실천 프로그램 혹은 사업을 함께 추진하지 않는다면 지구정의는 단순히 당위적 주장에 불과한 것이다. 다행히도 현실에서는 다양한 사람과 영역 간의 만남이 지속적으로 증가하고 있다. 여성과 농민이 만나고, 농민과 환경이 만나기 시작하였다. 복지와 여성이 만나고, 사회적 약자 및 소수자와의 만남이 지속적으로 늘어나고 있다.

둘째, 국가주도의 대안 찾기 과정에 운동영역이 수동적으로 참여하는 것을 경계할 필요가 있다. 특히 사회적경제 활동에 있어서 NGO

가 국가 정책의 위탁자로 전락하는 경우가 많다. 현재의 공공위탁의 방식을 변경하여 관리방식을 개방형으로 바꿈으로써 시민사회의 역능화 및 혁신을 유도하는 것이 중요하다. 또한 운동 세대 간의 간극이 커지기 시작하였다. 이데올로기적 근본주의와 이념에 근거하여 운동은 물론 사회적경제 영역에서도 과거의 이념진영으로 편 가르기가 계속 진행되고 있다. 이러한 경직된 사고 편향은 사회적경제 활동에 대해 관심을 갖고 있는 지역 청년, 여성들이 기존의 헌신된 시민사회 활동가와 만남을 가로막게 된다. 압축된 시간과 공간 안에서 과거의 운동방식을 쉽게 버리지 못하는 것이 현실이다. 그러나 인권운동이 지구정의라는 마스터 프레임을 받아들이고 그것을 구현하기 위해서는 다양한 영역 그리고 사람들과의 만남이 끊임없이 이어져야 한다. 그런데 아직도 과거 인권운동 내부자들의 협력과 연대로 구별 짓기를 하는 것은 인권운동의 확장에 큰 장애물이 아닐 수 없다. 특히 민주화를 위해 오랫동안 헌신한 활동가일수록 현재의 변화된 시민사회 지형의 변화맥락을 직시하고 구태의 관념, 이념, 편가르기에서 벗어나려는 자기 혁신이 절실한 상황이다(공석기, 2014).

만약 아직도 운동 계보를 따지고, 고집스럽게 기존의 주창과 저항 방식의 운동 전략을 고수한다면 지구정의 프레임과 현실의 간극은 더욱 더 벌어지고 말 것이다. 과거의 운동의 기억에 머문 채 헌신과 열정으로만 지구정의를 구현하기 위한 대안을 모색하는 것은 자기 모순적 자세이다. 물론 과거의 운동세대들의 헌신, 열정, 연대, 공동체, 인내, 공유, 관계, 자발성 경험을 존경하고 계승하는 것은 매우 중요한 과제이다. 혹여 인권운동 단체들이 사회적경제 활동에 참여하는 것을 국가에 투항 혹은 국가정책과 타협하는 것으로 바라보는 것은 경계할 필요가 있다. 인권운동을 비롯한 한국 시민사회 내부의 문제를 우선적으로 성찰할 때가 이미 도래했다. 지구정의를 구현하기 위한 대안 찾기과정에 인권운동도 보다 적극적으로 나서야 할 때이다. 이런 견지에서 몇 가지 사례를 통해 한국 인권운동의 현주소와 과제를 점검해 보고자 한다.

IV. 농업과 인권의 만남

'밥도 인권이다'라는 프레임이 한국 시민사회에 안착되기 위해서는 많은 과제가 산적해 있다. 여기서는 지구정의 마스터 프레임 하에 농업과 인권이 만나는 과정을 주목하고자 하다. 특히 전국농민회총연맹(이하 전농)이 전개한 글로벌 프레임 과정은 농민이 인권의 관점에서 농업이슈를 프레임하는 과정을 보여준다. 전농은 2003년 비아캄페시나(Via Campesina)의 회원이 된 이후 초국적 동원운동의 중요성을 지각하고 국제연대에서 조금씩 변화를 시도해 왔다. 그러나 여전히 임기응변식 대응이 대부분인 것이 솔직한 평가이다. 전농은 비아캄페시나와 만남 이후 농민들이 식량주권(food sovereignty) 프레임을 학습할 수

사진 1 비아캄페시나의 식량주권과 기후정의 캠페인 참여 모습
※ 출처: 연합뉴스, 2018.4.17(좌), 연합뉴스, 2010.12.5(우).

있는 다양한 기회를 만들어가고 있으며, 초기의 민족농업 프레임과의 상충과정을 넘으면서 지난 2007년 이후 이 프레임을 빠르게 수용하고 있는 상황이다.

전농은 이 과정을 통해서 장애물을 마주하였다. 그것은 중앙 혹은 상층 중심의 연대활동 방식이다. 지역 혹은 현장의 농민들은 새로운 이슈를 수용하는데 소극적이거나 때로는 거부감을 보이는 경우가 많다. 이것은 농민의 삶 자체가 팍팍한 상황인데 전농이 중앙에서 선택한 운동 프레임이 거시적이고 추상적이어서 이해하기 어렵고 더 나아가 현실에서 바로 적용가능하기 어렵기 때문이다. 식량주권은 농민이 주체적으로 자신의 식량을 생산할 수 있는 권리로서 사회정의, 생태지속가능성, 농민문화와 농민경제를 견지하는 것을 강조한다. 이를 위해 소규모 농업협동조합, 지역의 종자은행, 공적무역을 통한 지역생산 공동체 회복을 구체적 대안으로 내놓고 있다. 인권의 관점에서 식량권을 주장하는 것이며 토지, 종자, 물 등과 같은 생산자원을 지역 농민 스스로 소유하고 통제할 것을 주장한다. 농민 더 나아가 지역 주민 전체가 지식, 문화, 젠더 정의, 민족, 발전의 문제를 주체적으로 결정하자는 주장이다.

전농의 식량주권 프레임의 학습 및 동원과정은 결코 무비판적이고도 일방향적인 방식으로 적용되지는 않았다. 비아캄페시나의 식량주권 프레임은 지역 맥락에의 응용과정 즉 프레임 변환을 보였다. 식량안보 프레임에 기초한 정부와 기업의 주장에 맞서 전농은 식량주권을 동원하였다. 그러나 식량주권의 추상성과 거시성 문제를 극복하고자 우리 삶과 바로 직결되는 '먹거리기본권'이라는 프레임 변환을 시도하였다(Benford et al., 2000). 사실 전농을 비롯한 한국 농민운동단체는 식량주권을 지역 농민에게 전달하고 운동에 적용하는 과정에서 한국 시민사회에 잘 맞지 않는다는 것을 발견하고 먹거리기본권으

사진 2 비아캄페시나와 한국 농민운동의 만남
※ 출처: 한국농정, 2017/07/21.

로 프레임 변환을 시도한 것이다. 물론 이 변환 프레임은 농민적 성격이 약하다는 내부 문제제기가 있었음에도 불구하고 다양한 운동들이 지구정의 마스터 프레임으로 수렴하는 것을 간파한 전농이 보다 광범위한 연대활동을 전개하기 위해 프레임 변환 전략을 취한 것이다.

먹거리기본권 프레임의 장점은 농업 문제를 농민을 넘어서 소비자, 환경, 여성 문제와 연결할 수 있는 주부의 역할을 주목하였다는 점이다. 동시에 먹거리기본권 프레임은 수렴하고 있는 운동 부문들 사이에 생명, 세대, 정보라는 공통 이슈를 제공해 주었다는 측면에서 큰 의의가 있다. 이처럼 전농은 운동 프레임은 크게 보면 민족농업에서 식량주권으로 마스터 프레임을 전환하면서 비아캄페시나의 식량주권 프레임을 한국 사회에 응용한 것이다. 전 지구적으로 소농과 가족 농이 점차 거대기업농의 독점에 큰 위기를 마주하고 있으며, 이를 극복하기 위해 식량주권 프레임은 동원은 자연스런 대응전략으로 보인다 (임현진 외, 2011; 2014).

  비아캄페시나의 철학이 전농의 주장과 일치하면서 전농은 초국적 운동단체의 프레임과 대안개발 사례를 적극적으로 동원한다. 식량주권 프레임 이외에도 비아캄페시나의 청년사업, 베네수엘라에서 운영하고 있는 농생태학 학교에 참여함으로써 농업문제가 농민만의 문제를 넘어선 지역 사회 개발문제로 접근하게 된다. 그러나 이러한 이슈와 운동 프레임의 수렴 노력에도 불구하고 전농을 비롯한 한국 농민운동은 국내외 다양한 운동부분과의 긴밀한 협력 및 연대관계를 확장시키지 못하는 한계를 보인다. 국제적으로는 초국적 옹호망이나 초국적 캠페인 활동에 머물 때가 많으며, 지속가능한 네트워크에 기반을 둔 초국적 사회운동으로 나아가지 못하고 있다. 국내적으로는 인권을 비롯한 다양한 운동부문이 전농을 대표로 하는 농민운동과 적극적인 연대활동으로 이어지지 못하고 있다. 운동의 역사, 문화, 조직운영 등의 여러 가지 원인이 있겠지만 무엇보다도 전농이 과거 투쟁 중심의 운동 이미지가 강하고 현재에도 이런 전통이 강하기 때문에 후속세대들이 농민운동에 참여하는 것을 주저하게 만든다. 영역을 넘어선 만남과 소통을 꼭 농민운동 단체의 책임으로 전가하는 것도 문제이다. 과거 차별과 주변화의 트라우마가 강한 농민운동이 다른 영역과의 연대에 주저하는 이유도 이해되는 부분이다. 그러기에 다른 운동부문이 대표적으로 인권운동-국제결혼, 외국인노동자 인권침해 등-이 농민운동에 적극적으로 협력의 손을 내밀어야 할 때이다. 이런 실질적인 만남과 소통이 부재할 경우 농민과 녹색 소비자의 연대 및 환경운동의 연대가 절실한 상황에서 농민운동은 새로운 만남을 선택하기보다는 기존의 노동운동과의 강한 연결망을 선택하기 쉽다. 한편 그러나 초국적 차원에서는 환경과 농민운동 간에 이미 소통과 연대가 적극적으로 진행되고 있다. 지구의 벗과 비아캄페시나가 다양한 공간에서 왕성하게 만나 협력하고 있는 것이 대표적인 예다. 후자는 전자의 회원이 되기도 하지만 이 둘은 기후정의 네트워크 활동을 통해 기후정의, 식량주권, 빈곤, 더 나아가 사회변혁까지 포함하는 상호 교차 프로그램을 기획 및 실천하고 있다. 그러나 이러한 초국적 수준의 운동변화를 한국 시민사회는 적극적으로 반영하지 못하는 한계를 보이고 있다.

요컨대, 한국의 농민운동은 프레임의 확장을 통해서 농업, 생명, 인권으로 확장할 필요성을 절감하면서도 기존의 운동방식과 협력 경험의 부재로 실제에서는 아직까지 수렴의 실천과정이 미진한 상황이다. 물론 한국 농업이슈의 복잡성과 농업정책의 특수성으로 인해 농민운동이 마주하는 장애물은 적지 않다. 그러나 다른 영역과의 연대와 협력을 프레임은 물론 실제에서도 보다 적극적으로 추진하지 않는다면 빈곤, 인권침해, 젠더, 환경 등에서 마주하는 불의(不義)를 결코 해결하기 어려울 것이다.

최근에 다양한 영역간의 만남과 소통의 가교 역할을 하는 주부를 주목하기 시작하였다. 생명, 생활, 소비, 인권의 만남이 보다 빈번하게 만나는 과정에서 주부가 중심에 자리 잡고 있기 때문이다. 이런 측면에서 전국여성농민회총연합(이하 전여농)의 활동을 주목할 필요가 있다. 전여농도 비아캄페시나와의 만남이후 식량주권 프레임 동원에 보다 적극적으로 나서는 동시에 이를 구체적인 프로그램으로 실험하고 있는 모습을 확인할 수 있다. 특별히 2012년에 전여농은 식량주권상을 수상하는 영예를 안았는데 이것은 여러 가지로 의미가 크다. 세계 식량주권상은 녹색혁명의 아버지로 불리는 고(故) 노만 블로그를 기리고자 2009년에 만든 상으로 매년 1개 단체를 선정해 시상하고 있다. 2009년 첫해는 비아캄페시나, 2010년에는 전미가족농협회, 2011년 브라질 무토지농민운동(MST)가 수상했고, 2012년 전여농이 수상하게 되었다. 전여농은 20여 년 동안 마을을 기반으로 생산자 공동체를 구성하여 여성농민들이 생산의 주체로 나서고 지속가능한 농업을 실현하기 위한 다양한 노력을 했다. 특히 토종씨앗 지키기 활동을 통해 종자에 대한 농민의 권리를 되찾는 활동을 모범적으로 전개하고 있다.

또한 전여농의 글로벌 프레임 동원과정은 농민과 소비자 주부의 만남을 강조하는 언니네 텃밭(이하 텃밭) 프로그램 속에서 그 특징을 쉽게 찾을 수 있다. 텃밭은 여성농민과 소비자가 함께 식량주권을 지키기 위해 생산과 소비의 관계를 회복하고 토종씨앗 지키기, 전통음식문화 보전활동을 하고 있다. 텃밭농사는 유기물이 축적되고 지역의 자원이 순환하고, 자원의 보존과 환경과 생태를 살릴 수 있는 농사이다. 생산자 공동체는 여성농민회원 생산자들이 한 마을 또는 면 단위를 중심으로 생산계획과 출하를 민주적인 절차를 통해 함께 결정한다. 소비자 회원은 거리가 가깝거나 정서적으로 가까운 생산자 공동체와 제철꾸러미로 연결되며, 생산지를 방문하고 일손 돕기, 생산자와의 간담회 등 생산자와의 다양한 교류를 통해 먹을거리의 안전을 확보할 뿐 아니라 장기적으로 다음 세대의 먹거리 안전성을 생산자와 함께 만들어간다. 이처럼 텃밭은 가족과 지역의 먹을거리를 생산해내고 마을 공동체문화를 지켜오는 여성농민들의 땀, 눈물, 꿈이 있는 곳이다. 전여농은 텃밭을 기획한 이유로 농업은 농민의 밭갈이에서부터 시작되는 것이 아니라 소비자의 식탁에서부터 시작되어야 한다는 점을 들었다. 전여농의 텃밭 프로그램은 여러 가지 운동 목표를 설정하였지만 그 중에서 가장 중요한 것이 식량주권 실현 가능성을 체험하는 것이다. 텃밭 참여자 여성농민이 생산, 가공, 유통, 협업화를 통해 식량주권 실현을 경험 및 학습할 수 있는 실천의 장인 것이다.

또한 전여농은 국내 다른 운동부분과의 긴밀한 협력관계를 구축해 나가고 있는데 그 중심에 텃밭 프로그램이 자리하고 있다. 여성농민, 여성소비자, 특별히 환경단체와의 연대활동을 전개하고 있는데, 2008년 토종씨앗 지키기 네트워크인 '씨드림'이 대표적이다. 이 운동부문간 네트워크를 통해서 전여농은 서울 환경운동연합과 함께 '만원의 행복! 토종옥수수로 먹을거리 주권지키 사업'을 시작하였다. 또한 전여농은 토종씨앗을 지킬 수 있는 소비체계를 갖추기 위해 전국여성연대와도 식량주권지킴이단 사업으로 연대활동을 시작하였다. 이후 운동부문간의 수렴과정은 더욱 확대되었는데 2009년 서울환경운동연합, 여성민우회 생협, 전국여성연대 등과 함께 토종씨앗 지키기 사업을 확대하였다.

이러한 전여농의 다양한 운동 부문 간의 만남은 전농과는 사뭇 다른 양상을 보여주는 것이다. 전여농이 전농과의 또 다른 차별성을 보이는 것은 구체적인 대안 모색활동부문이다. 전여농은 텃밭 프로그램을 보다 안정적으로 추진하기 위해 정부가 2007년부터 추진한 사회적기업 사업의 일환으로 전환하여 프로그램을 보다 체계화하는 전략을 선택하였다. 전여농은 사회적 경제 대안을 모색하기 위한 일환으로 2009년 고용노동부의 사회적 일자리 사업의 하나로 '우리텃밭'을 시작하였다. 우리텃밭 제철꾸러미 사업이라는 이름으로 강원도 횡성에서 첫 꾸러미를 배송하였고 이후 전국적으로 확대되었다. 이 사업을 통해 생산자공동체를 형성하고, 지속적인 생산자와 소비자 간의 협력에 관한 교육을 병행하였다. 2010년 12월 사업이 점차 확대되어 생산자를 넘어선 소비자들이 참여함으로써 '언니네 텃밭'으로 이름을 변경하였고, 마침내 2011년 사회적기업 인증을 받아 사업 프로그램과 인건비 일부에 대한 정부지원을 받게 되었다. 2012년 현재 텃밭은 사회적기업으로 안정적으로 성장하여 15개 생산 공동체에 130명의 여성 농민 생산자들이 참여하고 있는 전국 생산 공동체 연결망을 구축하기에 이르렀다. 이와 같은 전여농의 사회적 기업 참여과정은 전농의 중앙 중심의 운동을 통한 변혁적 농업정책변화를 꾀하는 것과는 대조적으로 보다 개혁적 차원의 접근으로 이해할 수 있다. 비록 정부의 제도적 틀에서 진행된다는 한계가 있음에도 불구하고 농민, 농촌, 농업의 현실을 극복할 수 있는 대안을 모색 하고 있다는 점에서 농민운동과 다양한 영역간의 수렴과 협력은 더 이상 선택사항이 아님을 확인할 수 있다.

한 가지 아쉬운 점은 전여농이 농촌지역의 국제결혼 여성과의 연대에 적극적으로 나서지 못하고 있다는 점이다. 아직도 심각한 인권침해를 경험하고 있는 국제결혼여성과 농업이주여성노동자들이 농촌지역에서 주체로 설 수 있도록 전여농이 좀 더 적극적으로 나설 때이다.

V. 환경과 인권의 만남

신자유주의 세계화의 위협과 문제를 직시하며 풀뿌리 지역이 대안을 찾는 과정에서 한국 사회가 최근 주목하고 있는 것은 바로 사회적경제이다. 한국 사회는 공생, 공유, 사회적 가치의 중요성을 재조명하면서 서구가 놀랄 정도로 정부, 시민사회, 기업이 사회적 경제 영역에 적극적으로 참여하고 있다. 특별히 마을기업, 사회적기업, 자활기업, 협동조합 등의 다양한 형태의 사회적경제 활동이 정부주도로 제도화 및 사업으로 강력하게 추지면서 성과 및 한계를 드러내고 있다.

2012년 12월 1일 협동조합기본법이 시행되면서 협동조합이 2015년 말에 8천 개가 설립될 정도로 양적인 측면에서 급속히 성장하고 있다. 사회적 협동조합보다는 대부분이 도매, 소매, 제조 등의 일반 협동조합에 머물고 있다. 지역공동체 구성원간의 신뢰를 회복하고 호혜적 경제활동을 통해 지역공동체를 이룰 수 있는 지역협동조합(Community Coop)이 저조한 것이 아쉬운 상황이다. 2015년 협동조합 실태 조사 및 지역 방문조사에 따르면 협동조합이 실제로 운영되고 있는 것은 전체에 10% 미만으로 평가되고 있다. 비슷한 맥락에서 마을기업 사업도 아직 지역공동체 회복에 있어서 긍정적인 평가를 내리기는 어렵다. 지역에서 오랫동안 지역공동체 활동을 해온 활동가들은 지역의 협동조합 혹은 마을기업에 대해서 성과주의를 벗어나 보다 긴 호흡으로 다양한 지역의 사회적경제 생태계를 재구성하는 것에 초점을 맞출 것을 강조하고 있다(김현대 외, 2012; 유창복, 2014; 공석기 외, 2017). 같은 지역 내에서 유사한 사업들이 중앙과 지역정부의 지원을 받아 경쟁적으로 추진되고 있는데 이는 정부 주도의 사회적경제 모델이 지역특성에 무관하게 적용되고 있음을 보여주는 것이다(임현진 외, 2014).

최근 한국사회는 기후변화 위기에 대한 풀뿌리 지역의 대안 찾기에 엄청난 에너지를 쏟고 있다. 정부 주도로 에너지 자립마을 프로젝트가 적극적으로 추진되었다. 그러나 이 사업은 풀뿌리 주민들이 기후정의 및 공공선 추구를 위한 활동이기보다는 작게는 개인 더 나아가 마을의 수거 환경개선이라는 이익에만 초점을 두는 한계를 보인다. 일례로 2014년 전북 완주군의 덕암에너지 자립마을은 전형적인 위로부터 추진된 사업이다. 80억 넘는 정부 지원으로 건립된 덕암에너지 자립센터 ―태양광시설― 는 다양한 친환경적 편의시설 ―찜질방, 숙박시설, 북카페, 농가레스토랑, 교육실 등― 을 갖추고 있으나 이것을 운영하는데 마을 주민들이 주체로서 참여하지 못하는 한계를 보여주고 있다. 이것은 기후정의, 환경정의, 마을공동체, 사회적가치 등의 중

사진 3 덕암에너지마을 ⓒ공석기

요한 마스터 프레임이 지역 주민들에게 체득되지 않은 채 정부주도 사업을 지렛대로 삼아 마을 주거환경 개선을 하는데 그쳤다는 한계를 보여주었다.

　한편, 기후정의를 구현하기 위한 아래로부터 대응하는 지역 주민/시민들의 능동적인 참여활동은 주목할 만한 프레임 전환과정이다. 부안 등용마을은 지난한 핵폐기장 반대운동을 거치면서 마을 공동체가 깨지고 개인적으로도 큰 상처를 경험하였다. 등용마을은 전라북도 부안군 하서면에 위치한 작은 마을이며 변산 바닷가가 마을 서쪽으로 4km만 가면 위치해 있어, 산, 바다, 들이 골고루 결합된 마을로 여기에는 30가구 50여 명의 주민이 살고 있다. 현재 부안성당의 모체가 되는 등용리 성당이 있었고 한국전쟁 때는 천주교 마을로 낙인찍혀 많은 재산과 인명피해를 겪기도 하였다. 특별히 등용마을이 에너지 자립마을로 거듭나는 과정을 통해 주민 각자가 사회적 가치에 눈을 뜨기 시작하였다. 주지하듯이 부안지역은 새만금 간척사업과 핵폐기장 건설을 둘러싼 주민 반대운동이 전개된 지역이다. 2003년 '위도 방사성 핵폐기물 처분장' 추진에 반대하며 2년여 동안 치열한 반대투쟁을 전개한 결과, 구속자 55명을 포함하여 300여 명이 넘는 지역 주민이 구속되고 500여 명이 부상을 입는 고통의 결과를 낳았다. 이후 1년이 넘는 촛불집회, 학생등교 거부운동, 고속도로 점거 등 수많은 반대운동과 최초의 독자적 지역주민 투표를 통해 유권자 중 72%의 투표에 92%가 핵폐기장 건설을 반대하는 등 지역 주민의 민주적이고도 단결된 힘을 보여주었고, 마침내 2005년 9월에 핵폐기장 건설을 정부가 포기하기에 이르렀다. 안타깝게도 이 갈등의 상처의 깊이는 너무나 컸고 주민들이 겪는 트라우마는 가히 상상할 수 없는 수준이었다. 그 결과 지역 주민 내 불신은 물론 외부 집단-정치, 언론, 심지어 시민사회-에 대한 불신의 장벽은 컸다.

그러나 주목할 만한 것은 약 10여 년의 아래로부터의 에너지 자립마을 노력이 어떻게 부안 지역 공동체의 아픔과 슬픔의 기억들에서 새로운 공동의 기억으로 대체되고 있는지에 대한 것이다. 소위 '트라

사진 4 **부안시민발전소, 햇빛발전**
※ 출처: 부안시민발전소, http://buanpower.tistory.com.

우마 덮어쓰기' 프로젝트를 진행한 것이다. 주민들은 에너지자립 마을사업에 능동적으로 참여하면서 새로운 공동의 기억을 만들고 있다. 핵폐기장 반대 운동 이후에 주민들은 본격적으로 재생가능에너지에 대한 관심과 실천으로 지역문제를 접근하기 시작하였고 바로 그 결과물로 시민발전소를 건립하게 되었다. 2005년 등용마을과 원불교 부안교당, 부안성당에 '햇빛발전소' 1~3호기가 설립되었다. 이 과정을 통해 마을 주민간의 신뢰가 회복되고, 궁극적으로는 마을공동체가 회복되는 소중한 경험을 공유하게 되었다. 이를 통해 주민들은 자신의 자발적 참여와 창의력을 훼손시킬 수 있는 어떤 외부 지원사업도 주민들이 동의하지 않으면 추진하지 않는다는 원칙을 세우게 되었다. 정부 지원금의 유혹이 계속되고 있음에도 불구하고 마을 공동체를 이루어가는 주민들은 에너지 자립 교육과 실천 프로그램을 통해서 상호 신뢰와 소통의 전통을 이루어가고 있다. 요컨대, 부안 등용마을의 에너지자립 시민발전소 프로젝트는 새로운 공동의 기억을 만들어 가는 과정이며 마을 공동체 안에서 공공선을 극대화하기 위해 풀뿌리 민주주의를 경험하고 있는 중이다.

이 장에서 살펴본 것처럼 우리는 한국의 인권운동이 다양한 영역과 지속적으로 만남을 확장하고 있음을 확인할 수 있다. 중앙의 전여농의 사례와 지역의 부안 등용마을 주민이 보여준 사례는 지구정의 마스터 프레임이 식량주권과 기후정의, 에너지 정의로 어떻게 응용되는지를 구체적으로 보여주는 사례이다. 이제는 인권운동이 단순한 인권 보호 및 개선에 목소리를 높이는 주창운동을 넘어 지구정의 마스터 프레임을 적극적으로 동원하여 다양한 이슈와 영역간의 수렴을 적극적으로 활용할 때이다. 이제 환경, 여성, 소비자, 농민, 이주, 청년, 복지, 국제협력 등의 다양한 영역과의 소통을 강화하고 연대활동을 더욱 강화할 때이다. 더 이상 이념과 운동진영 논리로 자신을 고립시킬 필요가 없다. 물론 이러한 수렴과 연대활동의 확대는 한국 사회에만 적용될 것이 아니다. 이미 초국적 차원에서는 이 수렴과 협력이 더욱 빈번하고도 구체적으로 진행되고 있다. 이제는 한국 인권운동이 이러한 시대적 요구에 답을 할 때이다.

참고문헌

공석기. 2014. "밥과 인권의 만남: 한국 농민운동의 초국적 전략."『국제개발협력연구』6권 2호, 65-89.

공석기. 2013. "인권운동." 정진성 외 편.『인권사회학』. 다산출판

공석기. 2012. "국제규범의 사회화와 INGO의 역할."『다문화사회연구』5권 2호, 15-41.

공석기·임현진. 2010. "세계사회포럼과 한국사회운동."『국제정치논총』50권 1호, 341-372.

공석기·임현진. 2017.『주민과 시민 사이』. 진인진.

임현진·공석기. 2006. "지구시민사회의 작동원리와 한국 사회운동의 초국적 동원전략."『한국사회학』40권 2호, 1-36.

김현대 외. 2012.『협동조합, 참 좋다』. 푸른지식.

유창복. 2014.『도시에서 행복한 마을은 가능한가』. Humanist.

임현진·공석기. 2014.『뒤틀린 세계화: 한국의 대안 찾기』. 파주: 나남.

임현진·공석기. 2011.『글로벌 NGOs-세계정치의 '와일드 카드'』. 파주: 나남.

Ayres, Jeffrey. 2004. "Framing Collective Action Against Neoliberalism: The Case of the Anti-Globalization Movement." *Journal of World-Systems Research* 10(1), 11-34.

Benford, R. D. and D. A. Snow. 2000. "Framing Processes and Social Movements: An Overview and Assessment." *Annual Review of Sociology* 26, 611-639.

Boli John & G. M. Thomas. 1999. "INGOs and the Organization of World Culture." in J. Boli & G. Thomas eds. *Constructing World Culture: International Nongovernmental Organizations since*

1875. Stanford. CA: Stanford Univ. Press.

della Porta, Donatella, Massmilano Andretta, Lorenzo Mosca, and Herbert Reiter. 2006. Globalization From Below: Transnational Activists and Protest Networks. Minneapolis. MN: University of Minnesota Press.

Juris, Jeffrey S. 2008. *Networking Futures: The Movements against Corporate Globalization.* Durham. NC: Duke University Press.

Keck, Margaret E. & Kathryn Sikkink. 1998. *Activists Beyond Borders.* Ithaca. NY: Cornell University Press.

Keohane, Robert and Josheph Nye. 1971. "Transnational Relations and World Politics: An Introduction." *International Organization* 25(3), 329-334.

Khagram, Sanjeev. 2002. "From Santiago to Seattle: Transnational Advocacy Groups Restructuring Work Politics." in S. Khagram, J. V. Riker, and K. Sikkink eds. *Restructuring World Politics: Transnational Social Movements, Networks, and Norms.* Minneapolis. MN: University of Minnesota Press.

Kong, Suk-Ki and Hyun-Chin Lim. 2011. "Let's Build a New World Order: Tripartite Dynamics of Inter-State System, World Capitalist Economy, and Global Civil Society." *Korean Journal of Sociology* 45(6), 1-19.

Moghadam, Valentine. 2008. *Globalization and Social Movements: Islamism, Feminism, and the Global Justice Movement.* Lanham. MD: Rowman & Littlefield.

Smith, Jackie. 2008. *Social Movements for Global Democracy.* Baltimore. MD: Johns Hopkins University Press.

Smith, J. Karides, M. and M. Becker. 2007. *Global Democracy and the World Social Forums.* Boulder. CO: Paradigm Publishers.

Schmitz, Hans-Peter. 2000. "Mobilizing Identities: Transnational Social Movements and the Promotion of Human Rights." in Kendall Stiles ed. *Global Institution and Local Empowerment.* New York. NY: St. Martin's Press.

Stern, Geoffrey. 2000. *The Structure of International Society.* (2nd ed) London. UK: Continuum Press.

Tarrow, Sidney. 2005. *The New Transnational Activism.* New York. NY: Cambridge University Press.

Wendt, Alexander. 1992. "Anarchy is What States Make of It: The Social Construction of Power Politics." *International Organization* 46(2), 391-425.

웹사이트

부안시민발전소, http://buanpower.tistory.com.

Grassroots International, https://grassrootsonline.org/blog/newsblog-why-movements-matter.

MTCP2. "Position Paper of La Vía Campesina: Environmental and Climate Justice Now!"
http://www.asiapacificfarmersforum.net/position-paper-of-la-via-campesinaenvironmental-and-climate-justice-now

기사검색

심증식. 2017. "비아캄페시나 총회 스페인서 열려." 『한국농정』(7월 21일).

/ 저자소개 /

공석기 skong@snu.ac.kr

서울대학교 사회학과를 졸업하고, 동 대학에서 사회학 석사학위를, 미국 하버드대학교에서 사회학 박사학위를 받았다. 현재 서울대학교 아시아연구소 연구교수와 경희대학교 공공대학원 객원교수이다. 환경운동연합 국제협력위원회와 서울시 공정무역위원회 위원으로 참여하고 있다. 전공은 정치사회학 사회운동론, 인권사회학, 지구시민사회이며, 주요저서로는 『글로벌NGOs』, 『인권으로 읽는 동아시아』, 『인권사회학』, 『뒤틀린 세계화』, 『주민과 시민사이』, 『한국 시민사회를 그리다』 등이 있다.

임현진 hclim@snu.ac.kr

서울대학교를 졸업하고 미국 하버드대학교에서 사회학으로 박사학위를 받았다. 현재 서울대학교 명예교수이며, 대한민국 학술원 회원이다. 경실련 공동대표, 사회과학협의회 회장, 서울대학교 사회과학대학 학장, 서울대학교 아시아연구소 창립소장을 지냈다. 주요 저서로 『지구시대 세계의 변화와 한국의 발전』, 『21세기 한국사회의 안과 밖』, 『New Asias』, 『Global Challenges in Asia』, 『글로벌 NGOs』, 『세계화와 반세계화』, 『지구시민사회의 구조와 역학』, 『뒤틀린 세계화』, 『글로벌 패러독스』, 『아시아의 부상』 등 50여 편이 있다.

김영춘　youngchoon.kim@gmail.com

서울대학교 사회학과를 졸업하고 미국 스탠포드대학교에서 사회학 박사학위를 받았다. 현재 울산과학기술원 기술경영전문대학원 부교수이며, 경제인문사회연구회 기획평가위원으로 활동하고 있다. 주요 연구 관심분야는 조직 네트워크와 학습, 기술혁신과 조직변화, 신제도주의이며, 주요 논문은 International Sociology, Sociological Perspectives, Journal of International Business Studies, Management Science 및 인사조직연구 등의 저널에 출간되었다.

김태균　oxonian07@snu.ac.kr

서울대학교 사회학과를 졸업하고 동 대학 국제지역원에서 정치학 석사학위를, 영국 옥스퍼드대학교에서 국제관계학 석사학위와 사회정책학 박사학위를, 미국 존스홉킨스대학교 고등국제관계대학원에서 국제관계학 박사학위를 받았다. 현재 서울대학교 국제대학원에서 부교수를 역임하고 있다. 주요 전공분야는 국제개발학, 국제정치사회학, 국가-사회관계, 글로벌 남반구 연구, 글로벌 거버넌스 등이며, 주요 저작으로 『The Korean State and Social Polic』, 『대항적 공존』과 다양한 학술 논문이 있다.

박명준 mejupa@gmail.com

서울대학교 사회학과에서 학부와 석사를 졸업하고 독일 쾰른대학교에서 사회학 박사학위를 취득했다. 독일 막스플랑크 사회연구소 연구원, 베를린자유대학교 역사문화학부 전임연구원을 역임하고, 한국노동연구원 연구위원으로 재직 중이다. 현재 경제사회노동위원회 수석전문위원, 한국고용노사관계학회 총무이사, 산업노동학회 학술이사, 학술지 『경제와 사회』 편집위원직을 역임하고 있다. 주요 저서로 『노동이해대변의 다양화와 새로운 노사관계 형성 과정』, 『어서와요 노동존중 CSR』 등이 있다

정영신 freecity7@hanmail.net

서울대학교 사회학과에서 박사학위를 받았으며, 현재 제주대학교 공동자원과 지속가능사회 연구센터의 학술연구교수이다. 사회운동론과 역사사회학을 전공했으며, 동아시아의 평화운동과 환경운동을 연구하고 있다. 공저로 『오키나와로 가는 길』, 『공동자원의 섬 제주』, 『제주의 마을과 공동자원』 등이 있다.

색인

개발CSO(시민사회단체) 129-134, 136-145, 147-153, 155-170
개발주의(developmentalism) 128-129, 138, 142, 144, 150, 169
개발협력 5, 8, 11, 15, 67, 127-128, 132-133, 140-141, 143, 146-153, 155-157, 159-160, 163-172, 176, 247, 303, 318
거리의 의회(street parliament) 20
거버넌스 14, 16, 42, 52, 96, 128, 138-140, 166, 171, 221, 224, 228, 241-242, 246,
결사체 24-25, 140, 161, 178, 183, 211, 266
경로의존성 48
경제정의실천연합(경실련) 37, 97
경제협력개발기구(OECD) 128
공론장 14-15, 24, 49, 108, 111, 116, 119, 178
공식적 배제 32-33
공유경제 68-70, 72, 85, 245
공적개발원조(ODA: official development assistance) 128, 168
공화주의 19-20, 132
과잉 사회운동화(over-socialization of social movements) 9
과정적 통합 32-33
관계장 14, 66, 78-79, 95
광장 7, 20-21, 103, 106, 108-109, 111-113, 115-117, 119-120, 122, 167, 249-251, 262-263, 271, 276, 282-283
국가권위형 모델(interest-bargaining model) 13, 30-31
국제개발협력민간협의회(KCOC) 146, 152, 155-156, 165, 171, 176
국제개발협력시민사회포럼(KoFID) 147, 166, 168
국제비정부조직(INGO) 294
국책사업 17, 104, 252-254, 256, 260, 272, 281, 285, 288
굿네이버스 154, 163, 165
권위주의 19, 23, 31, 33-34, 37, 46, 101, 182
근대화 93, 121, 127-128, 172
기업가정신(entrepreneurship) 14
기업의 사회적 책임(CSR: Corporate Social Responsibility) 59-60, 64, 76, 97
노동 11-12, 15-16, 22, 43, 59, 61, 67, 81, 87, 108, 120, 152, 170, 177-192, 194, 196-199, 201-214, 234, 251-252, 255, 277, 300, 303, 308, 311-312
노동운동 16, 43, 152, 178-179, 182, 184, 186-189, 197-199, 201-202, 207, 211-212, 252, 277, 300, 308
노동이해대변 16, 183, 185-186, 190-191, 202, 211, 214

노동자 정당 185-186, 188
노동조합 15-16, 43, 178, 180-191, 196-197, 202-204, 207-212, 214
노사관계 59-60, 182, 184, 189, 196, 212, 214,
농민운동 17-18, 102, 247, 264, 271, 296, 302, 306-310, 312, 318
뉴라이트 37, 40
님비 현상 272
도산모델 189
도시공동체 16, 229
도시산업선교회 15, 189
동원적 시민사회(mobilizing civil society) 13, 23
디지털 혁명 8
레인보우 혁명 20
로컬푸드 222, 225, 228-230, 232-235, 283
린츠(J. Linz) 13, 27-28, 30
마르크스 (K. Marx) 24
마스터 프레임 101, 111, 116, 245-246, 291-294, 296-300, 302-305, 307, 314, 316
마을기업 12, 95, 218-219, 223, 226, 228-229, 312-313
마이클 포터(Michael Porter) 59, 76
매개적 전문가(mediating professionals) 11
명예혁명 7, 20
미디어 동원전략 8
민주노총 15, 43, 102, 189, 197, 202-204, 206-210
민주주의 7, 9-10, 13, 16, 19-20, 22-31, 33, 38, 40, 45-46, 52, 102, 108-109, 111-112, 115-116, 119-122, 129, 137-138, 161, 166-167, 172, 182, 184, 186-187, 207-208, 211, 213-214, 221, 223-224, 230, 240-241, 246, 248, 272, 292-293, 300, 316
바른정책포럼 40
반기지운동 17, 249, 251, 254-255, 261-263, 266, 269, 273, 276-277, 280, 284-288
반사회운동 전략(counter-movement strategy) 104
발전국가론(debelopmental state) 127, 129, 133
발전대안 피다(PIDA) 127, 132, 140, 159-160, 162-163, 167-168
봉사활동 11, 109
부메랑 효과 139
비공식적 포섭 32-34
비아캄페시나(Via Campesina) 305-309, 320
사드 17, 111, 250, 255-259, 261-266, 270-271, 275, 277-282, 288-289
사회운동노조주의(social movement unionism) 211
사회운동사회(social movement society) 102
사회운동의 과잉사회화(over-socialization of social movements) 102
사회운동조직 266
사회적경제 5, 8, 11-13, 16, 81, 83, 87-88, 90, 94-95, 217-232, 235, 238-248, 302-304, 312-313

사회적 구성(social construction) 117, 172
사회적기업 12, 65, 67-69, 79, 81-83, 87-90, 94, 99, 217-220, 226, 228-229, 238, 302, 311-312
사회적 자본 47, 181
사회적 투자(Impact Investing) 61
사회혁신가 56, 65-70, 73-74, 79, 84-85, 89
산업화 6, 45, 58-59, 72, 93, 185, 253-254, 293, 299-300
상호책무성(mutual accountability) 131, 166
새마을운동중앙협의회 34
새천년개발목표(MDGs) 151
서비스전달 134-137, 140-143, 149-153, 155, 157-160, 163-164, 167-169
서비스형 준노조 16, 191
선택적 배제 32-34
세계사회포럼(World social Forum) 138, 297, 318
세계시민사회 138, 140, 147, 149
세계자본주의 경제체제 293
세대 6, 8-10, 12, 16-17, 21, 41, 64, 71, 79, 89, 108, 110-111, 115, 120-121, 132, 146, 162, 230, 234, 239-240, 246, 283, 286, 304, 307-308, 310
세월호 34, 36, 39, 71, 104, 111, 209, 250, 265, 271, 278, 289
세이브더칠드런코리아 154, 163, 165
소셜네트워크 48, 56, 65, 67, 79-80, 93
소셜미디어 117-118
소셜 벤처 12
소셜패션 87

스타트 업 8
스테판(A. Stepan) 13, 27-28, 30
시민사회운동 5, 9, 13-15, 101-103, 105, 107, 109, 114-115, 118-121, 138, 170, 255, 278, 281, 287, 298
시민성 47, 109, 137
시장실패 135
식량주권 296, 305-311, 316
신자유주의 5, 8, 23, 35, 64, 104, 121, 128-130, 135-136, 138-140, 172, 207, 217, 226, 252, 294, 296, 298-299, 302, 312
신자유주의적 세계화 128-129, 138, 140
실리적 전투주의(pragmatic militanism) 181
심층탐사형 운동 49-51
싱크탱크 40-45, 50, 52
아라토(A. Arato) 25
압축적 근대성(compressed modernity) 129
앙트러프리너(entrepreneur) 56, 65-67, 96
애드보커시 130-132, 134, 137-143, 149, 153, 155, 159-164, 169, 242
여성 10-12, 17, 22, 111, 120, 130, 132, 146, 151, 165, 192-195, 198, 207, 213, 215, 251-252, 265, 271, 283, 294, 296, 299, 301-304, 307, 309-312, 316
여성농민 309-311
역사성 15, 134, 141, 143-144, 155, 169-170, 281
연대체 149, 169, 207, 211, 221, 277-278,

281
우산혁명 14, 105-109, 112
원불교 17, 257, 262-263, 275-276, 279, 282, 288, 316
월드비전코리아 163
의사결정 10, 25, 115, 210, 240, 285
이슈의 수렴(issue convergence) 294
이스탄불 원칙 131, 147, 149, 157, 170
이익협상형 모델(interest-bargaining model) 13, 30-31
이종교류(heterophily) 75-79
이중적 자율성 47
인권 5-6, 8, 11, 17-18, 22, 38, 59, 120, 146, 149, 151, 154, 165-166, 170, 177, 180, 200, 247, 278, 291-296, 298-306, 308-309, 312, 316-318,
인권운동 17-18, 291-296, 298-305, 308, 316-318
인정투쟁 187, 299
인지적 해방(cognitive liberation) 104, 111
자기동원(self-mobilization) 178
자본주의 21, 24, 58, 69, 128, 178, 180, 183-184, 218, 245, 293, 297-298
자원주의(voluntarism) 135-136, 156
자유의 집(Freedom House) 38
정부실패 135
정책결정 9, 11, 32-33, 44, 48, 120, 256, 292, 294
정책 대행기구 9
정책지식 생태계 45
정치개혁 5, 35, 46
정치사회론 26

정치적 무관심(political apathy) 116
제3의 시민사회(tertiary civil society) 22
제도적 시민사회(institutional civil society) 13, 23
젠더 149, 306, 309
조력자(collaborator) 12, 15, 116, 127, 131-133, 150-152, 157-158, 160, 163-164
조직장(organizational field) 56-57, 64, 77-79, 84, 95
조직화 14, 17, 31, 55-57, 63-66, 68, 76-81, 84, 90, 93-96, 184, 190, 196, 202-204, 206
종교인 17, 254, 259, 273, 275-276
주창운동 8-9, 316
주창자(advocator) 15, 127, 131-133, 145, 158-164, 168
주창형 준노조 16, 191, 203
준노조 12, 15-16, 179, 187-188, 190-191, 203, 212-213
중간지원조직 69, 221, 226, 241-242, 247
지구시민사회 5, 318,
지구정의운동(global justice movement) 296-297
지구촌나눔운동 155, 163, 165
지구촌빈곤퇴치시민네트워크(GCAP-Korea) 159
지속가능발전목표(SDGs: Sustainable Development Goals) 131, 161
지역갈등 8, 11, 17
지역공동체 6, 56, 77, 87, 222-223, 229-231, 239-240, 242, 260-261, 269, 313

지역사회 16, 60, 66, 74, 77, 84-85, 87-88, 95, 191, 204, 206, 220, 228, 245, 282-283
지역 푸드플랜 243
지역화된 사회운동 252, 254-255, 269, 273, 275, 281
지킴이 17, 138, 230, 254, 257-271, 273-277, 279, 282-283, 286-287, 311
집단지성 41, 265
참여연대 49-50, 159-161, 165
책무성 6-7, 15, 131, 133-134, 138, 140-142, 144, 146, 155, 157, 165-166, 169-171, 241, 292
청년몰 222
체인지메이커(change maker) 55, 72-73
초고령화 6, 16, 104, 227, 240
초국적 공공영역(transnational public sphere) 297, 300
초국적 네트워크 18, 295-296, 298
촛불집회 39, 53-54, 103, 106, 109-119, 122, 125, 250-251, 263, 265, 315
촛불혁명 7, 11, 14, 103, 109, 112, 122, 125, 166-167, 249
총체성 15, 134, 141-144, 155, 157, 169-170
추격모델(catch-up model) 16, 217, 242
코헨(J. Cohen) 25
태극기 집회 48, 112-113, 121-122
토크빌(A. Tocqueville) 24
통치성 128-129, 172
투쟁공동체 249, 266-271, 273-278, 282-287
풀뿌리 운동 7-8

한국노총 15, 43, 189, 206
해바라기 학생운동 20
협동조합 12, 68, 90, 94-95, 218-223, 226, 228-229, 231-235, 238-240, 244-245, 247-248, 283, 306, 312-313, 318
호모 모빌리쿠스(*Homo mobilicus*) 21
혼종성(hybridity) 76-78, 80
혼합민주주의(heteroarchy) 20
혼합복지(mixed welfare) 129
환경 5-6, 8, 11-12, 18, 22, 35, 42-43, 47, 59-60, 63, 68, 73, 76-77, 80, 87-90, 97-99, 104, 109, 117, 142, 146, 149, 151, 155, 157, 160, 164-166, 168-169, 177, 192, 203, 208, 218, 229-230, 238, 244, 252, 258-259, 262, 272, 279, 289, 294, 296, 299, 301-303, 307-314, 316
환경단체 12, 311
환경운동 18, 97, 165, 252, 296, 308, 311
후쿠시마 11-12, 245, 246
4·19 학생혁명 19
4차 산업혁명 6, 14
6월 시민항쟁 19
87체제 159
NGO 12, 37, 52, 55-56, 61-63, 66-68, 71, 76-77, 81, 90-95, 97, 137, 140, 152, 153, 156, 161, 163, 172, 174, 242, 247, 294-295, 297, 300-301, 303, 318
O2O(Online-To-Offline) 66, 93
ODA Watch 140, 161-162, 165